R. Willecke

# Grundriß des Bergrechts

2. neubearbeitete und erweiterte Auflage

von

R. Willecke · G. Turner



Springer-Verlag Berlin · Heidelberg · New York 1970

Dr. iur. Raimund Willecke

o. Professor und Direktor des Instituts für Berg- und Energierecht
der Technischen Universität Clausthal

Dr. iur. George Turner

Wissenschaftlicher Rat und Professor
an der Technischen Universität Clausthal,
Lehrbeauftragter an der Technischen Universität
Berlin

ISBN-13: 978-3-540-05270-8 e-ISBN-13: 978-3-642-86909-9
DOI: 10.1007/ 978-3-642-86909-9



Library of Congress Catalog Card Number 78—135962. Titel-Nr. 1123.

# Vorwort zur zweiten Auflage

Das Bergrecht hat seit dem Erscheinen des „Grundriß des Bergrechts“ im Jahre 1958 in verschiedenen Teilgebieten, insbesondere durch gesetzgeberische Maßnahmen, eine solche Entwicklung erfahren, daß der Inhalt der 1. Auflage dem derzeitigen Stand nicht mehr entspricht. Zwar gibt es inzwischen einige Hilfsmittel, die im praktischen Gebrauch sinnvoll verwandt werden können. Dem Studierenden des Bergbaus, für den das Bergrecht zum Kreis der Prüfungspflichtfächer gehört, bietet sich aber kein auf dem neuesten Stand befindliches Lehrbuch, das ihn mit diesem Gebiet vertraut macht. An diesen Kreis wendet sich das Buch in erster Linie. Wenn es daneben auch dem Juristen, der sich mit einem bergrechtlichen Spezialproblem beschäftigt, eine erste Orientierung sein kann, ist dies ein erwünschter Nebenzweck. Das gleiche gilt im Hinblick auf die Verwendung durch die Behörden und die bergbauliche Praxis.

Auf die Behandlung des Bergarbeitsrechts und des für den Bergbau wichtigen Sozialrechts mußte aus Platzgründen verzichtet werden.

Dank sagen wir Herrn Assessor *Brehmer* und Herrn Referendar *Linnemann* für die hilfreiche Unterstützung, das Besorgen der Korrekturen und die Anfertigung des Registers.

Clausthal-Zellerfeld,
im August 1970

**Raimund Willecke · George Turner**

# Inhaltsverzeichnis

Zweiter Teil

# Das geltende Bergrecht

# Abkürzungen

| | |
|---|---|
| a.a.O. | am angegebenen Orte |
| ABG | Allgemeines Berggesetz |
| abgedr. | abgedruckt |
| ABl. | Amtsblatt |
| Abs. | Absatz |
| AcP | Archiv für die civilistische Praxis |
| AG | Aktiengesellschaft |
| AG | Ausführungsgesetz (mit dem betr. Gesetz, z.B. AG BGB) |
| Änd. | Änderung |
| ÄndG | Änderungsgesetz |
| AktG | Aktiengesetz |
| ALR | preuß. Allgemeines Landrecht |
| a.M. | anderer Meinung |
| Anh. | Anhang |
| Anm. | Anmerkung |
| AöR | Archiv für öffentliches Recht |
| Arch. | Archiv |
| Art. | Artikel |
| Aufl. | Auflage |
| AusfAnw. | Ausführungsanweisung |
| AusfG | Ausführungsgesetz |
| AusfVO | Ausführungsverordnung |
| AZO | Arbeitszeitordnung |
| BA | Bergamt |
| Bad.BG | Badisches Berggesetz |
| Bad.-Wttbg. | Baden-Württemberg |
| BAG | Bundesarbeitsgericht |
| BAnz. | Bundesanzeiger |
| Bay.BG | Bayerisches Berggesetz |
| BayBS | Bereinigte Sammlung des Bayerischen Landesrechts |
| BB | Der Betriebsberater |
| BBauG | Bundesbaugesetz |
| Bd. | Band |
| Begr. | Begründung |
| Beil. | Beilage |
| Bek. | Bekanntmachung |
| ber. | berichtigt |
| bes. | besonders |

| | |
|---|---|
| Besch. | Bescheid |
| Beschl. | Beschluß |
| Bespr. | Besprechung |
| bestr. | bestritten |
| betr. | betreffend |
| BetrVerfG | Betriebsverfassungsgesetz |
| BG | Berggesetz |
| BGB | Bürgerliches Gesetzbuch |
| BGBl. | Bundesgesetzblatt |
| BGH (Z) | Bundesgerichtshof (Zivilsachen) |
| Braunschw.BG | Braunschweigisches Berggesetz |
| BRD | Bundesrepublik Deutschland |
| BVerfG | Bundesverfassungsgericht |
| BVerwG | Bundesverwaltungsgericht |
| BWMBl. | Ministerialblatt des Bundesministeriums für Wirtschaft |
| bzgl. | bezüglich |
| bzw. | beziehungsweise |
| DDR | Deutsche Demokratische Republik |
| ders. | derselbe |
| dgl. | dergleichen |
| Diss. | Dissertation |
| DurchfErl. | Durchführungserlaß |
| DurchfVO. | Durchführungsverordnung |
| DVBl. | Deutsches Verwaltungsblatt |
| DWW | Deutsche Wohnungswirtschaft |
| EG | Einführungsgesetz |
| EGKS | Europäische Gemeinschaft für Kohle und Stahl |
| EinfG | Einführungsgesetz |
| EinfVO | Einführungsverordnung |
| Einl. | Einleitung |
| Entsch. | Entscheidung |
| EnWG | Energiewirtschaftsgesetz |
| Erdöl-VO | Erdöl-Verordnung |
| Erdöl-Z. | Erdöl-Zeitschrift |
| Ergänz. | Ergänzung |
| Erl. | Erlaß |
| Erläut. | Erläuterungen |
| Erzmetall | Zeitschrift für Erzbergbau und Metallhüttenwesen |
| f. | für |
| ff. | folgende |
| FGG | Gesetz über die Angelegenheiten der freiwilligen Gerichtsbarkeit |
| G. | Gesetz |
| GBl. | Gesetzblatt |
| GBO. | Grundbuchordnung |
| gem. | gemäß |

| | |
|---|---|
| Gen. | Genossenschaft |
| GeschO. | Geschäftsordnung |
| Gew.a.R. | Gewerkschaft alten Rechts |
| Gew.n.R. | Gewerkschaft neuen Rechts |
| GewO | Gewerbeordnung |
| GG | Grundgesetz |
| ggf. | gegebenenfalls |
| Glückauf | Bergmännische Zeitschrift Glückauf |
| GmbH | Gesellschaft mit beschränkter Haftung |
| Gruchot | Beiträge zur Erläuterung des deutschen Rechts, begründet von *Gruchot* |
| GS | Gesetzessammlung (preußische) |
| GSlg | Gesetzsammlung |
| GV | Gesetz- und Verordnungsblatt (NW) |
| GVBl. | Gesetz- und Verordnungsblatt (wenn nicht anderes angegeben, von dem Jahr, aus dem des betr. Gesetz stammt) |
| GVG | Gerichtsverfassungsgesetz |
| GVS | Gesetz- und Verordnungssammlung |
| | |
| Halbs. | Halbsatz |
| Hbg | Hamburg |
| Hess. | Hessen |
| Hess.BG | Hessisches Berggesetz |
| HGB | Handelsgesetzbuch |
| HinterlegungsO | Hinterlegungsordnung |
| HM | Preußischer Handelsminister |
| h.M. | herrschende Meinung |
| HMBl. | Ministerialblatt des Preußischen Handelsministeriums |
| | |
| i.d.F.v. | in der Fassung vom |
| i.S. | im Sinne |
| i.Verb. mit | in Verbindung mit |
| | |
| JW | Juristische Wochenschrift |
| JZ | Juristenzeitung |
| | |
| KG | Kammergericht |
| KO | Konkursordnung |
| KSchG | Kündigungsschutzgesetz |
| | |
| LG | Landgericht |
| LKr. | Landkreis |
| LVerwG | Landesverwaltungsgericht |
| LVO | Landesverordnung |
| | |
| MBl. | Ministerialblatt |
| Min. | Ministerium |
| Mot. | Motive |

| | |
|---|---|
| Nachw. | Nachweise |
| Nds. (nds.) | Niedersachsen (niedersächsisch) |
| NJW | Neue Juristische Wochenschrift |
| Nov. | Novelle |
| Nr. | Nummer |
| NW (nw) | Nordrhein-Westfalen (nordrhein-westfälisch) |
| | |
| o. | oben |
| OBA | Oberbergamt |
| Offiz.Woch.Bl. | Offizielle Wochen-Beilage |
| Old.BG | Oldenburgisches Berggesetz |
| OLG | Oberlandesgericht |
| OT | Obertribunal (preußisches) |
| OVG | Oberverwaltungsgericht (ohne Zusatz = preußisches) |
| | |
| PhosphoritG | Phosphoritgesetz |
| pr. | preußisch(es) |
| | |
| Rd.Erl. | Runderlaß |
| Reg.ABl. | Regierungsamtsblatt |
| Reg.Bez. | Regierungsbezirk |
| Reg.Bl. | Regierungsblatt |
| Reg.Präs. | Regierungspräsident |
| RekB. | Rekursbescheid des Preußischen bzw. Reichswirtschaftsministers |
| RG (Z) | Reichsgericht (Zivilsachen) |
| RGBl. | Reichsgesetzblatt |
| Rhein. Z. f. | Rheinische Zeitschrift für ... |
| Rhl.-Pf. | Rheinland-Pfalz |
| Richtl. | Richtlinien |
| RKG | Reichsknappschaftsgesetz |
| Rspr. | Rechtsprechung |
| RVO | Reichsversicherungsordnung |
| RWiMin. | Reichswirtschaftsminister |
| | |
| S. | Seite |
| s. | siehe |
| SchLipp.BG | Berggesetz für Schaumburg-Lippe |
| Slg. | Sammlung des bereinigten niedersächsischen Rechts |
| sm | Seemeile |
| SMBl. | Sammlung des bereinigten Ministerialblattes für NW |
| SOG | Niedersächsisches Gesetz über die öffentliche Sicherheit und Ordnung |
| sog. | sogenannt |
| StAnz. | Staatsanzeiger |
| StGB | Strafgesetzbuch |
| str. | strittig |
| s.u. | siehe unten |

| | |
|---|---|
| u.a. | unter anderem |
| u.E. | unseres Erachtens |
| Überbl. | Überblick |
| Urt. | Urteil |
| | |
| v. | vom |
| VersR | Versicherungsrecht. Jur. Rundschau f. d. Individualversicherung |
| Verf. | Verfassung |
| Vfg. | Verfügung |
| VG | Verwaltungsgericht |
| VGH | Verwaltungsgerichtshof |
| vgl. | vergleiche |
| VO | Verordnung |
| Vorbem. | Vorbemerkung |
| VwGO | Verwaltungsgerichtsordnung |
| | |
| WasserG | Wassergesetz |
| WHG | Wasserhaushaltsgesetz |
| WiMin. | Wirtschaftsminister |
| WRV | Weimarer Reichsverfassung |
| Württ.BG | Württembergisches Berggesetz |
| | |
| Z. | Zeitschrift |
| z. | zum, zur |
| ZaöRV | Zeitschrift für ausländisches öffentliches Recht und Völkerrecht |
| z.B. | zum Beispiel |
| ZBHS | Zeitschrift für das Berg-, Hütten- und Salinenwesen |
| ZfB | Zeitschrift für Bergrecht |
| ZfW | Zeitschrift für Wasserrecht |
| ZgesStw | Zeitschrift für die gesamte Staatswissenschaft |
| Ziff. | Ziffer |
| ZPO | Zivilprozeßordnung |
| ZRG | Zeitschrift für Rechtsgeschichte (German. Abteilung) |
| ZwVG | Zwangsversteigerungsgesetz |

# Die wichtigsten Hilfsmittel

An dieser Stelle soll lediglich ein Überblick gegeben werden über die Hilfsmittel, die generell zu Rate gezogen werden können, wenn eine bergrechtliche Frage zu lösen ist. Eine Auswahl der Spezialliteratur zu den besonderen Problemen ist bei den jeweiligen Kapiteln aufgeführt.

## Textausgaben

*Heller-Lehmann*, Deutsche Berggesetze, Loseblattsammlung, Stand: Mai 1970 (mit 15. Nachtrag).

## Lehrbücher

*Dapprich-v. Schlütter*, Leitfaden des Bergrechts, 6. Aufl., 1962.

## Kommentare

*Bähr*, Berggesetz, 1968.
*Boldt*, Das Allgemeine Berggesetz, 1948.
*Ebel-Weller*, Allgemeines Berggesetz, 2. Aufl., 1963, Ergänzungsband 1969.
*Kiesling-Ostern*, Bayerisches Berggesetz, 1953.
*Miesbach-Engelhardt*, Bergrecht, 1962. Ergänzungsband 1969.
*Reuß-Grotefend-Dapprich*, Das Allgemeine Berggesetz, 11. Aufl., 1959.

## Zeitschriften*

Zeitschrift für Bergrecht (ZfB) (seit 1860), 1970 im 111. Band erscheinend.

Die Übersicht der Lehrbücher und Kommentare enthält lediglich solche Einzelwerke, die seit 1945 erschienen sind. Aus der Zeit davor sind wertvolle Ratgeber noch immer vor allem:

*Arndt*, Allgemeines Berggesetz für die preußischen Staaten, 8. Aufl., 1914.
*Brassert-Gottschalk*, Allgemeines Berggesetz für die Preußischen Staaten, 2. Aufl., 1914.
*Heinemann-Pinkerneil*, Handbuch des deutschen Bergwesens, 1938/43.
*Isay*, *H.* u. *R.*, Allgemeines Berggesetz für die preußischen Staaten, 1. Bd., 2. Aufl., 1933.

---

* Selbstverständlich finden sich auch in anderen juristischen, aber auch in technischen Zeitschriften Abhandlungen zum Bergrecht und den Bergbau betreffende Gerichtsentscheidungen. Nur ist die ZfB das spezielle Publikationsorgan für diesen Bereich. Die Wiedergabe von einschlägigen Entscheidungen — systematisch geordnet — erfolgt jeweils für ein Jahr seit 1956 durch *v. Schlütter* in der bergmännischen Zeitschrift „Glückauf“.

*Isay, R.*, Allgemeines Berggesetz für die preußischen Staaten, 2. Bd., 1920.
*Klostermann*, Lehrbuch des preußischen Bergrechts, mit Berücksichtigung der übrigen deutschen Bergrechte, 1871.
*Klostermann-Fürst-Thielmann*, Allgemeines Berggesetz für die preußischen Staaten, 6. Aufl., 1911.
*Müller-Erzbach*, Das Bergrecht Preußens und des weiteren Deutschlands, 1917.
*Voelkel*, Grundzüge des Bergrechts unter besonderer Berücksichtigung des Bergrechts Preußens, 2. Aufl., 1924.
*Westhoff-Schlüter-Hense*, Allgemeines Berggesetz für die preußischen Staaten, 3. Aufl., 1913.

Zu dem hier nicht behandelten Bergarbeits- und Sozialrecht mit weiterführenden Angaben:

*Boldt*, Das Recht des Bergmanns, 3. Aufl., 1960.
*Boldt*, Bergrecht und Arbeitsrecht, in: Bergfreiheit 1965, 281—288.
*Miesbach-Busl*, Reichsknappschaftsgesetz, 3. Aufl. (Loseblatt, Stand 1. 10. 1969).

Erster Teil

# Allgemeines

## I. Begriff und Wesen des Bergrechts

### § 1. Bergrecht und Bergbau

Unter dem Begriff „Bergrecht“ versteht man die Gesamtheit der für den Bergbau geltenden Sonderrechtssätze, unter Bergbau die Aufsuchung und Gewinnung der nutzbaren Bodenschätze der Erdrinde[1].

Das Bergrecht ist in besonderen Gesetzen (Berggesetzen, Spezialgesetzen zu einzelnen Sachgebieten) und Verordnungen niedergelegt; den Bergbau betreffende Bestimmungen finden sich aber auch in Gesetzen (z. B. Gewerbeordnung, Arbeitszeitordnung), die sich nicht ausschließlich auf den Bergbau beziehen.

Im berggesetzlichen Sinne ist Bergbau in erster Linie die Aufsuchung und Gewinnung der dem Verfügungsrecht des Grundeigentümers entzogenen Bodenschätze[2]. Dabei spielt es keine Rolle, ob der Bergbau im Tief- oder im Tagebau durchgeführt wird.

Es ist jedoch zu beachten, daß unter den Begriff „Bergbau“ daneben auch weitere Erscheinungen fallen:

1. Außer der Aufsuchung und Gewinnung der Bodenschätze gehören zum Bergbau auch die Aufbereitungsanstalten[3] und die Salinen[4]. Der Aufsicht der Bergbehörden unterliegen weiter bestimmte Anlagen der Nebengewinnung und Weiterverarbeitung sowie Dampfkessel und Triebwerke und die räumlich und betrieblich mit dem Bergbau verbundenen Nebenanlagen (z. B. Sandgewinnungsanlagen für Versatzzwecke)[5].

Hüttenbetriebe unterstehen (seit dem Jahre 1861)[6] nicht mehr der Berg-, sondern der Gewerbeaufsicht.

---

[1] Vgl. *Lueger*, Lexikon des Bergbaus, Art. „Bergbau“.

[2] § 54 ABG.

[3] § 58 ABG.

[4] § 196 Abs. 3 ABG.

[5] Vgl. *Ebel-Weller*, § 196 Anm. 2 (S. 354).

[6] Gesetz über die Kompetenz der Oberbergämter vom 10. 6. 1861, GS. 425 (aufgehoben durch § 244 ABG).

2. Das Recht der Grundeigentümer zum Abbau der ihnen nicht entzogenen Bodenschätze[7] ergibt sich nicht aus den Berggesetzen, sondern aus den allgemeinen gesetzlichen Bestimmungen über das Eigentum (§§ 903ff. BGB). Der Abbau sog. Grundeigentümermineralien ist aber teilweise entweder aus Sicherheitsgründen oder im volkswirtschaftlichen Interesse zahlreichen bergrechtlichen Vorschriften unterworfen.

3. Ebenso ist der dem Verfügungsrecht des Staates unterstehende Bergbau auf Erdöl, Erdgas und Phosphorite im früheren preußischen Staatsgebiet[8] und dort, wo die entsprechenden Regelungen übernommen worden sind[9], gewissen bergrechtlichen Sonderregelungen unterstellt. In den übrigen Ländern ist die Verfügungsbefugnis über solche sog. staatsvorbehaltenen Bodenschätze in den Berggesetzen selbst geregelt.

## § 2. Einordnung in das Rechtssystem

Das Bergrecht gehört teils dem Privatrecht (z. B. das Bergschadensrecht), teils dem öffentlichen Recht (z. B. das Bergaufsichtsrecht) an. Die Unterscheidung zwischen privatem und öffentlichem Recht[1] ist u. a. von Bedeutung für die Ermittlung des Rechtswegs. Öffentlichrechtliche Streitigkeiten gehören vor die Verwaltungsgerichte (§ 40 VwGO), bürgerliche Rechtsstreitigkeiten vor die ordentlichen Gerichte (§ 13 GVG).

Die Berggesetze der Länder sollen lediglich die dem Bergbau und seinen Belangen eigentümlichen Gegenstände regeln, deren Behandlung nicht in den Rahmen des allgemeinen Rechts paßt. Daraus ergibt sich eine notwendige Ergänzung des Bergrechts durch die Bestimmungen des allgemeinen privaten und öffentlichen Rechts[2]. Als Sonderrecht (lex specialis) geht das

---

[7] Vgl. § 1 ABG.

[8] Vgl. pr. Erdölgesetz v. 12. 5. 1934/24. 9. 1937, GS. 1934, 257; 1937, 93 (mit Begr., ZfB 75, 84; 78, 175); pr. Phosphoritgesetz v. 16. 10. 1934, GS. 404 (mit Begr., ZfB 75, 242); pr. (sog.) Erdöl-Verordnung v. 13. 12. 1934, GS. 463 (mit Begr., ZfB 75, 365).

[9] Vgl. G. über das Bergrecht im Lande Hessen v. 6. 7. 1952, GVBl. 130 (mit Begr. ZfB 93, 403), § 2 Ziff. 4—6.

[1] Zu den Kriterien für die Unterscheidung vgl. statt vieler *Wolff*, Verwaltungsrecht I, 7. Aufl., 1968, § 22 II.

[2] Z. B. auf dem Gebiet des Arbeitsrechts (Arbeitszeitordnung, Betriebsverfassungsgesetz, Schwerbeschädigtengesetz, Kündigungsschutzgesetz, Mitbestimmungsgesetz) oder anderer den Bergbau berührender Vorschriften, wie Naturschutz-, Wasser-, Wegegesetze.

Bergrecht den allgemeinen Rechtsvorschriften vor, auch wenn diese jüngeren Datums sind[3]. Fehlen bergrechtliche Vorschriften für ein bestimmtes Gebiet, so sind die allgemeinen Bestimmungen anzuwenden, es sei denn, ihre Geltung für den Bergbau wäre ausdrücklich oder sinngemäß ausgeschlossen[4].

Nachdem die meisten der Landesberggesetze erlassen worden waren, ist am 1. 1. 1900 das Bürgerliche Gesetzbuch in Kraft getreten[5]. Art. 67 des Einführungsgesetzes zum BGB bestimmt, daß die landesrechtlichen Vorschriften, welche dem Bergrecht angehören, unberührt bleiben. Das bedeutet, daß sie in Kraft geblieben sind, geändert werden und neue landesgesetzliche Regelungen erlassen werden können (Art. 3, 218 EGBGB).

Nach geltendem Verfassungsrecht gehört das Bergrecht zum Bereich der konkurrierenden Gesetzgebung (Art. 74 Ziff. 11 GG)[6]. Dazu zählt auch das Bergpolizeirecht. Zwar fällt das Polizeirecht in die Zuständigkeit der Landesgesetzgebung; für die Abgrenzung der Gesetzgebungskompetenz sind Normen, die der Aufrechterhaltung der öffentlichen Sicherheit und Ordnung in einem bestimmten Sachbereich dienen, aber jeweils dem Sachbereich zuzurechnen, mit dem sie in einem notwendigen Zusammenhang stehen[7]. Bisher hat der Bund von seinem Gesetzgebungsrecht im Hinblick auf die Schaffung eines einheitlichen Bundesberggesetzes[8] aller-

---

[3] Im Verhältnis von jüngeren zu älteren Rechtsvorschriften gilt ansonsten, daß die älteren durch die jüngeren aufgehoben werden.

[4] Vgl. § 6 GewO v. 26. 7. 1900, RGBl. I 1459, i. d. F. v. 7. 10. 1968, BGBl. I 1065, wonach das Gesetz auf das Bergwesen nur insoweit Anwendung findet, als es ausdrückliche Bestimmungen enthält, so z. B. in § 16 II, § 154a GewO.

[5] Aus der Zeit vor dem 1. 1. 1900 datieren folgende noch gültige Berggesetze: Allgemeines Berggesetz für die preußischen Staaten (1865); Braunschweigisches BG (1867); Württembg. BG (1874); Hess. BG (1876); Bad. BG (1890); die übrigen noch in Geltung befindlichen Berggesetze stammen aus den Jahren 1906 (Schaumburg-Lippisches BG), 1908 (Oldenburg. BG, und 1910 (Bay. BG), bei dem es sich allerdings um eine Neubekanntmachung des Gesetzes von 1869 handelt).

[6] Zur Zeit der Geltung der Weimarer Verfassung war das bereits ebenso (vgl. Art. 7 Ziff. 16 mit Art. 12). Während der Geltung der Verfassung des Deutschen Reiches v. 16. 4. 1871 unterlag das Bergrecht nicht der Gesetzgebung des Reiches, vgl. Art. 3,4.

[7] BVerfG v. 29. 4. 1958, NJW 1959, 29; zur Zuständigkeitsabgrenzung zwischen Bund und Ländern s. auch *Dapprich*, ZfB 91, 462, mit weiteren Nachweisen.

[8] Anders aber bei Spezialgesetzen, wie z. B. dem Gesetz zur vorläufigen Regelung der Rechte am Festlandsockel v. 24. 7. 1964, BGBl. I 497 i. d. F. v. 25. 6. 69, BGBl. I 581, ZfB 105, 400; 110, 383; näher § 13, 5.b).

dings noch keinen Gebrauch gemacht[9]. Es sind daher für den Bergbau die in den betreffenden Ländern gültigen Landesberggesetze und die sog. bergrechtlichen Nebengesetze[10] maßgebend, abgesehen von einigen wenigen bundesrechtlichen Spezialregelungen[11].

## § 3. Interessengegensätze

Seit es lohnend erscheint, Bodenschätze abzubauen, gibt es drei Gruppen, die bezüglich der Berechtigung, aus dem Bergbau Nutzen zu ziehen, miteinander konkurrieren: Grundeigentümer, Staat (Landesherr) und Bergbauunternehmer.

Die Grundeigentümer berufen sich darauf, daß sich das Recht des Eigentümers eines Grundstücks auf den Erdkörper unter der Oberfläche erstreckt (§ 905 BGB)[1].

Der Staat vertritt den Standpunkt, er allein könne die Interessen der Gesamtheit bei der Gewinnung der Bodenschätze wahren.

Der Bergbauinteressent führt an, er sei jederzeit zur Aufschließung der Vorkommen bereit und imstande und diene somit am besten der Volkswirtschaft.

Eine Lösung des Interessenwiderstreits kann auf der Grundlage folgender Erwägungen geschehen:

1. Die Verteilung des Grundbesitzes auf zahlreiche Eigentümer stellt sich der Aufschließung einer Lagerstätte hemmend entgegen. Nicht jeder von ihnen hat Unternehmergeist und ist bereit, das Risiko des Bergbaus zu tragen. Nicht einmal zu einer freiwilligen Abtretung der Abbaurechte wird sich eine größere Anzahl von Grundeigentümern gleichzeitig bereit finden. Auch nur einer von ihnen kann verhindern, daß die Aufschließung einer

---

[9] Die letzte allgemein bekannte Äußerung zum Thema eines Bundesberggesetzes stammt aus dem Jahre 1963. Auf eine kleine Anfrage der Bundestagsfraktion der Sozialdemokraten v. 13. 11. 1963 — Dt. Bundestag, 4. Wahlperiode, Drucksache IV/1625 — wurde am 25. 11. 1963 durch den Bundesminister für Wirtschaft geantwortet, daß eine Vereinheitlichung des Berechtsamswesens, des Grundabtretungsverfahrens, Bergschadensrechts und bergbehördlichen Aufsichtswesens notwendig erscheine (vgl. *Boldt*, Glückauf 1965, 1128). Die Stimmen, die sich für die Schaffung eines Bundesberggesetzes ausgesprochen haben, sind zusammengestellt bei *Turner*, Das bergbauliche Berechtsamswesen, Essen 1966, S. 87 Anm. 1.

[10] Hierunter versteht man Regelungen, die sich unmittelbar auf den Bergbau beziehen, aber nicht in einem Berggesetz, sondern in einem Spezialgesetz normiert sind.

[11] Darunter fallen auch reichsrechtliche Regelungen, die als Bundesrecht fortgelten (Art. 125 GG). Vgl. hierzu die Übersicht bei *Heller-Lehmann*, Deutsche Berggesetze, im Inhaltsverzeichnis unter „Bundesrecht".

[1] Zur Auslegung des § 905 BGB s. *Turner*, JZ 1968,250.

Lagerstätte vollständig, wie es im gesamtwirtschaftlichen Interesse erforderlich ist, durchgeführt wird. Oft ist sogar der Abbau überhaupt in Frage gestellt, insbesondere dann, wenn nach geologischen Gesichtspunkten eine Bohrung (z. B. auf Erdöl) gerade auf derjenigen Parzelle angesetzt werden muß, deren Eigentümer sein Abbaurecht nicht abtreten will. Es soll zwar nicht verkannt werden, daß es auch Beispiele gibt, die beweisen, daß ein wirtschaftlicher Bergbau selbst dann möglich ist, wenn den Grundeigentümern die Verfügungsbefugnis über bestimmte Bodenschätze zusteht. Solche Ausnahmen sind aber selten (z. B. beim Kalisalzbergbau in der früheren Provinz Hannover und beim Erdöl in den sog. Altvertragsgebieten, in denen — besonders im Raume Hannover-Celle — heute noch Grundeigentümerbergbau auf Erdöl besteht). Die Entwicklung des Bergbaus in der zweiten Hälfte des 19. Jahrhunderts und in den letzten Jahrzehnten hat aber gezeigt, daß ein rascher und ergiebiger Aufschluß nur auf großem Raum durchgeführt werden kann.

2. Der Staat (in früheren Zeiten der Landesherr) kann dem Bergbau Flächen größeren Ausmaßes zur Verfügung stellen und sich dabei ausschließlich von gesamtwirtschaftlichen Gesichtspunkten leiten lassen, wenn er gesetzlich einen Staatsvorbehalt auf die Bodenschätze ausspricht. Eine andere Frage ist, ob er den Bergbau selbst betreibt oder ihn Dritten überläßt und nach welcher rechtlichen Konstruktion (Konzession, Pacht) und unter welchen finanziellen Bedingungen (Förderzins, Wartegeld) dies geschieht. Im Falle der Überlassung des Abbaues an private Unternehmer schließt ein Vorbehaltsrecht des Staates einen privaten Bergbau, in dem sich die Initiative der Unternehmer entwickeln kann, nicht aus.

3. Der Bergbauinteressent wehrt sich gegen die in der Überlassung von Bergwerksfeldern seitens des Staates ihm auferlegten rechtlichen Beschränkungen und finanziellen Bedingungen. Er beansprucht, insbesondere aus Gründen der Rentabilität und des Realkredites[2], freies Bergwerkseigentum und weist in diesem Zusammenhang darauf hin, daß er das Aufschlußrisiko trage und der Staat durch den von ihm betriebenen Bergbau Steuereinnahmen habe. Daher tritt der Unternehmer für den Grundsatz der Bergbaufreiheit ein. Bedenken gegen diese Auffassung bestehen aber insofern, als der Staat seine Tätigkeit dann auf die obrigkeitlichen Aufgaben (Bergaufsicht, Verleihung von Rechten u. dgl.) beschränken muß und keine gesetzliche Handhabe hat, eine Monopolstellung einer oder weniger Gesellschaften zu verhindern, die dadurch der Wirtschaftspolitik des Staates entgegenarbeiten könnten.

Aus dem Für und Wider der Interessen ist einer Gesetzgebung der Vorzug gegeben worden, die dem Grundeigentümer die volkswirtschaft-

---

[2] Zur dinglichen Belastung von Bergbauberechtigungen, s. *Turner*, Glückauf 1965, 731.

lich weniger wichtigen Bodenschätze überläßt[3], im übrigen als Ansporn für den Unternehmer die Bergbaufreiheit bejaht, diese aber aus wirtschaftspolitischen Gründen bei den für das Gemeinwohl bedeutendsten Bodenschätzen (Kohle, Kali, Erdöl, Erdgas, Uran u. a.) zugunsten des Staatsvorbehalts einschränkt.

Ob bei einer Neuregelung des Bergrechts an den überkommenen Formen der Berechtigungen festgehalten werden sollte oder ob nur eine Berechtsamsform vorzusehen ist, hängt nicht nur von rechtlichen, sondern auch von wirtschaftspolitischen Erwägungen ab.

Von Verfassungs wegen bestehen keine Schranken, als alleinige Berechtsamsform den (echten) Staatsvorbehalt einzuführen[4]. Allerdings wäre dabei zu berücksichtigen, daß die Berechtigungen den Grundstücken gleichgestellt werden sollten, um zu gewährleisten, daß Bergbaurechte Grundlage eines Realkredits sein können. Die Entscheidung für den Staatsvorbehalt, und damit für das Konzessionssystem, hängt somit lediglich davon ab, ob der Staat bei der Vergabe von Bergbaurechten freie Hand haben soll[5] oder ob, beim Vorliegen bestimmter Voraussetzungen, ein Anspruch auf Einräumung eines Bergbaurechts besteht. Das erste ist nach geltendem Recht beim Staatsvorbehalt, das letzte bei der Verleihung von Bergwerkseigentum der Fall[6].

## § 4. Rechtsgrundsätze

Derjenige, der befugt ist, Bergbau zu treiben, muß Inhaber einer Bergbauberechtigung sein. Sie stellt das subjektive Recht des Einzelnen dar. Die Rechtsnormen, auf Grund derer solche Berechtigungen entstehen und nach denen sie ausgeübt werden, sind das objektive Recht.

### 1. Einteilung der Bodenschätze

Wir unterscheiden heute vier Arten von Bodenschätzen[1], je nachdem, wem das Verfügungsrecht über sie zusteht:

---

[3] Davon zu unterscheiden ist die Frage, inwieweit auch der sog. Grundeigentümerbergbau der Bergaufsicht untersteht.

[4] Vgl. *Turner*, Berechtsamswesen, S. 232 ff.; ZfB 108, 442 ff.

[5] Auch beim Konzessionssystem hat der erfolgreiche Schürfer einen Anspruch auf Erteilung der Konzession. Nur ist es in das Belieben des Staates gestellt, ob eine Schürferlaubnis erteilt wird.

[6] Vgl. § 22 ABG.

[1] Die Berggesetze sprechen von „Mineralien“, lediglich in neueren gesetzlichen Regelungen ist von „Bodenschätzen“ die Rede (s. z. B. G. zur Erschließung von Bodenschätzen aus dem Jahre 1936). Dies trägt der Erkenntnis Rechnung, daß nicht nur Mineralien im mineralogischen Sinne für die bergbauliche Nutzung von Bedeutung sind; vgl. *Thielmann*, Glückauf 1948, 524.

a) Bergbaufreie Bodenschätze (§ 1 ABG): Jedermann kann schürfen (Schürffreiheit) und muten; ein Anspruch auf Verleihung des Bergwerkseigentums besteht, wenn die Mutung den gesetzlichen Erfordernissen entspricht.

b) Bodenschätze mit Schürfvorrecht des Staates (auch unechter Staatsvorbehalt genannt). Nur der Staat hat einen Anspruch auf Verleihung (§ 2 mit § 38b ABG).

c) Bodenschätze, die unter dem sog. echten Staatsvorbehalt stehen: Keine Verleihung an den Staat nötig und möglich (§ 2 pr.Erdöl-VO; § 2 pr.PhoshporitG; Art. 2 Bay. BG).

d) Grundeigentümermineralien (das sind alle zu a—c nicht genannten): keine Verleihung möglich, weil diese Bodenschätze nur vom Grundeigentümer kraft seiner Befugnisse gem. §§ 903ff. BGB gewonnen werden dürfen.

## 2. Eigentumsverhältnisse

Bezüglich der Eigentumsverhältnisse an den Bodenschätzen haben lange Zeit unterschiedliche Rechtsauffassungen bestanden[2].

*a) Bergbaufreie Bodenschätze*

Es ist zu unterscheiden, ob bereits eine Verleihung ausgesprochen worden ist oder ob die Bodenschätze noch im Bergfreien liegen.

aa) Vor der Verleihung

Obwohl die bergbaufreien Mineralien vom Verfügungsrecht der Grundeigentümer ausgeschlossen sind, wurde dennoch die Auffassung vertreten, sie stünden im Eigentum des Oberflächeneigentümers, seien also „pars fundi“[3]. Mit dem Ausschluß der Verfügungsbefugnis des Grundstückseigentümers[4] wird dem Oberflächeneigentümer aber die typische Nutzung der Bodenschätze untersagt. Das bedeutet zugleich den Ausschluß des Eigentums[5].

---

[2] Zu den verschiedenen Ansichten und der Kritik daran s. *Turner*, Berechtsamswesen, S. 97—120; ders., ZfB 108, 45—53.

[3] So z. B. *Achenbach*, Das gemeine deutsche Bergrecht, 1871, S. 97, 108—113, 338 Anm. 1; *Brassert-Gottschalk*, S. 7, 12; *Burmester*, AöR 23, 29; *Klostermann-Fürst-Thielmann*, § 1 Anm. 2 II; *Laspeyres*, Die Rechte des Grundeigentümers an den seiner Verfügung entzogenen Mineralien, Diss. Leipzig 1905, S. 24; *Westhoff-Schlüter-Hense*, § 1 Anm. 3.

[4] Vgl. § 1 ABG.

[5] Das Bay. BG (Art. 1) sagt dies ausdrücklich, indem es heißt, das Eigentumsrecht an Grund und Boden erstrecke sich nicht auf die nachbezeichneten Mineralien.

Nach einer anderen Auffassung ist der Staat Eigentümer der noch nicht verliehenen Mineralien[6]. Hierfür aber fehlt jeder Anhalt.

Zutreffend ist die Ansicht, daß die bergbaufreien Mineralien vor der Verleihung in niemandes Eigentum stehen, also herrenlos sind[7 7a].

bb) Nach der Verleihung

Mit der Verleihung könnten die bis dahin herrenlosen Bodenschätze in das Eigentum des Berechtigten (Bergwerkseigentümer) gelangt sein[8].

Den Grundeigentümern ist das Verfügungsrecht über bestimmte Mineralien entzogen worden, weil diese als volkswirtschaftlich besonders wichtig angesehen wurden und weil die Überlassung des Abbaues an die Grundeigentümer nicht die Gewähr bot, daß solche Naturschätze für die Allgemeinheit nutzbar gemacht würden[9]. Den Bergbauberechtigten sollten durch die Verleihung keine weitergehenden Befugnisse eingeräumt werden, als der Zweck des Bergbaus es erfordert. Darin zeigt sich eine Beschränkung der Befugnisse des Bergwerkseigentümers. Diese Beschränkung verbietet es, das Bergwerkseigentum i.S. der §§ 903ff. BGB zu verstehen. Denn Kennzeichen des Eigentums ist, daß es als umfassendes Recht zu bezeichnen ist. Der Bergwerkseigentümer aber hat nur die Befugnis zu einer bestimmten Nutzungsart, nämlich der bergbaulichen. Weil es somit an dem wesentlichen Merkmal für das Eigentum fehlt, bleiben die Mineralien auch nach der Verleihung herrenlos. Erst mit der Gewinnung erwirbt der Berechtigte durch Aneignung das Eigentum an den geförderten Bodenschätzen[10].

*b) Staatsvorbehaltene Bodenschätze*

aa) Unechter Staatsvorbehalt

Bei den Mineralien unter unechtem Staatsvorbehalt ist keinerlei Grund dafür gegeben, daß die Eigentumsverhältnisse anders zu beurteilen sind als bei den bergbaufreien Mineralien; d. h. auch sie sind herrenlos. Unechter und echter Staatsvorbehalt unterscheiden sich dadurch, daß beim

---

[6] *Arndt*, Zur Geschichte und Theorie des Bergregals und der Bergbaufreiheit, 2. Aufl., 1916, S. 254, 257, 267, 279; ders.; Allgemeines Berggesetz, § 1 Anm. 2.

[7] *Boldt*, ABG, § 1 Anm. 4; *Ebel-Weller* § 1 Anm. 3e; *Isay*, ABG I, § 1 Anm. 2 (S. 104); *Miesbach-Engelhardt*, Art. 1—§ 1, Anm. 1b; *Müller-Erzbach*, S. 120; *Sehling*, Die Rechtsverhältnisse an den der Verfügung des Grundeigentümers nicht entzogenen Mineralien, 1904, S. 50; *Voelkel*, Grundzüge, S. 14; *Wolff-Raiser*, Sachenrecht, 10. Bearbeitung, 1957, § 97 I.

[7a] Vgl. allerdings die Einschränkung wegen des fehlenden Merkmals der Beweglichkeit (§ 958 BGB), *Turner*, Berechtsamswesen, S. 111ff.; ZfB 108, 45ff.

[8] So *Beseler*, System des gemeinen deutschen Privatrechts, 4. Aufl., 1885, S. 855.

[9] Vgl. Motive zum ABG. ZfB 6, 79.

[10] *Boldt*, ABG, § 50 Anm. 2; *Isay*, ABG I, § 50 Anm. 2 (S. 391).

ersteren eine Verleihung des Bergwerkseigentums durch den Staat an sich selbst erfolgt[11], während beim letzteren für den Staat das Recht zum Bergbau ohne weiteres besteht[12]. Wenn der Staat als Eigentümer der unter unechtem Staatsvorbehalt stehenden Mineralien angesehen werden sollte[13], wäre es nicht verständlich, warum es zur Erlangung der Bergbauberechtigung nötig ist, daß eine Verleihung des Bergwerkseigentums erfolgt.

bb) Echter Staatsvorbehalt

Bei den unter echtem Staatsvorbehalt stehenden Bodenschätzen könnte man dementsprechend — da der Staat ohne weiteres zum Bergbau berechtigt ist — folgern, sie stünden im Eigentum des Staates. Dennoch ist es richtig, wenn auch sie als herrenlos bezeichnet werden[14]. Bis zur Unterstellung der Mineralien unter Staatsvorbehalt waren sie entweder Grundeigentümermineralien oder bergbaufreie. Bezüglich der Eigentumsverhältnisse galt, daß sie dementsprechend entweder dem Grundeigentümer gehörten oder herrenlos waren. Die Unterstellung unter den Staatsvorbehalt müßte also, sollte der Staat nunmehr als Eigentümer anzusehen sein, insofern rechtsändernde Kraft haben. Dafür aber fehlt jeder Anhalt.

Es ergibt sich somit, daß sämtliche der Verfügungsbefugnis des Grundeigentümers entzogenen Bodenschätze herrenlos sind. Der jeweils Berechtigte hat ein Aneignungsrecht.

Dieses Aneignungsrecht bedarf eines besonderen strafrechtlichen Schutzes. Während die unbefugte Wegnahme der dem Grundeigentümer gehörigen Bodenschätze durch die allgemeinen Strafbestimmungen (§ 370 Abs. 1 Ziff. 3 Strafgesetzbuch) geschützt ist, wird die unbefugte Gewinnung und Aneignung von bergbaufreien und von unter Staatsvorbehalt stehenden Bodenschätzen durch das Preußische Gesetz vom 26. 3. 1856[15] [16] unter Strafe gestellt[17]; dies gilt auch für den Fall, daß das An-

[11] Vgl. § 2 mit § 38b ABG.

[12] Vgl. § 2 PhosphoritG und § 2 Erdöl-VO; Art. 2 Bay. BG.

[13] Und zwar allein auf Grund des Vorbehalts.

[14] *Badura*, Das Verwaltungsmonopol, 1963, S. 155 Anm. 92; Steffen, Geschichtliche Entwicklung und Rechtsnatur des Staatsvorbehalts und seine Stellung zum Regal, Diss. Bonn 1961, S. 49ff; *Zydek*, ZfB 99, 180f; a. M. wohl BGH, Urt. v. 2. 12. 1955, BGHZ 19, 210 = NJW 1956, 420 = ZfB 96, 439; kritisch dazu: *Kremer*, Der Einfluß des grundgesetzlichen Eigentumsschutzes auf das Allgemeine Berggesetz, Diss. Köln 1958, S. 28; *Turner*, Berechtsamswesen, S. 185f; *Willecke*, Erdoel-Zeitschrift 1957, 284.

[15] GS. 203.

[16] Ebenso Art. 271 Bay. BG.

[17] Dieses Gesetz ist in Nordrhein-Westfalen aufgehoben, vgl. § 1 Abs. 1 des G. zur Bereinigung des in NW geltenden preußischen Rechts v. 7. 11. 1961, GVBl. 325. Dadurch ist in NW eine Lücke entstanden. Allerdings sind Anwendungsfälle jenes Gesetzes höchst selten geblieben, so daß auf seinen Fortbestand verzichtet werden konnte (vgl. *Maske*, Die Strafbestimmungen der in der Bundesrepublik gültigen Berggesetze, Diss. Clausthal, 1965, S. 17).

eignungsrecht noch nicht verliehen ist. Sogar die fahrlässige Überschreitung des Grubenfeldes ist strafbar (§ 3 aaO).

Das Eigentum an den staatsvorbehaltenen Bodenschätzen wird — ebenso wie bei den bergbaufreien Mineralien — dadurch erworben, daß diese von dem Berechtigten in Besitz genommen werden (§ 958 BGB). Wer gegen ein gesetzliches Verbot handelt oder das Aneignungsrecht eines anderen verletzt, erwirbt trotz Besitzergreifung kein Eigentum (§ 958 Abs. 2 BGB). Eine schuldhafte Verletzung des Aneignungsrechts eines anderen ist eine unerlaubte Handlung und verpflichtet zum Schadenersatz (§ 823 BGB). Eine Herausgabe der unbefugt gewonnenen Mineralien hat nach den Regeln der ungerechtfertigten Bereicherung zu geschehen (§ 812 BGB).

*c) Grundeigentümermineralien*

Fast einhellig wird die Auffassung vertreten, die sog. Grundeigentümermineralien stünden im Eigentum des Grundeigentümers[18]. Die Ansicht, sie seien herrenlos[19], ist nicht damit vereinbar, daß ein Teil des Erdkörpers im Eigentum des Oberflächeneigentümers steht (§ 905 BGB). Denn unter den Begriff „Grundeigentümermineralien" ist alles zu fassen, woran die Verfügungsbefugnis des Grundeigentümers nicht durch bergrechtliche Normen ausgeschlossen ist. Allerdings ist zu bedenken, daß Mineralien, die der Grundeigentümer gewinnen darf, stets in den Kreis der bergbaufreien oder staatsvorbehaltenen eingereiht werden können, ohne daß darin eine Enteignung zu sehen ist. Daraus ergibt sich, daß die Position des Grundeigentümers bezüglich der bergbaulichen Nutzung sog. Grundeigentümermineralien nicht gefestigt ist. Deshalb ist es bedenklich, sie ohne Einschränkung als im Eigentum des Grundeigentümers stehend anzusehen. Man sollte insofern nur von einem Gewinnungsrecht des Grundeigentümers sprechen. Da die Grundeigentümermineralien nicht absolut geschützt den Grundeigentümern zugeordnet sind — die Befugnis, sie zu gewinnen, kann entschädigungslos zum Erlöschen gebracht werden — könnte man sie, so gesehen, als herrenlos bezeichnen. Allerdings ist das nicht mit der überkommenen Vorstellung vereinbar, wonach ein Teil des Erdkörpers, gegenständlich begriffen, im Eigentum des Berechtigten steht. Die Grundeigentümermineralien nämlich sind rechtlich nicht vom Grundstück getrennt. Begreift man das Eigentum als Nutzungsbefugnis, so sind Gegenstände, die dieser Nutzung nicht absolut unterliegen, herrenlos. Dabei ist allerdings

---

[18] Vgl. *Ebel-Weller*, § 1 Anm. 3f; *Klostermann-Fürst-Thielmann*, § 1 Anm. 2 (S. 13); *Sehling*, S. 67ff.

[19] *Eichler*, Wandlungen des Eigentumsbegriffs in der deutschen Rechtsauffassung und Gesetzgebung, 1938, S. 214.

zu beachten, daß herrenlos so viel bedeutet wie „in keines absoluter Nutzungsbefugnis stehend“[20].

## II. Entwicklung des Bergrechts

### § 5. Bergregal und Bergbaufreiheit

Schrifttum: *Achenbach*, Das gemeine deutsche Bergrecht . . ., 1871; ders., Über das Bergregal und Berghoheitsrecht in Preußen, ZBHS 8, 83; *Arndt*, Zur Geschichte und Theorie des Bergregals und der Bergbaufreiheit, 2. Aufl., 1916; *Bauer*, Bergregal und Bergbaufreiheit in der neueren deutschen Berggesetzgebung, Diss. Frankfurt 1925; *Böhlau*, De regalium notione et de salinarum jure regali commentarii, 1855; *Ebel*, Über das landesherrliche Bergregal, ZfB 109, 146; *Hüllmann*, Geschichte des Ursprungs der Regalien in Deutschland, 1806; *Karsten*, Über den Ursprung des Bergregals in Deutschland, 1844; *Müller-Erzbach*, Das Bergrecht Preußens und des weiteren Deutschlands, 1917, bes. S. 38—99; *Wagner*, Über den Beweis der Regalität des deutschen Bergbaus, 1794; *Westhoff-Schlüter*, Geschichte des deutschen Bergrechts, ZfB 50, 23ff; *Weiske*, Der Bergbau und das Bergregal, 1845; *Zycha*, Das Recht des ältesten deutschen Bergbaus bis ins 13. Jahrhundert, 1899.

Als älteste Rechtsgrundlage des Bergregals kennen wir die sog. Ronkalische Konstitution des Kaisers Friedrich Barbarossa von 1158[1]. In ihr verkündete der Kaiser u. a. sein Recht zum Bergbau auf Silber und Salze. Es ist nicht völlig geklärt, ob hiermit ein neuer Rechtszustand geschaffen oder ein bereits bestehender bestätigt werden sollte.

Friedrich Barbarossa und seine Nachfolger versuchten, das Regal[2], das zunächst in seiner Wirkung auf Italien bezogen war, auch in Deutschland für sich in Anspruch zu nehmen[3]. Diesen Plänen widersetzten sich die deutschen Fürsten. Sie erreichten, daß den Kurfürsten in der Goldenen Bulle von 1356[4] und den übrigen Fürsten im Westfälischen Frieden von 1648[5] dieses Regal zugesprochen wurde, nachdem sie es bereits vorher, teils infolge Belehnung, teils durch Eigenmacht, ausgeübt hatten.

---

[20] Näher dazu *Turner*, Berechtsamswesen, S. 208, bes. 212ff; vgl. auch JZ 1968, 250ff.

[1] Vgl. *Finsterwalder*, Die Gesetze des Reichstages von Roncalia, ZRG 51, 5.

[2] regal = dem König gehörig.

[3] *Arndt*, Geschichte und Theorie, S. 271; *Müller-Erzbach*, S. 47.

[4] Text bei *Westhoff-Schlüter*, ZfB 50, 45.

[5] Dazu *Achenbach*, Gemeines deutsches Bergrecht, S. 89; *Müller-Erzbach*, S. 48; *Westhoff-Schlüter*, ZfB 50, 45.

Das Bergregal[6] war das Verfügungsrecht des Landesherrn über gewisse Mineralien. Ein Unterschied zwischen Staatseigentum und dem Privateigentum des Landesherrn war dem deutschen Recht in der Karolingerzeit unbekannt. Aber selbst noch im späten Mittelalter fehlte die Differenzierung zwischen öffentlichem und privatem Recht sowie eine Begriffsbestimmung des Privateigentums überhaupt[7].

Seit dem 12. Jahrhundert werden als Regalien alle dem König zustehenden Rechte bezeichnet. Später unterschied man zwischen regalia maiora (Hoheitsrechte) und regalia minora (Vermögensrechte); zu den letzteren gehörte das Bergregal[8]. Da der Landesherr durch das Bergregal ein unumschränktes Aneignungsrecht an den Mineralien[9] hatte, konnte er Bergwerksfelder selbst ausbeuten (wozu er sich unter Ausschaltung jeglichen Finderrechts bestimmte Gebiete vorbehielt = Feldesreservation)[10], oder die Ausbeutung Dritten (gegen Abgaben) überlassen (sog. Distrikts- oder Spezialverleihungen)[11], ohne sich dabei um die Rechte eines späteren Finders kümmern zu müssen, schließlich konnte er sogar das Regal selbst an Dritte veräußern (Privatbergregal)[12].

Die Landesherren übten im allgemeinen den Bergbau nicht selbst aus. Vielmehr überließen sie Privatpersonen, die sie meist aus älteren Bergbaugebieten als Fachleute ins Land holten, das Aufsuchen der Bodenschätze und gewährten ihnen bei ordnungsgemäßem Fund und Mutung ein räumlich begrenztes Abbaurecht, während sie selbst ihre Rechte auf die Abgabe eines Teils der Ausbeute (auch Zehnt genannt), auf Freikuxe und auf das Vorkaufsrecht an den Metallen beschränkten.

Auch wenn ein Abbaurecht bestand, kann doch von einem Bergwerkseigentum im heutigen Sinne nicht gesprochen werden. Das gleiche gilt bezüglich des Begriffs der Bergbaufreiheit. Jene Abbaurechte waren vielmehr Ausfluß der Freierklärung[13] des Bergbaus, der jedoch weiterhin zum

---

[6] Ob auch der Sachsenspiegel in I 35 § 1 eine Aussage zum Bergregal und dessen Umfang macht, ist strittig. Vgl. hierzu aus jüngerer Zeit *Schrader*, ZRG 74, 178 = ZfB 100, 133.

[7] Vgl. *Wieacker*, Privatrechtsgeschichte der Neuzeit, 1952.

[8] Vgl. *Schwerin*, Deutsche Rechtsgeschichte, 2. Aufl., 1941, S. 70 Anm. 13.

[9] Zum Kreis der regalen Mineralien und zu dem Problem der Erweiterung dieses Kreises, vgl. *Turner*, Berechtsamswesen, S. 14—25; *Willecke-Turner*, ZfB 109, 254, bes. 265ff.

[10] Vgl. RG, Urt. v. 21. 3. 1900, ZfB 42, 104f.

[11] *Achenbach*, ZfB 8, 387; *Arndt*, Geschichte und Theorie, S. 241 Anm. 7; *Müller-Erzbach*, S. 91; *Willecke*, ZfB 100, 153.

[12] *Isay*, ABG I, S. 83.

[13] Zur Geschichte s. *Westhoff-Schlüter*, ZfB 50, 47; zu den Gründen, welche die Landesherren bewogen haben, die Freierklärung vorzunehmen, vgl. *Weiske*, S. 58.

Bergregal des Landesherrn gehörte. Unter „Freierklärung" versteht man das von dem Regalherrn für jedermann ausgesprochene Recht, auch unter fremdem Grund und Boden nach Maßgabe der vom Regalherrn vorgeschriebenen Bedingungen Bergbau auf regale Mineralien zu treiben[14].

Die Freierklärung war der Vorläufer der Bergbaufreiheit, die ihren gesetzlichen Niederschlag erst im 19. Jahrhundert erfahren hat[15]. Bei dem für frei erklärten Bergbau war der Bergbautreibende zwar bereits gegen den Grundeigentümer geschützt, dagegen war er aber vom Regalherrn noch abhängig. Das äußerte sich u. a. im sog. Direktionsprinzip, das eine weitgehende staatliche Bevormundung des Bergbaus in technischer und wirtschaftlicher Hinsicht zum Inhalt hatte[16].

Die Ausübung des Bergregals durch die Landesherren geschah in unterschiedlicher Weise. Oft hing die Verleihung eines Abbaurechts völlig vom Belieben des Landesherrn ab und nahm die Form eines Privilegs an[17].

Die Tatsache, daß sich das Bergregal in der Hand der Landesherren befand, ist ein Grund dafür, daß der Kreis der regalen Bodenschätze territorial unterschiedlich bestimmt war. Allerdings waren gewisse Bodenschätze überall regal, vermutlich, weil sie allgemein als wichtig galten. Die Landesherren hatten allerdings die Befugnis, den Kreis der regalen Bodenschätze entschädigungslos zu erweitern[18].

## § 6. Berggewohnheitsrecht im Mittelalter

Schrifttum: s. zu § 5; ferner: *Hake*, Commentar über das Bergrecht mit steter Rücksicht auf die vornehmesten Bergordnungen, 1823; *Krautschneider*, Die Entwicklung des Bergrechts in Deutschland bis zum Erlaß der Landesberggesetze, ZfB. 103, 433; *Schmoller*, Die geschichtliche Entwicklung der Unternehmung, IX. Die deutsche Bergwerksverfassung von 1150—1400, Jahrbuch für Gesetzgebung, Verwaltung und Volkswirtschaft im Deutschen Reich, 1891, S. 26; X. Die deutsche Bergwerksverfassung von 1400—1600, S. 1.

Das Bergrecht hat sich bis zum 12. Jahrhundert gewohnheitsrechtlich entwickelt. Durch mündliche Überlieferungen, Rechtssprichwörter und

---

[14] *Arndt*, Geschichte u. Theorie, S. 59.

[15] Erst jetzt bestand — beim Vorliegen der Voraussetzungen — ein Anspruch auf Verleihung der Bergbauberechtigung. Das sog. Finderrecht, bereits dem sächsisch-böhmischen Recht bekannt, zeigte erste Ansätze eines Anspruchs auf Verleihung (vgl. *Müller-Erzbach*, Das Bergrecht Preußens, S. 90).

[16] Vgl. *Müller-Erzbach*, Das Bergrecht Preußens, S. 95ff.

[17] Zum Beispiel in Hannover, vgl. Motive zur Einf. VO, ZfB 8, 162.

[18] Vgl. *Achenbach*, Gemeines deutsches Bergrecht, S. 117; *Müller-Erzbach*, Das Bergrecht Preußens, S. 47ff., 91ff. Unzutreffend *Golcher*, der meint, es hätten ohne weiteres alle Bodenschätze im Sinne der Bergbaukunst und der Bergwirtschaft zum regalen Bergwerkseigentum gehört (ZfB 105, 330; Bergwerkseigentum und Grundeigentum, 1969).

Erkenntnisse der Bergschöffenstühle[1] wurde das Berggewohnheitsrecht fortgebildet. Allmählich entstand die Notwendigkeit schriftlicher Aufzeichnungen dieser Berggewohnheiten, welche die mit dem Bergbau befaßten Personen selbst durchführten.

Das älteste uns bekannte Bergrecht ist das von Trient von 1185 (zunächst in einem Vertrage, 1208 jedoch als Gesetz festgelegt). Dieses beeinflußte den Schladminger Bergbrief von 1408 — nach seinem Verfasser auch „Eckelzain" genannt —, der für die Bergrechtsentwicklung im süddeutschen und alpenländischen Raum von großer Bedeutung war.

Das Iglauer Bergrecht, dessen älteste Aufzeichnung von 1249 stammt, und das aus dem 14. Jahrhundert stammende Freiberger Bergrecht sind die Grundlage der mittelalterlichen Berggesetzgebung in Nord- und Mitteldeutschland[2] und später für die gesamte deutsche Berggesetzgebung geworden.

Das älteste uns bekannte Harzer Bergrecht von 1271 (für den Goslaer Bergbau[3] und den Harzwald), betitelt „jura et libertates silvanorum", ist ohne besonderen Einfluß auf die weitere Bergrechtsentwicklung gewesen. Zu erwähnen ist ferner noch das Schlesische Goldrecht aus dem 14. Jahrhundert.

Alle diese Bergrechte zeigen eine enge Verwandtschaft im Hinblick auf den Grundgedanken des Bergregals und die Freierklärung des Bergbaus. Sie regeln — inhaltlich im großen und ganzen übereinstimmend — die Befugnisse der Regalherren (Zehnten, Berggerichtsbarkeit u.dgl.) und die Rechte der Bergbautreibenden gegenüber den Grundeigentümern (kein Verbietungsrecht des Grundeigentümers gegen Schürfen und Abbau auf seinem Grundstück) sowie gegenüber dem Regalherrn (Erstfinderrecht, freies Schürfen, Mutung, Verleihung der Bergbauberechtigung).

Diese Übereinstimmung der Gewohnheitsrechte spricht dafür, daß die Freierklärung des Bergbaus und das Interesse der Landesherren am Bergbau (Ausbeute) die Bergleute zu Wanderungen in die verschiedenen Bergbaugebiete veranlaßt haben[4], wobei die Bergleute ihre Berggewohnheiten

---

[1] Zur Berggerichtsbarkeit s. *Huffmann*, Über die sächsische Berggerichtsbarkeit vom 15. Jahrhundert bis zu ihrem Ende, 1935; *Silberschmidt*, Die deutsche Berggerichtsbarkeit, Rhein. Z. f. Zivil- u. Prozeßrecht, 1912, 44.

[2] Die Verwandtschaft der Bergrechte verdeutlicht die Übersicht bei ***Streit***, Vergleichende Darstellung der Oberharzer Bergrechte und des älteren deutschen Bergrechts, Diss. Clausthal, 1966, Anh. B.

[3] Vgl. *Bornhardt*, Geschichte des Rammelsberger Bergbaus von seiner Aufnahme bis zur Neuzeit, Arch. f. Lagerstättenforschung, 1931.

[4] Einen Anreiz dafür bildeten die sog. Bergfreiheiten. Sie hatten Vergünstigungen für Bergleute zum Inhalt (z. B. freien Holzbezug), vgl. *Silberschmidt*, ZfB 75, 260; *Willecke*, ZfB 96, 256.

mitbrachten. Daraus erklärt sich auch der Umstand, daß die Aufzeichnungen der Gewohnheitsrechte oft nicht am Ort ihres Ursprungs erfolgt sind; vielmehr ist eher eine Neigung zu Aufzeichnungen dort anzunehmen, wo keine überlieferten Gewohnheiten vorhanden waren.

## § 7. Bergordnungen

Schrifttum: s. zu §§ 5, 6; ferner: *Brassert*, Über die Abfassung der alten Bergordnungen, ZfB 24, 84.

Um die Wende zum 16. Jahrhundert entstanden zahlreiche Bergordnungen[1]. Es handelte sich zunächst nur um Aufzeichnungen der Gewohnheitsrechte, die durch die Landesherren mit (formeller) Gesetzeskraft versehen wurden. Durch einen akademisch geschulten Juristenstand, der seine Ausbildung an den oberitalienischen Rechtsfakultäten erhalten hatte, drang immer mehr römisches Recht in die tägliche Praxis ein, vor allem dann, wenn jene Juristen in den Dienst der Landesherren traten. Hierdurch kam es im Laufe der Zeit zu einer Weiterbildung der Bergordnungen auch in materiell-rechtlicher Hinsicht, wobei jedoch das alte Herkommen und die Berggewohnheiten mit subsidiärer Wirkung (durch einen ergänzenden Hinweis in den Schlußartikeln) in die neuen Bergordnungen aufgenommen wurden.

Im mittel- und norddeutschen Raum gewannen die Schneeberger (1492), Annaberger (1509) und Joachimsthaler Bergordnung (1518) überragende Bedeutung. Die beiden ersten wurden richtungsweisend für die chursächsische Bergordnung von 1589, diese, sowie die Joachimsthaler beeinflußten die Harzer und die westdeutschen Bergordnungen[2].

Im Oberharz sind die ältesten Bergordnungen die für St. Andreasberg von 1521 und die für Zellerfeld, Grund, Iberg und Wildemann von 1524[3]. Von den weiteren Bergordnungen des Oberharzes haben die von 1555 und 1593 insofern eine besondere Bedeutung erlangt, als sie bis zur Einführung des Preußischen Allgemeinen Berggesetzes in dem Gebiet des ehemaligen Königreiches Hannover am 1. 7. 1867 galten[4].

---

[1] Vgl. vor allem folgende Zusammenstellungen: *Lori*, Sammlung des baierischen Bergrechts, 1764; *Thomas Wagner*, Corpus juris metallici — Sammlung der neusten und älterer Berggesetze, 1791; *Brassert*, Bergordnungen der preußischen Lande, 1858.

[2] Vgl. hierzu *Achenbach*, Das gemeine deutsche Bergrecht, § 13; *Meyer-Degering*, Die geschichtliche Entwicklung des braunschweigischen Bergrechts, Diss. Hamburg 1967, S. 23ff; *Streit*, S. 128ff.

[3] Vgl. die chronologische Zusammenstellung bei *Streit*, Anh. A.

[4] *Willecke*, ZfB 96, 256 (258).

Durch die Bergordnungen ist nur eine geringe materielle Weiterentwicklung des Bergrechts erfolgt. Da sie durch die Landesherren erlassen wurden und diese ein großes Interesse an den Einnahmen aus dem Bergbau hatten, enthalten die Bergordnungen überwiegend Bestimmungen über die von den Landesherren eingesetzten Beamten und deren Befugnisse sowie über Maßnahmen auf Grund des Direktionsprinzips (Ein- und Absetzen der Betriebsbeamten, Festlegung der Preise, Abgabe des Zehnten, Metallvorkaufsrecht, Festsetzung der Zubuße und Ausbeute u.dgl.).

## § 8. Preußische Berggesetzgebung bis zum Jahre 1865

Schrifttum: *Achenbach*, Das französische Bergrecht und die Fortbildung desselben durch das preußische Allgemeine Berggesetz, Bonn 1869; ders., Das gemeine deutsche Bergrecht in Verbindung mit dem Preußischen Bergrechte unter Berücksichtigung der Berggesetze Bayerns, Sachsens, Österreichs und anderer deutscher Länder, 1871; *Brassert*, Das Bergrecht des Allgemeinen preußischen Landrechts, 1861; ders., Die Bergrechtsreform in Preußen, ZfB 3, 234; *Fischer*, Die Stellung der preußischen Bergrechtsreform von 1851—1865 in der Wirtschafts- und Sozialverfassung des 19. Jahrhdts., ZgesStw 117, 521; ders., Das wirtschafts- und sozialpolitische Ordnungsbild der preußischen Bergrechtsreform, ZfB 102, 181; *Gräff*, Handbuch des preußischen Bergrechts, 1856; *Hake*, Commentar über das Bergrecht mit steter Rücksicht auf die vornehmsten Bergordnungen, 1823; *Karsten*, Grundriß der deutschen Bergrechtslehre, 1828; *Kressner*, Systematischer Abriß der Bergrechte in Deutschland, 1858; *Otto*, Studien auf dem Gebiete des Bergrechts, 1856; *Schulz*, Handbuch des preußischen Bergrechts, 1820; *Westhoff-Schlüter*, ZfB 50, 248; *Willecke*, Vom Allgemeinen Landrecht zum Allgemeinen Berggesetz, Erzmetall, 1965, 17; *Zerrenner*, Lehrbuch des deutschen Bergrechts, 1862.

Die preußische Berggesetzgebung ist von Cleve und der Grafschaft Mark ausgegangen. Dort bestand die Bergordnung für Jülich, Cleve, Mark und Ravensburg aus dem Jahre 1542, die sich stark an die Annaberger Bergordnung von 1509 anlehnte. Ihr folgten die Renovierten Bergordnungen von 1737 und 1766 für das Herzogtum Cleve, das Fürstentum Mörs und die Grafschaft Mark, die Revidierte Bergordnung für das Herzogtum Schlesien und die Grafschaft Glatz von 1769 sowie die Revidierte Bergordnung für das Herzogtum Magdeburg, das Fürstentum Halberstadt und die Grafschaften Mansfeld, Hohnstein und Reinstein von 1772, die sämtlich das Direktionsprinzip unter Aufrechterhaltung des Bergregals betonten[1].

---

[1] Vgl. *Westhoff-Schlüter*, ZfB 50, 248ff.

Das preußische Allgemeine Landrecht von 1794[2] brachte einheitliches Recht für einen großen Teil Preußens, wobei jedoch am Fortbestand des Bergregals und des Direktionsprinzips nichts geändert wurde. Da Preußen in diesen Jahren Gebietszuwachs erfuhr und dort das jeweils geltende Bergrecht — in den linksrheinischen Gebieten sogar die französischen Berggesetze[3] — fortbestehen ließ, entstand im Ergebnis eine auf die Dauer unhaltbare Aufsplitterung dieser Rechtsmaterie: In Preußen galten in erster Linie die jeweiligen provinziellen Bestimmungen und nach ihnen, also subsidiär, das gemeine Recht und das Allgemeine Landrecht. So war beim Erlaß des Allgemeinen Berggesetzes im Jahre 1865 in Preußen eine große Zahl verschiedener Bergrechtsgebiete festzustellen[4].

Dieser Zustand war allerdings gemildert worden durch das Gesetz über die Verhältnisse der Miteigentümer[5] und durch das Gesetz über die Besteuerung der Bergwerke[6], beide vom 12. Mai 1851. Das erste schwächte das Direktionsprinzip ab, indem es der Gewerkenversammlung und dem Grubenvorstand bzw. Repräsentanten von bergrechtlichen Gewerkschaften eigene Befugnisse gab, welche bisher den Bergbehörden vorbehalten gewesen waren. Das zweite Gesetz setzte den Zehnten auf den Zwanzigsten herab. Das Knappschaftsgesetz von 1854[7] verbesserte die wirtschaftliche Lage der arbeitsunfähigen Bergleute und ihrer Hinterbliebenen. Durch das sog. Freizügigkeitsgesetz vom 21. Mai 1860[8] wurde das Direktionsprinzip förmlich aufgehoben, der Abschluß der Arbeitsverträge freigegeben und die Bergbehörde auf die hoheitlichen Aufgaben beschränkt. Durch das Gesetz, die Kompetenz der Oberbergämter betreffend, vom 10. Juni 1861[9] wurden die Bergämter, die am Ende des 18. Jahrhunderts zwischen den Revierbeamten (Geschworenen) und den Oberbergämtern eingeschoben waren und deren Aufgabe bis dahin auf dem Direktionsprinzip beruhte, aufgehoben, die Zuständigkeiten der Oberbergämter erweitert und das Hüttenwesen aus dem Bergrecht ausgegliedert. Durch die Aufhebung der Bergämter wurde wieder die frühere dreigliedrige Organisation der Bergbehörden hergestellt.

---

[2] II. Teil, 16. Titel, 4. Abschnitt (§§ 69—480).

[3] Vgl. *Herr*, Die Beziehungen des Preußischen Allgemeinen Berggesetzes zum älteren deutschen und zum französischen Bergrecht, ZfB 106, 54.

[4] Vgl. Motive zum ABG, ZfB 6, 55 (60f).

[5] GS. 265.

[6] GS. 261.

[7] GS. 139.

[8] GS. 201, ZfB 1, 1.

[9] GS. 425, ZfB 2, 188.

## § 9. Das Allgemeine Berggesetz für die Preußischen Staaten

Schrifttum: s. die Angaben unter dem Kapitel „Die wichtigsten Hilfsmittel". Die Motive zum ABG finden sich bei *Hahn*, Allgemeines Berggesetz für die preußischen Staaten v. 24. 6. 1865 nebst den vollständigen Materialien zur Erläuterung desselben, 1865. Der endgültige Entwurf und die Begründung sowie die Verhandlungen des Landtages sind ferner wiedergegeben in ZfB 6, 1, 55, 287. Zu den Arbeiten bis zum Zustandekommen des Entwurfs s. *Westhoff-Schlüter*, ZfB 50, 492; *Willecke*, Erzmetall 1965, 17; ders., ZfB 107. 393.

### 1. Entstehung

Mit den im vorangegangenen Paragraphen geschilderten Einzelgesetzen war der erste Schritt getan, das Bergrecht den dringendsten Bedürfnissen des Bergbaus anzupassen. Andererseits war dadurch die Rechtszersplitterung immer noch nicht beseitigt. Außerdem waren einige Probleme (Verbesserung des Gewerkschaftsunrechts, Beseitigung der Regalrechte, zweckmäßige Begrenzung der Grubenfelder, Abgrenzung der Befugnisse der Bergpolizei) offengeblieben.

Im Jahre 1861 beauftragte der Preußische Handelsminister den damaligen Oberbergrat Brassert[1] in Bonn mit dem Entwurf eines neuen Berggesetzes. Nachdem Brassert den später sog. Vorläufigen Entwurf[2] fertiggestellt hatte, wurde dieser den Behörden und der Öffentlichkeit zur Begutachtung und Stellungnahme vorgelegt. Die darauf eingehenden Äußerungen stellte Brassert zusammen. Danach wurde der (vorläufige) Entwurf von einer aus Mitgliedern des Handels- und Justizministeriums bestehenden Kommission noch einmal beraten. Daraus ging der „Entwurf eines Allgemeinen Berggesetzes für die Preußischen Staaten[3]" hervor. Dieser Entwurf wurde beiden Häusern des Landtags zur Beschlußfassung vorgelegt und mit lediglich geringfügigen Änderungen angenommen[4]. Das Gesetz wurde unter der Bezeichnung „Allgemeines Berggesetz für die Preußischen Staaten" am 24. Juni 1865 vom preußischen König ausgefertigt[5] und trat am 1. Oktober 1865 in Kraft[6].

In den im Jahre 1866 zu Preußen hinzugekommenen Landesteilen hat das Allgemeine Berggesetz teils in den Jahren 1867 bis 1869, teils in späteren Jahren unter (teilweiser) Aufrechterhaltung andersgearteter Regelungen

---

[1] Später Berghauptmann in Bonn. Zum Wirken Brasserts vgl. *Boldt*, ZfB 106, 42; 107, 183.

[2] ZfB 3, 137.

[3] ZfB 6, 1.

[4] *Westhoff-Schlüter*, ZfB 50, 494; *Willecke*, Erzmetall 1965, 23ff.

[5] GS. 705, ZfB 6, 235.

[6] § 243 ABG.

(z. B. Kalisalzbergbau der Grundeigentümer im ehemaligen Königreich Hannover[7]) Gesetzeskraft erhalten[8]. Somit galt das Allgemeine Berggesetz bis 1945 im gesamten Preußischen Staatsgebiet. Darüber hinaus wurde es noch im Saarland[9] sowie in Hamburg[10] und Bremen[11] eingeführt.

## 2. Rechtsprinzipien

Der Gesetzgeber hatte die Absicht, im Allgemeinen Berggesetz „die Vorschriften des französischen Bergrechts mit den erprobten Grundsätzen des deutschen und preußischen Bergrechts zu verschmelzen und auf diese Weise das Berggesetz den Zuständen und Bedürfnissen beider Rheinseiten anzupassen“[12].

Das Gesetz beruht auf folgenden Rechtsgrundsätzen[13]:

1. Trennung des Rechtes zur Gewinnung der Bodenschätze vom Grundeigentum, Freiheit des Schürfens und Mutens für jedermann mit öffentlichrechtlichem Anspruch auf Verleihung des Bergwerkseigentums, Abschaffung des Bergregals.
2. Damit zugleich unter Ablehnung des sog. Direktionsprinzips Beschränkung der Tätigkeit des Staates auf die Berghoheit (Bergpolizei, Verleihung von Bergwerkseigentum, Mitwirkung bei der Grundabtretung).
3. Anpassung der Gewerkschaft, einer deutsch-rechtlichen Gesellschaftsform für den Bergwerksbetrieb, an die neuen Bedürfnisse (Gewerkschaft neuen Rechts als juristische Person).

---

[7] Vgl. *Jugler*, Die Verhältnisse des Bergrechtes in dem ehemaligen Königreiche Hannover, ZfB 8, 75.

[8] Einführungen: Nassau: VO. v. 22. 2. 1867, GS. 237, Motive ZfB 8, 5; Oberhessen u. Hessen-Homburg: VO. v. 22. 2. 1867, GS. 242, Motive ZfB 8, 31; Hannover: VO. v. 8. 5. 1867, GS. 601, Motive ZfB 8, 157, mit ÄndG. v. 24. 9. 1937, GS. 93 und v. 11. 5. 1949, Nds. GVBl. Slg. I 812, Begr. ZfB 90, 94; Kurhessen u. Frankfurt: VO. v. 1. 6. 1867, GS. 770, ZfB 8, 197; Waldeck-Pyrmont: G. v. 1. 1. 1869, Reg.Bl. 3, ZfB 10, 143; Schleswig-Holstein: G. v. 12. 3. 1869, GS. 453, ZfB 10, 137, mit ÄndG. v. 24. 9. 1937, GS. 93, Motive ZfB 78, 153; Lauenburg: G. v. 6. 5. 1868, Offiz. Woch. Bl. Nr. 36, ZfB 9, 289; Jadegebiet: G. v. 23. 3. 1873, GS. 107, ZfB 14, 324; Kommunion Unterharz: Staatsvertrag v. 9. 3. 1874, GS. 1295 u. v. 21. 4. 1875, GS. 199; Goslarsche Stadtforst: G. v. 3. 5. 1890, GS. 259, vgl. ZfB 32, 49, 150; weitere auf Preußen übergegangene Gebietsteile: VO. v. 13. 5. 1937, GS. 69, ZfB 78, 228.

[9] VO. v. 23. 2. 1935, RGBl. I 234, ZfB 76, 20 u. VO. v. 19. 10. 1937, RGBl. I 1132, ZfB 78, 62.

[10] VO. v. 25. 3. 1937, RGBl. I 426, ZfB 78, 63.

[11] VO. v. 15. 7. 1941, RGBl. I 447, ZfB 82/83, 25.

[12] Mot. ZfB 6, 55ff.

[13] Vgl. *Westermann*, Rechtsprinzipien des Preußischen Allgemeinen Berggesetzes, ZfB 106, 122.

4. Regelung der Beziehungen zwischen Bergbau und Grundbesitz unter Betonung des Vorranges des Bergbaus.

5. Beseitigung zahlreicher Einrichtungen des älteren deutschen Bergrechts (Erbkuxe, Freikuxe, Mitbaurecht, Erbstollenrecht, Längenfelder u. a.), weil sie durch die technischen und wirtschaftlichen Verhältnisse überholt waren.

6. Aufhebung des bisherigen objektiven Bergrechts (§ 244 ABG), soweit es Gegenstände betraf, die jetzt das Allgemeine Berggesetz regelte[14].

7. Keine Aufhebung früher entstandener subjektiver Rechte (Bergbauberechtigungen, Erbstollenrechte u. a.). Der Betrieb solcher Bergwerke unterlag aber den Bestimmungen des Allgemeinen Berggesetzes, auch wenn die betreffenden Bodenschätze nunmehr (wie z. B. Raseneisenerze) dem Grundeigentümer gehörten (§ 222 ABG).

Die standesherrlichen Bergregale und Regalitätsrechte sind durch Gesetz vom 19. Oktober 1920[15], die privaten, wozu auch das jus excludendi alios[16] gehörte, durch Gesetz vom 29. Dezember 1942[17] in Preußen aufgehoben worden. Beide Gesetze betonen jedoch die Aufrechterhaltung der auf dem Bergregal begründeten Bergbaurechte (Bergwerksverleihung, Feldesreservation, Distriktsverleihung).

## § 10. Weiterentwicklung des preußischen Bergrechts bis 1945

Schrifttum: *Kast*, Die Novellengesetzgebung zum Preußischen Allgemeinen Berggesetz, ZfB 106, 74; *Klapper*, Deutsches Bergrecht 1933—1945, ZfB 100, 100; *Westhoff-Schlüter*, ZfB 50, 506.

Das Allgemeine Berggesetz hat im Laufe der Jahrzehnte seiner Geltung zahlreiche Änderungen erfahren. Sie liegen auf organisatorischem, wirtschafts- und sozialpolitischem Gebiet. Die wichtigsten dieser Bestimmungen sind:

1. *Auf organisatorischem Gebiete:*

Durch Gesetz vom 24. Juni 1892[1] erhielten die Revierbeamten bei der Aufsicht über die Ausführung der für Bergwerke gültigen Vorschriften der

---

[14] Das Gesetz über die Bestrafung unbefugter Gewinnung oder Aneignung von Mineralien vom 26. 3. 1856 (GS. 203) und das Gesetz wegen Verwaltung der Bergbauhilfskassen vom 5. 6. 1863 (GS. 365, ZfB 4, 273) blieben daher in Kraft, weil diese Gegenstände nicht im ABG geregelt wurden.

[15] GS. 441, ZfB 62, 24 (mit Begr.).

[16] Das ist das auf dem Regal beruhende Vorrecht, einen Muter nachträglich auszuschließen.

[17] GS. 1943 S. 1, ZfB 82/83, 234 (mit Begr.).

[1] GS. 131, ZfB 33, 321 (mit Begr.); vgl. auch G. v. 28. 7. 1909, GS. 677, ZfB 50, 434; ferner *Reuß*, ZfB 50, 533.

Gewerbeordnung die Befugnisse und Pflichten der Gewerbeaufsichtsbeamten. Durch Gesetz vom 14. Juli 1905[2] wurde für das Verwaltungsstreitverfahren der Bergausschuß eingesetzt. Dieses Gesetz ist später durch das Kontrollratsgesetz Nr. 2 Art. I Ziff. 1b außer Kraft gesetzt worden[3].

2. *Auf wirtschaftspolitischem Gebiete*[4]*:*

Der Grundsatz der Bergbaufreiheit wurde bei Steinkohle und Salzen durch das Gesetz vom 5. Juli 1905[5] (sog. lex Gamp[6]) durchbrochen, indem dieses Gesetz eine Mutungssperre bis zu zwei Jahren festlegte. Durch das Gesetz vom 18. Juni 1907[7] wurden diese Bodenschätze unter Staatsvorbehalt gestellt, die Bergbaufreiheit also insofern wieder beseitigt. Im Grundeigentümerbergbau trat später dadurch eine wichtige Änderung ein, daß ein (echter) Staatsvorbehalt für Phosphorite durch das Phosphoritgesetz vom 16. Oktober 1934[8] und für Erdöl, Erdgas und sonstige Bitumina durch die Erdölverordnung[9] vom 13. Dezember 1934[10] ausgesprochen wurde. Kurz zuvor waren durch das Erdölgesetz vom 12. Mai 1934[11] der Bergbau auf Erdöl und andere Bitumina den meisten Vorschriften des Berggesetzes unterstellt worden. Deutlich kommt der staatliche Dirigismus in der Begründung zum Entwurf des Gesetzes vom 24. 9. 1937[12] zum Ausdruck, indem es heißt, alle neuen Vorschriften bezwecken eine Förderung des heimischen Bergbaus im Sinne des Wirtschaftsprogramms der Reichsregierung[13].

3. *Auf sozialpolitischem Gebiet*[14]*:*

Der Siebente Titel des Allgemeinen Berggesetzes „Von den Knappschaftsvereinen" ist durch das Preußische Knappschaftsgesetz vom

---

[2] GS. 307, ZfB 46, 443 (Begr. 182).

[3] Die Verwaltungsgerichtsordnung v. 21. 1. 1960, BGBl I 17, hat die Bergausschüsse nicht wieder eingeführt (vgl. § 195 Abs. 2).

[4] Vgl. *Willecke*, ZfB 106, 134ff.

[5] GS. 265, ZfB 46, 442; *Eskens*, ZfB 46, 461.

[6] Gamp war der Name des Abgeordneten, der den entsprechenden Antrag im Abgeordnetenhaus eingebracht hatte (vgl. *Klostermann-Fürst-Thielmann*, S. 26).

[7] GS. 119, Begr. ZfB 48, 309; *Eskens*, ZfB 49, 106ff.

[8] GS. 404, ZfB 75, 242 (mit Begr.); dazu ÄndG. v. 24. 9. 1937, GS. 93, ZfB 78, 140 (mit Begr.).

[9] Gültigkeit bejaht durch BGH v. 2. 12. 1955, BGHZ 19, 210 = NJW 1956, 420 = ZfB 96, 439.

[10] GS. 463, ZfB 75, 365 (mit Begr.); dazu ÄndG. v. 24. 9. 1937, GS. 93.

[11] GS. 257, ZfB 75, 84 (mit Begr.); dazu ÄndG. v. 24. 9. 1937, GS. 93.

[12] Gesetz zur Änderung bergrechtlicher Vorschriften, GS. 93.

[13] ZfB 78, 140 (154).

[14] Zu den materiellen Änderungen vgl. *Boldt*, Das Recht des Bergmanns, bes. S. 542ff.

17. Juni 1912[15] aus dem Berggesetz ausgeschieden. Das pr. Knappschaftsgesetz wurde später durch das Reichsknappschaftsgesetz[16] aufgehoben[17]. Am 1. 8. 1969 trat das Gesetz zur Errichtung der Bundesknappschaft[18] in Kraft, wodurch die einzelnen Knappschaften aufhörten, selbständige Träger der Knappschaftsversicherung zu sein.

## § 11. Berggesetzgebung in den übrigen deutschen Ländern bis 1945[1]

Schrifttum: *Westhoff-Schlüter*, ZfB 51, 93.

Zur territorial[2] unterschiedlichen Entwicklung aus der Fülle der Spezialliteratur:

*Baden-Württemberg: Egerer*, Das Württembergische Bergrecht, Diss. Tübingen, 1924; *Föhrenbach*, Der badische Bergbau, Diss. Freiburg 1910; *Philipp, W.*, Bergregal und Staatsvorbehalt in der Auseinandersetzung zwischen Hoheitsrecht und Privateigentum (in Baden), Diss. Freiburg 1962; ders., ZfB 104, 61; *Steinecke*, Bergwirtschaft und Bergrecht Badens, Diss. Heidelberg 1931.

*Bayern: Eccardt*, Historisch-dogmatische Studie zum Bergrecht im vormaligen Fürstentum Bayreuth, Diss. Erlangen 1907; *Hahn*, Zur Berggesetzgebung in Bayern, ZfB 10, 324; *Solbrig*, Bergrecht des Fürstentums Bayreuth, Diss. Erlangen 1909; *Lori*, Sammlung des baierischen Bergrechts mit einer Einleitung in die Bergrechtsgeschichte, München 1764.

*Berlin: Friedensburg*, Glückauf 1949, 343.

*Hessen: Buss*, Die Entwicklung des Bergrechts in der Landgrafschaft Hessen-Darmstadt, Diss. Tübingen 1920.

---

[15] GS. 137, ZfB 53, 429.

[16] RGBl. I 431, ZfB 64, 314.

[17] Art. 54 Abs. 2 EinfG. z. RKnappschaftsG. v. 23. 6. 1923, RGBl. I 454.

[18] BGBl. I 974; s. dazu *Küttner*, in: Braunkohle, Wärme und Energie 1969, 420.

[1] Hier soll nicht aufgeführt werden, inwiefern die bergrechtlichen Vorschriften im einzelnen geändert worden sind. Ersichtlich ist das aus dem Hinweis zu Beginn der Gesetze, in welchen Fassungen bzw. mit welchen gesetzlichen Änderungen sie gelten; dazu *Heller-Lehmann* bei den jeweiligen Landesberggesetzen.

[2] Es ist hier von der Gliederung des Bundesgebietes ausgegangen. Hinweise auf das Schrifttum zur bergrechtlichen Entwicklung im übrigen finden sich bei *Arndt*, Bergbau und Bergbaupolitik, 1894, S. 230ff; *Koch, M.*, Geschichte und Entwicklung des bergmännischen Schrifttums, 1963; *Planitz-Buyken*, Bibliographie zur deutschen Rechtsgeschichte, 1952, S. 691ff.; *Stobbe*, Geschichte der deutschen Rechtsquellen, 1860/64, Bd. I S. 274; Bd. II S. 269; *Stobbe-Lehmann*, Handbuch des deutschen Privatrechts, 2. Bd., 3. Aufl. 1. Halbb., 1896, S. 534ff.; *Schröder-Künssberg*, Lehrbuch der deutschen Rechtsgeschichte, 7. Aufl. 1932, S. 585, 1050; vgl. weiter die Zusammenstellung des Schrifttums zu den einzelnen Landesberggesetzen bei *Heinemann-Pinkerneil*, Handbuch des deutschen Bergwesens, 1938/43.

*Niedersachsen: Krumsiek*, Das Bergrecht Schaumburg-Lippes, Diss. Münster 1961; ders., ZfB 103, 162; *Meyer-Degering*, Die geschichtliche Entwicklung des Braunschweig. Bergrechts vom ausgehenden Mittelalter bis zur Einführung des geltenden Berggesetzes von 1867, Diss. Hamburg 1967; *Streit*, Vergleichende Darstellung der Oberharzer Bergrechte und des älteren deutschen Bergrechts, Diss. Clausthal 1966; *Willecke*, Braunschweigisches Berggesetz, 1955.

*Nordrhein-Westfalen: Schroeder, J. K. v.*, Das Bergrecht des Fürstentums Münster in seiner Entwicklung und seinen Nachwirkungen, Diss. Münster 1957; ders., ZfB 96, 156.

*Rheinland-Pfalz: Silberschmidt*, Die Regelungen des pfälzischen Bergwesens, Leipzig 1913; *Schneider, H.*, Zur Geschichte des Bergrechts und der Bergverfassung im Siegerland, Diss. Bonn 1954.

Für die Länder *Bremen*, *Hamburg*, *Saarland* und *Schleswig-Holstein* s. *Westhoff-Schlüter* ZfB 51 (1910), 93ff.

Das Allgemeine Berggesetz war maßgebend für die Berggesetzgebung in den meisten deutschen Ländern, die dieses mit geringen, örtlich oder geschichtlich bedingten Änderungen übernahmen[3]. Einer großen, sog. Preußischen Bergrechtsgruppe (Anhalt, Baden, Bayern, Braunschweig, Hessen, Oldenburg, Schaumburg-Lippe, Reuß jüngerer Linie, Sachsen-Altenburg, Sachsen-Coburg-Gotha, Schwarzburg-Rudolstadt, Schwarzburg-Sondershausen, Waldeck, Württemberg, Sachsen-Meiningen) steht eine kleinere, sog. Sächsische Bergrechtsgruppe gegenüber (Königreich Sachsen und einige thüringische Staaten), die insbesondere andere Vorschriften über Schürfen, Muten und Gewinnung von Mineralien kennt[4]. Eine dritte Gruppe war die gemeinrechtliche (Bremen, Hamburg, Lippe, Mecklenburg u. a.). Sie hatte — zunächst — keine eigenen Berggesetze und regelte daher Einzelfragen nach den Grundsätzen des gemeinen deutschen Bergrechts, hat sich aber später der preußischen Bergrechtsgruppe angeschlossen.

## § 12. Reichsgesetzgebung im Bergrecht

Schrifttum: *Klapper*, Deutsches Bergrecht 1933—1945, ZfB 100, 100.

Nach der Weimarer Verfassung hatte das Reich die Gesetzgebung über den Bergbau (Art. 7 Ziff. 16), jedoch nur konkurrierend mit den Ländern; d. h., diese behielten das Recht der Gesetzgebung, solange und soweit das Reich von seinem Gesetzgebungsrecht keinen Gebrauch machte (Art. 12 WRV). Wenn das Reich aber das Recht der Gesetzgebung in Anspruch nahm, trat entgegenstehendes Landesrecht außer Kraft und neues Landesrecht konnte sich insoweit nicht mehr bilden, denn es galt der Grundsatz: „Reichsrecht bricht Landesrecht“ (Art. 13 WRV).

---

[3] *Engelhardt*, ZfB 106, 110; *Westhoff-Schlüter*, ZfB 51, 93.

[4] Zusammenstellung bei *Heinemann-Pinkerneil*; vgl. auch *Turner*, Berechtsamswesen, S. 27 Anm. 4.

1. Durch das Reichsknappschaftsgesetz vom 23. Juni 1923[1] (später in der Fassung des Gesetzes vom 1. Juli 1926[2] neu bekanntgemacht) wurde das Preußische Knappschaftsgesetz aufgehoben[3]. Zugleich sind damit auch die in anderen Landesberggesetzen bis dahin noch nicht aufgehobenen Bestimmungen über die Knappschaftsvereine beseitigt worden.

2. Dem Zwecke der Vereinheitlichung des Bergrechts diente das Gesetz zur Überleitung des Bergwesens auf das Reich vom 28. Februar 1935[4]. Hierdurch wurde das Bergwesen (Berghoheit und Bergwirtschaft) Reichsangelegenheit. Als Folge davon wurden durch das Gesetz über den Aufbau der Reichsbergbehörden vom 30. September 1942[5] an Stelle der bisherigen Landes- nunmehr Reichsbergbehörden errichtet (Bergämter, Oberbergämter, Reichswirtschaftsminister). Seit dem Zusammenbruch 1945 wird jedoch die Bergaufsicht wieder von Landesbergbehörden wahrgenommen[6].

3. Um eine intensive Durchforschung des Reichsgebietes nach nutzbaren Lagerstätten zu erreichen und den dazu erforderlichen Zusammenschluß der Geologischen Landesanstalten herbeizuführen, wurde das Lagerstättengesetz vom 4. Dezember 1934[7] erlassen. Daraufhin entstand die Reichsstelle für Bodenforschung (heute Bundesanstalt[8]) und Geologische Landesämter[9], in Niedersachsen Amt für Bodenforschung[10].

4. Das Gesetz zur Erschließung von Bodenschätzen vom 1. Dezember 1936[11] ermächtigt die mittleren und obersten Bergbehörden zur Anwendung eines Betriebszwanges.

5. Die Verordnung über Baubeschränkungen zur Sicherung der Gewinnung von Bodenschätzen vom 28. Februar 1939[12] schafft die Möglichkeit eines Bauverbots oder einer Baugenehmigung unter besonderen Auflagen.

---

[1] RGBl. I 431, ZfB 64, 314.

[2] RGBl. I 369, ZfB 67, 136.

[3] Vgl. o. § 10.

[4] RGBl. I 315, ZfB 76, 34 (mit Begr.); mit Bonner Grundgesetz, Art. 30, nicht vereinbar; vgl. Landesorganisationsgesetz NW v. 10. 7. 1962, GVBl. 421, ZfB 103, 386.

[5] RGBl. I 603, ZfB 82/83, 187 (mit Begr.).

[6] Näher dazu §§ 60ff.

[7] RGBl. I 1223, ZfB 75, 299 (mit Begr.); AusfVO. v. 14. 12. 1934, RGBl. I 1261, ZfB 75, 304.

[8] Erl. v. 27. 11. 1958, BWMBl. 583 = BAnz. Nr. 230.

[9] Vgl. die Übersicht bei *Heller-Lehmann*, BD 2 Anm. 1.

[10] Nds. MBl. 1957, 252, ZfB 98, 28.

[11] RGBl. I 999, ZfB 77, 310 (mit Begr.).

[12] RGBl. I 381, 508, ZfB 80/81, 9. (Zum Verhältnis der BaubeschränkungsVO. zu Art. 14 GG, s. OVG Münster v. 17. 12. 1957, ZfB 99, 221).

6. Durch die Verordnung über den Zusammenschluß von Bergbauberechtigten vom 23. Juli 1937[13] können diese zwecks Aufschlusses und Abbaues von Mineralien zusammengeschlossen[14] werden.

7. Die Verordnung über die Zulegung von Bergwerksfeldern vom 25. März 1938[15] will das Fortschreiten des Abbaues sichern, indem aus allgemeinwirtschaftlichen Gründen ein nicht in Betrieb genommenes angrenzendes Feld einem in Betrieb befindlichen Hauptfelde zugelegt werden kann.

8. Die Verordnung über die Aufsuchung und Gewinnung mineralischer Bodenschätze vom 31. Dezember 1942[16] (auch „Sylvesterverordnung" genannt) unterstellt die wichtigsten Grundeigentümermineralien der bergpolizeilichen Aufsicht[17].

## § 13. Weiterentwicklung des Bergrechts in der Bundesrepublik

Schrifttum: *Krautschneider*, Die Zersplitterung des Bergrechts im Bundesgebiet, ZfB 97, 184; 98, 100; 99, 339; 107, 300; 110, 65; *Wilke*, Neuerungen auf dem Gebiete des Bergrechts, ZfB 110, 189.

Nach Artikel 125 des Grundgesetzes ist Recht, das Gegenstände der konkurrierenden Gesetzgebung des Bundes betrifft — dazu gehört gemäß Art. 74 Ziff. 11 auch das Recht des Bergbaus —, innerhalb seines Geltungsbereichs nur dann Bundesrecht geworden, soweit es innerhalb einer oder mehrerer Besatzungszonen einheitlich gegolten hat. Das war bei den Berggesetzen nicht der Fall.

Das Allgemeine Berggesetz und die übrigen, von den früheren Ländern erlassenen bergrechtlichen Bestimmungen gelten somit als Landesrecht in ihrem jeweiligen Geltungsbereich weiter[1]. Der Bund hat bisher von seiner Gesetzgebungsbefugnis (Art. 72 Abs. 2 GG) auf dem Gebiete des Bergrechts noch keinen umfassenden Gebrauch gemacht[2]. Die Länder haben eine Reihe berggesetzlicher Änderungen vorgenommen.

---

[13] RGBl. I 883, ZfB 78, 58; DurchführungsVO. v. 1. 7. 1939, RGBl. I 115, 278, ZfB 80/81, 5.

[14] Die VO ist rechtsgültig erlassen, BGH v. 8. 2. 1952, ZfB 93, 445. Im Hinblick auf die Vereinbarkeit mit Art. 9, 14 GG s. *Miesbach-Engelhardt*, Anh. A I 7, § 1, Anm. 3.

[15] RGBl. I 345, ZfB 79, 6 (mit Begr.). Näher: *Ostermann*, Die Zulegung von Bergbauberechtigungen, Diss. Münster 1961; Samel, ZfB 106, 247.

[16] RGBl. 1943 I 17, ZfB 82/83, 198 (mit Begr.).

[17] Die VO verstößt nur insoweit gegen das GG, als sie wegen der Höhe der Entschädigung den Rechtsweg ausschließt; OVG Rheinland-Pfalz v. 15. 9. 1955, DVBl. 1955, 780 = ZfB 98, 448; vgl. ferner BVerwG. v. 15. 4. 1957, ZfB 98, 461.

[1] BGH v. 24. 11. 1953, ZfB 95, 211; BVerwG. v. 28. 6. 1955, ZfB 96, 306.

[2] Vgl. o. § 2 Anm. 8; in diesem § unter 5. b).

## 1. Die Berggesetze

In der Bundesrepublik gelten zur Zeit folgende Berggesetze:

1. Das Preuß. Allgemeine Berggesetz (1865) in den Ländern Bremen, Hamburg, Hessen[3], Nordrhein-Westfalen, Saarland und Schleswig-Holstein, sowie in Teilen der Länder Baden-Württemberg, Niedersachsen und Rheinland-Pfalz;

2. das Badische Berggesetz (1890) in einem Teil des Landes Baden-Württemberg;

3. das Bayerische Berggesetz (1910) im Lande Bayern und einem Teil des Landes Rheinland-Pfalz;

4. das Braunschweigische Berggesetz (1867) in einem Teil des Landes Niedersachsen;

5. das Hessische Berggesetz (1876) in Teilen des Landes Rheinland-Pfalz (jedoch nicht mehr im Lande Hessen selbst!);

6. das Oldenburgische Berggesetz (1908) in einem Teil des Landes Niedersachsen;

7. das Schaumburg-Lippesche Berggesetz (1906) in einem Teil des Landes Niedersachsen;

8. das Württembergische Berggesetz (1874) in einem Teil des Landes Baden-Württemberg.

## 2. Die Geltung der Berggesetze in den einzelnen Ländern

Geht man nicht von den Berggesetzen aus[4], sondern von der Frage, welche Gesetze in den einzelnen Bundesländern gelten, so ergibt sich folgendes Bild:

*a) Baden-Württemberg*

1. Das Badische Berggesetz[5] im ehemaligen Bundesland Baden (entspricht dem jetzigen Regierungsbezirk Südbaden) und in den früheren

---

[3] Siehe aber Anm. 10.

[4] Wie unter 1.

[5] Durch das Gesetz zur Vereinheitlichung des Landesrechts in den Landkreisen Heilbronn, Sinsheim und Mosbach v. 22. 2. 1960 (GBl. 51) sind für die ehemals hessischen Exklaven die bis dahin geltenden hessischen bergrechtlichen Vorschriften mit Wirkung v. 7. 3. 1960 außer Kraft gesetzt worden. In den ehemaligen hessischen Gebieten Wimpfen am Berg, Wimpfen im Tal und Hohenstadt kommt nunmehr Württembergisches Bergrecht und in den ehemaligen hessischen Gebieten Helmhof, Zimmerhöfer Feld und Finkenhof badisches Bergrecht zur Anwendung (vgl. *Heller-Lehmann*, Übersicht für Baden-Württemberg (vor BW 40).

badischen Landesteilen des ehemaligen Bundeslandes Württemberg-Baden[6] (entspricht dem jetzigen Regierungsbezirk Nordbaden);

2. das Württembergische Berggesetz[7] im ehemaligen Bundesland Württemberg-Hohenzollern (entspricht dem jetzigen Regierungsbezirk Südwürttemberg-Hohenzollern), soweit nicht das preußische ABG gilt, und in den württembergischen Landesteilen des ehemaligen Bundeslandes Württemberg-Baden (entspricht dem jetzigen Regierungsbezirk Nord-Württemberg);

3. das Allgemeine Berggesetz für die preußischen Staaten in den früheren hohenzollernschen Landesteilen des ehemaligen Bundeslandes Württemberg-Hohenzollern, damit in einem Teil des Regierungsbezirks Südwürttemberg-Hohenzollern (entspricht den heutigen Landkreisen Hechingen und Sigmaringen);

4. die nach Konstituierung des Landes Baden-Württemberg erlassenen bergrechtlichen Vorschriften in allen Landesteilen, soweit nichts anderes bestimmt ist.

*b) Bayern*

1. Das Bayerische Berggesetz;

2. als partielles Landesrecht gelten im Gebiet der ehemals thüringischen Exklave Ostheim (Unterfranken) noch folgende Gesetze[7a]:

a) Berggesetz von Sachsen-Weimar-Eisenach v. 1. 5. 1905, Reg. Bl. 63, ZfB 46, 314, i. d. F. d. Gesetze v. 20. 12. 1905, Reg. Bl. 257, ZfB 47, 291 u. v. 30. 3. 1910, Reg. Bl. 159, ZfB 52, 471;

b) Thüringisches Gesetz v. 14. 6. 1920 betr. die Aufsuchung und Gewinnung von Stein- und Braunkohle, GS. 109, ZfB 63, 77, mit der AusfVO. v. 15. 9. 1920, GS. 209, ZfB 63, 80;

c) Thüringisches Notgesetz über das Aufsuchen und Gewinnen von Erdöl v. 18. 7. 1930, GS. 111, ZfB 72, 57, i. d. F. d. Bekanntmachung v. 25. 6. 1931, GS. 259, ZfB 72, 57;

d) Gesetz über das Aufsuchen und Gewinnen von Griffelschiefer v. 22. 7. 1933, GS. 329, ZfB 74, 72.

*c) Berlin*

Allgemeines Berggesetz für die preußischen Staaten.

---

[6] Zur Entwicklung der Länder Baden-Württemberg und des ehemals preuß. Reg. Bez. Hohenzollern über die Länder Württemberg-Baden und Württemberg-Hohenzollern bis zur Entstehung des Landes Baden-Württemberg s. Brockhaus-Enzyklopädie, Bd. 2, S. 214.

[7] Vgl. auch Anm. 5.

[7a] Sie sind auch bei *Heller-Lehmann* in der Übersicht vor dem Bay. BG (BY 70) aufgeführt. Ein Hinweis auf eine Außerkraftsetzung ist nicht ersichtlich.

*d) Bremen*

Allgemeines Berggesetz für die preußischen Staaten[8].

*e) Hamburg*

Allgemeines Berggesetz für die preußischen Staaten[9].

*f) Hessen*

Allgemeines Berggesetz für das Land Hessen[10].

*g) Niedersachsen*

1. Das Allgemeine Berggesetz für die preußischen Staaten in den ehemals preußischen Landesteilen[11];

2. das braunschweigische Berggesetz in dem Gebiet des ehemaligen Landes Braunschweig[11];

3. das Oldenburgische Berggesetz in dem Gebiet des ehemaligen Landes Oldenburg;

4. das Schaumburg-Lippische Berggesetz in dem Gebiet des ehemaligen Landes Schaumburg-Lippe;

5. die nach dem Zusammenschluß des Landes Niedersachsen erlassenen Vorschriften.

*h) Nordrhein-Westfalen*

Das Allgemeine Berggesetz für die preußischen Staaten[12].

*i) Rheinland-Pfalz*

1. Das Allgemeine Berggesetz für die preußischen Staaten (in den Regierungsbezirken Koblenz, Montabaur und Trier);

2. das Bayerische Berggesetz (im Regierungsbezirk Pfalz);

3. das hessische Berggesetz (im Regierungsbezirk Rheinhessen);

---

[8] Eingeführt durch VO v. 15. 7. 1941, RGBl. I 447, ZfB 82/83, 25.

[9] Eingeführt durch VOen v. 25. 3. 1937 u. 15. 11. 1937, RGBl. I 426, 1256, ZfB 78, 38, 63.

[10] Durch das Gesetz über das Bergrecht im Lande Hessen v. 6. 7. 1952, GVBl. 130, ist das preuß. ABG auch in den ehemals hessischen Landesteilen in Kraft gesetzt worden, bekanntgemacht als Allgemeines Berggesetz für das Land Hessen am 1. 3. 1953, GVBl. 61, ZfB 94, 169, ber. 424.

[11] Wegen der ehemals braunschweigischen Landesteile, in denen preuß. Bergrecht gilt, vgl. VO über Gebietsbereinigungen im Rahmen der Reichswerke Salzgitter v. 25. 6. 1941, RGBl. I 357, ZfB 82/83, 22, mit Durchführungsverordnungen v. 29. 7. 1942, RGBl. I 450 und v. 31. 7. 1942, RGBl. I, 483, ber. 536, 552, ZfB 82/83, 183, sowie VO über Salze und Solquellen im Landkreis Holzminden v. 4. 11. 1943, GS. 9, ZfB 84, 43.

[12] Auf die ehemals lippischen Landesteile ist das preußische Bergrecht durch Art. III des 2. Gesetzes zur Änderung berggesetzlicher Vorschriften v. 25. 5. 1954, GS. 694, ZfB 95, 272, ausgedehnt worden.

4. die nach Konstituierung des Landes Rheinland-Pfalz erlassenen Vorschriften, soweit nichts anderes bestimmt ist.

*j) Saarland*

Das Allgemeine Berggesetz für die preußischen Staaten[13].

*k) Schleswig-Holstein*

Das Allgemeine Berggesetz für die preußischen Staaten[14].

### 3. Die wesentlichen Änderungen der Berggesetze

*a) Baden-Württemberg*

1. Das Badische Berggesetz v. 22. 6. 1890[15] hat folgende Änderungen erfahren:

a) Für das Gebiet des ehemaligen Bundeslandes Baden (jetziger Regierungsbezirk Südbaden des Landes Baden-Württemberg) wurde durch Landesverordnung v. 26. 3. 1947[16] der Staatsvorbehalt auf seltene Erden und radioaktive Elemente ausgedehnt.

b) Das Gesetz v. 27. 9. 1965[17] änderte das Badische und Württembergische Berggesetz sowie das preußische ABG. Das Gesetz bezieht sich u. a. auf die Zuständigkeit zur Erteilung von Schürf- und Gewinnungserlaubnissen und auf die Zuständigkeit zum Erlaß von Bergpolizeiverordnungen[18].

2. Das Württembergische Berggesetz v. 7. 10. 1874[19]:

a) Für das ehemalige Land Württemberg-Hohenzollern (jetziger Regierungsbezirk Südwürttemberg-Hohenzollern) erfolgte eine Änderung durch Gesetz v. 4. 9. 1951[20]. Hierdurch wurde der Kreis der bergbaufreien Bodenschätze erweitert sowie Uran und andere radioaktive Mineralien dem Staatsvorbehalt unterstellt.

b) Das Gesetz v. 27. 9. 1965[21].

3. Das Allgemeine Berggesetz für die preußischen Staaten: Änderung durch das Gesetz v. 27. 9. 1965[21].

---

[13] Eingeführt durch VOen v. 23. 2. 1935 u. 19. 10. 1937, RGBl. 1935 I 234; 1937 I 1132; ZfB 76, 20; 78, 62.

[14] Auf die ehemals mecklenburgischen Landesteile — die Gemeinden Ziethen, Meckow, Bäk und Römnitz des Kreises Schönberg — ist das schleswig-holsteinische Landesrecht durch Art. 50 der Landessatzung v. 13. 12. 1949, GVBl. 1950, 3, ausgedehnt worden.

[15] Vgl. *Brassert*, ZfB 31, 471.

[16] ABl. 65, ZfB 88, 99.

[17] GBl. 251, ZfB 107, 17.

[18] Vgl. im einzelnen *Kleinmann*, ZfB 107, 203.

[19] Reg. Bl. 265, ZfB 15, 431.

[20] Reg. Bl. 91, ZfB 92, 360.

[21] Siehe dazu o. Bad. BG zu (b).

*b) Bayern*

Das Bayerische Berggesetz v. 13. 8. 1910[22]:

1. Das Gesetz v. 29. 12. 1949[23] erweiterte den Katalog des Art. 1 und den Staatsvorbehalt.

2. Das Gesetz v. 25. 10. 1966[24] brachte Änderungen u. a. zum Betriebsplanverfahren, zum Recht der verantwortlichen Personen im Betrieb und eine Erweiterung der Aufgaben der Bergaufsicht.

*c) Berlin*

Das ABG wurde durch Gesetz v. 10. 11. 1967[25] geändert, indem der Kreis der dem Grundeigentümer entzogenen Bodenschätze erweitert und zugleich der Staatsvorbehalt ausgedehnt wurde.

*d) Bremen*

Das ABG gilt in der Fassung, in der es im Jahre 1941[26] eingeführt worden ist[27].

*e) Hamburg*

Das ABG wurde durch Gesetz v. 1. 10. 1957[28] geändert, indem die §§ 1 und 2 eine Ergänzung erfuhren.

*f) Hessen*

Das Allgemeine Berggesetz ist durch das Gesetz v. 27. 5. 1969[29] geändert worden, und zwar bezüglich der Vorschriften über die Leitung und Beaufsichtigung der Bergwerksbetriebe, den Betriebsplan, den Bergschaden, die Bergaufsicht und die Strafvorschriften.

*g) Niedersachsen*

1. Durch Gesetz v. 20. 6. 1956[30] wurden bestimmte, bisher den Grundeigentümern belassene Mineralien (Wolfram, Molybdän, Wismut, Titan, Vanadium, Chrom, Germanium) unter Staatsvorbehalt gestellt.

2. Durch Gesetz v. 20. 6. 1970[31] wurden die Vorschriften über die Bergaufsicht sowie die Strafvorschriften geändert.

---

[22] GVBl. 815.

[23] GVBl. 1950, 40, ZfB 90, 80.

[24] GVBl. 331, ZfB 108, 358; dazu *Bähr*, ZfB 109, 70. Das Bay. BG ist unter dem 10. 1. 1967, GVBl. 185, neu bekanntgemacht worden.

[25] GVBl. 1570, ZfB 109, 233; dazu *Krautschneider*, Glückauf 1968, 477.

[26] VO v. 15. 7. 1941, RGBl. I 447, ZfB 82/83, 25.

[27] Vgl. dazu *Heller-Lehmann*, NW 250, bei der Angabe der jeweiligen Änderungen des ABG.

[28] GVBl. 445, ZfB 99, 15.

[29] GVBl. 81, ZfB 110, 410.

[30] GVBl. 77, ZfB 97, 134.

[31] GVBl. 237, 248 ff.

*h) Nordrhein-Westfalen*

Das Allgemeine Berggesetz hat vier bedeutsame Änderungen erfahren.

1. Das Gesetz v. 25. 4. 1950[32] brachte Neuerungen zu den Kapiteln Betriebsplan, Betriebseinstellung und Bergpolizei.

2. Durch das Gesetz v. 25. 5. 1954[33] wurden die §§ 1 und 2 erweitert; ferner wurde eine Revision des Rechts der bergrechtlichen Gewerkschaft vorgenommen[34].

3. Durch das 3. Änderungsgesetz v. 8. 12. 1964[35] erfolgte eine neue Konzeption[36] des Rechts der sog. Aufsichtspersonen[37] sowie die Erklärung von Zuwiderhandlungen gegen berggesetzliche und bergbehördliche Bestimmungen zu Ordnungswidrigkeiten.

4. Das 4. Änderungsgesetz v. 11. 6. 1968[38] regelt Einzelheiten zum Betriebsplan und enthält Änderungen im Bergschadens- und Bergaufsichtsrecht.

*i) Rheinland-Pfalz*

Die gültigen Berggesetze[39] wurden geändert durch Gesetz v. 15. 10. 1952[40], indem bestimmte Bodenschätze der Verfügungsbefugnis des Grundeigentümers entzogen und unter Staatsvorbehalt gestellt wurden.

*j) Saarland*

Das Allgemeine Berggesetz wurde geändert

1. durch Gesetz v. 10. 7. 1953[41] und

2. durch Gesetz v. 23. 3. 1956[42], die beide eine Erweiterung des Staatsvorbehalts brachten,

3. durch Gesetz v. 5. 7. 1967[43], das u. a. das Recht der Aufsichtspersonen und die Strafbestimmungen betraf.

---

[32] GVBl. 73, ZfB 91, 187 (mit Begr.).

[33] GVBl. 155, ZfB 95, 272 (mit Begr.).

[34] Dazu LVG Köln, ZfB 100, 443.

[35] GVBl. 412, ZfB 106, 304.

[36] Dieser haben sich später Bayern (G. v. 25. 10. 1966) das Saarland (G. v. 5. 7. 1967) und Hessen (G. v. 27. 5. 1969) angeschlossen.

[37] Dazu *Oversohl*, Die Rechtsstellung der Aufsichtspersonen, Diss. Münster 1968; *v. Schlütter*, Glückauf 1965, 49.

[38] GVBl. 201, ZfB 109, 375.

[39] ABG, Bay. BG., Hess. BG. Zu den Bereinigungsgesetzen s. *Miesbach-Engelhardt*, Ergänzungsband, Einl. B. II. 3.

[40] GVBl. 154, ZfB 94, 34.

[41] ABl. 353, vgl. *Bresges*, ZfB 93, 423.

[42] ABl. 443, vgl. *Heller*, ZfB 97, 60.

[43] ABl. 637, ZfB 109, 240 (mit Begr.).

*k) Schleswig-Holstein*

Das Allgemeine Berggesetz ist durch Gesetz v. 12. 11. 1952[44] geändert worden. Dadurch wurden die §§ 1 und 2 erweitert.

## 4. Sonstige wichtige bergrechtliche Bestimmungen der Länder

Neben den Berggesetzen gibt es eine Reihe sog. bergrechtlicher Nebengesetze. Es soll hier keine vollständige Liste solcher Gesetze[45], vielmehr lediglich ein Hinweis auf die wichtigsten davon erfolgen.

*a) Baden-Württemberg*

Hier wäre eine Reihe von Regelungen zu nennen, die im ehemals preußischen Landesteil Geltung haben. Um Wiederholungen zu vermeiden, sind die entsprechenden Bestimmungen bei Nordrhein-Westfalen, oder, wenn sie dort nicht gelten, ausnahmsweise bei Niedersachsen aufgeführt. Es handelt sich insoweit um ehemals preußisches Recht, das in den preußischen Nachfolgestaaten, bzw. dort, wo es eingeführt worden ist, weitergilt[45a].

*b) Bayern*

1. Gesetz über Graphitgewinnung v. 12. 11. 1937[46];
2. Gesetz über die behälterlose unterirdische Speicherung von Gas v. 25. 10. 1966[47].

*c) Berlin* [48]

*d) Bremen*

Gesetz zur Änderung des (pr.) Gesetzes über die Beaufsichtigung von unterirdischen Mineralgewinnungsbetrieben und Tiefbohrungen[48a].

*e) Hamburg*

Gesetz v. 11. 9. 1964[49] zur Änderung des (pr.) Gesetzes über die Beaufsichtigung von unterirdischen Mineralgewinnungsbetrieben und Tiefbohrungen.

---

[44] GVBl. 176, ZfB 94, 37.

[45] Zusammengestellt in der jeweils gültigen Fassung sind sie bei *Heller-Lehmann*, die eine Aufteilung nach Bundes- und Landesrecht vornehmen; vgl. ferner *Ebel-Weller* und *Miesbach-Engelhardt*.

[45a] Vgl. o. § 13, 1. (1).

[46] GVBl. 299, ZfB 78, 181 (mit Begr.).

[47] GVBl. 335, ZfB 108, 370 (mit Begr.); dazu *Bähr*, ZfB 109, 75.

[48] Vgl. die Bemerkung bei Baden-Württemberg.

[48a] v. 14. 10. 1969, GBl. 131, ZfB 111, 28.

[49] GVBl. 193, ZfB 106, 298.

*f) Hessen*

Gesetz v. 8. 7. 1968 zur Änderung des Gesetzes über die Beaufsichtigung von unterirdischen Mineralgewinnungsbetrieben[50].

*g) Niedersachsen*

1. Im Geltungsbereich des ABG

a) Gesetz über die Bestrafung unbefugter Gewinnung oder Aneignung von Mineralien v. 26. 3. 1856[51];

b) Gesetz über die Bestellung von Salzabbaugerechtigkeiten in der Provinz Hannover v. 4. 8. 1904[52];

c) Gesetz über die Gewerkschaftsfähigkeit von Kalibergwerken in Hannover v. 30. 5. 1917[53].

2. Im Geltungsbereich des Braunschweigischen Berggesetzes

a) Gesetz betr. den unterirdischen Abbau von Mineralien, welche dem Verfügungsrechte des Grundeigentümers unterliegen v. 16. 4. 1892[54];

b) Gesetz betr. die Aufsuchung und Gewinnung des Steinsalzes, der Kali- und Magnesiasalze und der Solquellen v. 19. 5. 1894[55];

c) Gesetz betr. die Erweiterung des Gesetzes v. 19. 5. 1894 v. 13. 6. 1917[56];

d) Gesetz über die Aufsuchung und Gewinnung heilkräftiger Mineralvorkommen v. 20. 1. 1937[57].

3. Im gesamten Land Niedersachsen: Gesetz über die Beaufsichtigung von behälterlosen unterirdischen Tiefspeichern[58].

*h) Nordrhein-Westfalen*

1. Gesetz über die Beaufsichtigung von unterirdischen Mineralgewinnungsbetrieben v. 18. 12. 1933[59];

---

[50] GVBl. 183, ZfB 109, 369 (mit Begr.), i. d. F. d. G. v. 9. 8. 1968, GVBl. 252, ZfB 110, 160 und v. 27. 5. 1969, GVBl. 81, ZfB 100, 410.

[51] GS. 203.

[52] GS. 235, ZfB 45, 255, i. d. F. d. G. v. 24. 9. 1937, GS. 93, ZfB 78, 140 (mit Begr.).

[53] GS. 71, ZfB 58, 309 (mit Begr.).

[54] GVS 85, ZfB 33, 279 (mit Begr.), i. d. F. d. G. v. 10. 6. 1893, GVS. 235, ZfB 34, 429.

[55] GVS. 45, ZfB 35, 444, i. d. F. d. (nds.) G. v. 20. 6. 1956, GVBl. 77, ZfB 97, 134.

[56] GVS. 123, ZfB 59, 68 (mit Begr.).

[57] GVS 7, ZfB 78, 186 (mit Begr.).

[58] Vom 20. 5. 1959, GVBl. 118, ZfB 110, 426. Dadurch wurde das Gesetz über die Beaufsichtigung von unterirdischen Mineralgewinnungsbetrieben, Tiefspeichern und Tiefbohrungen i. d. f. Nds. geltenden Fassung v. 7. 1. 1966, GVBl. 7, ZfB 108, 25, für den sachlichen Geltungsbereich des neuen Gesetzes abgelöst.

[59] GS. 493, ZfB 74, 317 (mit Begr.).

2. Gesetz zur Erschließung von Erdöl und anderen Bodenschätzen v. 12. 5. 1934[60];

3. Phosphoritgesetz v. 16. 10. 1934[61];

4. Verordnung über die Berechtigung zur Aufsuchung und Gewinnung von Erdöl und anderen Bodenschätzen v. 13. 12. 1934[62];

5. Verordnung über die bergaufsichtliche Überwachung der bergbaulichen Nebengewinnungs- und Weiterverarbeitungsanlagen durch die Bergbehörden v. 22. 1. 1938[63].

*i) Rheinland-Pfalz*

Gesetz über den Abbau und die Verwertung von Bimsvorkommen v. 13. 4. 1949[64].

*i) Saarland*[65]

*k) Schleswig-Holstein*

Gesetz v. 31. 10. 1967[66] zur Änderung des (pr.) Gesetzes über die Beaufsichtigung von unterirdischen Mineralgewinnungsbetrieben und Tiefbohrungen.

## 5. Bundesrecht auf dem Gebiete des Bergrechts

Hier ist zu unterscheiden zwischen ehemaligem Reichsrecht, das als Bundesrecht fortgilt[67] und Bestimmungen, die durch den Bundesgesetzgeber geschaffen worden sind.

*a) Früheres Reichsrecht*

1. Gesetz über die Durchforschung des Reichsgebietes nach nutzbaren Lagerstätten v. 4. 12. 1934[68];

2. Gesetz zur Erschließung von Lagerstätten v. 1. 12. 1936[69];

3. Gesetz über den Abbau von Raseneisenerz v. 22. 6. 1937[70];

---

[60] GS. 257, ZfB 75, 84 (mit Begr.), i. d. F. der Gesetze v. 24. 9. 1937, GS. 93, ZfB 78, 140, für NW i. d. F. v. 11. 6. 1968, GVBl. 201, ZfB 109, 375.

[61] GS. 404, ZfB 75, 242 (mit Begr.), i. d. F. d. G. v. 24. 9. 1937, für NW i. d. F. d. G. v. 11. 6. 1968.

[62] GS. 463, ZfB 75, 365 (mit Begr.), i. d. F. d. G. v. 24. 9. 1937.

[63] GS. 19, ZfB 79, 208, i. d. F. d. VO. v. 27. 6. 1962, GVBl. 420, ZfB 103, 385.

[64] GVBl. 143, ZfB 90, 147.

[65] Vgl. die Bemerkung bei Baden-Württemberg (4.a).

[66] GVBl. 244, ZfB 109, 252 (mit Begr.).

[67] Vgl. Art. 123 GG.

[68] RGBl. I 1223, ZfB 75, 229 (mit Begr.).

[69] RGBl. I 999, ZfB 77, 310 (mit Begr.).

[70] RGBl. I 650, ZfB 78, 50 (mit Begr.).

4. Verordnung über den Zusammenschluß von Bergbauberechtigungen v. 23. 7. 1937[71];

5. Verordnung über die Zulegung von Bergwerksfeldern v. 25. 3. 1938[72];

6. Verordnung über Baubeschränkungen zur Sicherung der Gewinnung von Bodenschätzen v. 28. 2. 1939[73];

7. Verordnung über die Aufsuchung und Gewinnung mineralischer Bodenschätze v. 31. 12. 1942[74].

*b) Bundesrecht seit Geltung des Grundgesetzes*

1. Gesetz zur Förderung der Rationalisierung im Steinkohlenbergbau v. 29. 7. 1963[75];

2. Gesetz zur vorläufigen Regelung der Rechte am Festlandsockel v. 24. 7. 1964[76];

3. Gesetz zur Anpassung und Gesundung des deutschen Steinkohlenbergbaus und der deutschen Steinkohlenbergbaugebiete v. 15. 5. 1968[77];

4. 1. Arbeitsrechtsbereinigungsgesetz v. 14. 8. 1969[78].

## § 14. Das Bergrecht in der DDR[1]

Schrifttum: *Ebert*, Die durch das Volkseigentum an den Mineralien und Bergbaubetrieben in der DDR hervorgerufenen Änderungen des Bergrechts, Freiberg 1955; ders., Die für den volkseigenen Bergbau in ihrem Geltungsbereich noch anwendbaren Vorschriften des Preuß. und Sächs. Berggesetzes, Freiberg 1957; *Krautschneider*, Die Entwicklung des Bergrechts in Mitteldeutschland, ZfB 100, 160; 102, 208; 103, 329; 106, 451; 108, 467; 110, 307; 111, 52; *Thielmann*, Das Recht an den Bodenschätzen in der sowjetisch besetzten Zone Deutschlands, Glückauf 1948, 520.

### 1. Entwicklung bis zum Erlaß eines einheitlichen Berggesetzes

Nach der Kapitulation im Jahre 1945 und der Aufteilung des Deutschen Reiches in vier Besatzungszonen gehörten zur sowjetisch besetzten Zone

---

[71] RGBl. I 883, ZfB 78, 58.

[72] RGBl. I 345, ZfB 79, 6 (mit Begr.), i. d. F. d. G. v. 29. 7. 1963 — § 44 —, BGBl. I 549, ZfB 104, 404, u. v. 28. 8. 1969, BGBl. I 1513.

[73] RGBl. I 381, ber. 508, ZfB 80/81, 9.

[74] RGBl. I 1943, 17, ZfB 82/83, 198 (mit Begr.).

[75] BGBl. I 549, ZfB 104, 404 (dazu *Zydek*, ZfB 105, 34, 289), i. d. F. der Gesetze v. 24. 8. 1965, BGBl. I 911, ZfB 107, 7, v. 11. 4. 1967, BGBl. I 403, ZfB 108, 241 und v. 10. 1. 1968, BGBl. I 55, ZfB 109, 114.

[76] BGBl. I 497, ZfB 105, 400, i. d. F. der Gesetze v. 24. 5. 1968 — Art. 150 — Nr. 16 —, BGBl. I 542 und v. 25. 6. 1969, BGBl. I 581, ZfB 110, 383.

[77] BGBl. I 365, ZfB 109, 321 (mit Begr.) mit 1. und 2. Abfindungsgeld DurchfVO, beide v. 8. 7. 1968, BGBl. I 797, ZfB 110, 2, und BGBl. I 799, ZfB 110, 4.

[78] BGBl. I 1106. Dadurch wurden die Bestimmungen in den Berggesetzen über die Bergleute (§§ 80ff.) geändert. Hier ist ein Fall gegeben, in dem bestehende landesrechtliche Regelungen durch Bundesrecht aufgehoben worden sind.

[1] Gesetzes-Sammlung: *Ebert*, Bergrecht, Loseblattausgabe.

die Länder Thüringen, Sachsen und Mecklenburg und die fünf preußischen Provinzen Brandenburg, Halle-Merseburg, Magdeburg, Pommern und Schlesien. Aus ihnen wurden die fünf neuen Länder Thüringen, Sachsen, Sachsen-Anhalt, Brandenburg und Mecklenburg gebildet[2].

In diesen neugebildeten Ländern galt das bisherige Bergrecht weiter, was dazu führte, daß mehrere Berggesetze in einem Lande anzuwenden waren, da die neuen Länder nicht mit den Grenzen der früheren übereinstimmten[3].

Es galten[4] nunmehr:

in *Mecklenburg:* das Berggesetz für Mecklenburg-Schwerin v. 2. 3. 1922[5]; in *Brandenburg:* das pr. ABG; in *Sachsen:* das sächs. allgem. Berggesetz v. 16. 6. 1868[6], das ABG (Görlitz und Umgebung), das Berggesetz für das Fürstentum Reuß jüngere Linie v. 9. 10. 1870[7]; in *Sachsen-Anhalt:* durch Verfügung v. 27. 5. 1946 das ABG, gebietsweise das braunschweigische Bergrecht[8]; in *Thüringen:* das ABG und das Berggesetz von Sachsen-Weimar-Eisenach v. 1. 3. 1905[9].

In Art. 25 der Verfassung der DDR (v. 7. 10. 1949) wurde die Überführung aller wirtschaftlich nutzbaren Bodenschätze, sowie der zu ihrer Nutzbarmachung bestimmten Betriebe des Bergbaus, der Eisen- und Stahlerzeugung und der Energiewirtschaft in das Volkseigentum festgelegt. Zuvor hatten schon drei Länder durch die Bodenschatzgesetze die Enteignung vollzogen. Am 28. Juni 1957 folgten die Länder Brandenburg und Mecklenburg, nicht jedoch Ostberlin, wo nominell noch das ABG weitergalt[10].

Damit war ein erster Schritt zur Zentralisierung getan. Dieses Ziel war verfassungsmäßig verankert worden, nämlich in Art. 111 der Verfassung, wonach das Recht besteht, auf dem Gebiet des Bergrechts einheitliche Gesetze zu erlassen[11].

---

[2] Vgl. *Maunz*, Deutsches Staatsrecht, 17. Aufl., 1969, § 1 I 5.

[3] *Krautschneider*, ZfB 100, 160.

[4] Der Text jener Regelungen ist abgedruckt bei *Heinemann-Pinkerneil*, Handbuch des deutschen Bergwesens, 1938/43.

[5] Reg. Bl. 185, ZfB 65, 381.

[6] ZfB 9, 488.

[7] GSlg. Nr. 325, ZfB 12, 281.

[8] Nachweise bei *Krautschneider*, ZfB 100, 161.

[9] ZfB 46, 314.

[10] *Krautschneider*, a.a.O. S. 162.

[11] *Krautschneider*, a.a.O. S. 162.

Die Gewinnung von Kohle wurde von jetzt ab nicht mehr durch Privatbetriebe durchgeführt, sondern geschah durch volkseigene Betriebe, die ihrerseits in Vereinigungen volkseigener Betriebe (VVB) zusammengefaßt sind[12].

Auch bei den Behörden erfolgte eine Neugliederung. Nachdem es zunächst eine technische Bergbauinspektion gab, wurde mit Wirkung vom 1. 9. 1959 die gesamte Aufsicht und Überwachung der „Obersten Bergbehörde" übertragen; sie ist dem Ministerrat unmittelbar unterstellt[13].

Durch die geschilderten Maßnahmen sind folgende Grundsätze des bis dahin gültigen Bergrechts fortgefallen: Bergbaufreiheit, unechter Staatsvorbehalt, Bergwerkseigentum, daran sich anschließend Bestimmungen über das Muten, Verleihung des Bergwerkseigentums usw. Dagegen blieben bestehen die Vorschriften, die das Verhältnis der am Bergbau Beteiligten untereinander regeln, wie z. B. die §§ 5, 6 Abs. 1, 57, 58, 59, 64 ABG; dagegen fanden die §§ 60—63 ABG naturgemäß keine Anwendung mehr[14].

Im sicherheitstechnischen Bereich ist ebenfalls eine Vereinheitlichung durchgeführt worden[15]. Eine wesentliche Änderung brachte weiterhin die neue Verfassung vom 6. 4. 1968 mit sich. Durch Art. 12 Abs. 1 wurde — in Erweiterung der bisherigen Regelung — festgelegt, daß alle Bodenschätze, Bergwerke und die Naturreichtümer des Festlandsockels Volkseigentum sind[16].

## 2. Derzeitiger Rechtszustand

Nachdem die Berggesetzgebung durch vorangegangene Verordnungen und Gesetze schon weitgehend vereinheitlicht worden war, wurden diese Bestrebungen vollendet durch die Verabschiedung eines neuen Berggesetzes für die DDR[17]. Dadurch wurden alle einschlägigen Gesetze außer Kraft gesetzt.

Das Gesetz enthält „die grundlegenden rechtlichen Bestimmungen für die Erforschung des Aufbaus der Erdkruste, für die Erkundung von Lagerstätten mineralischer Rohstoffe, für die Gewinnung und Nutzung der mineralischen Rohstoffe sowie für die unterirdische behälterlose Speicherung von Gasen und Flüssigkeiten und für die Sanierungsarbeiten"[18]. Unter mineralischen Rohstoffen sind gem. § 2 zu verstehen die festen, flüssigen und gasförmigen Bestandteile der Erdkruste, außerdem Bestand-

---

[12] *Krautschneider*, a.a.O., 165.

[13] GBl. der DDR, I 803, vgl. ZfB 100, 384.

[14] *Krautschneider*, a.a.O., 166.

[15] *Krautschneider*, ZfB 106, 452.

[16] *Krautschneider*, ZfB 110, 307ff; s. G. über die Erforschung, Ausbeutung und Abgrenzung des Festlandsockels v. 20. 2. 1967, GBl. I 5.

[17] Berggesetz der DDR vom 12. 5. 1969, GBl. I 29.

[18] *Franke*, Zum Berggesetz der DDR, in: Bergakademie 1969, 381; *Krautschneider*, ZfB 111, 52.

teile von Halden und Rückstände der Aufbereitung, soweit sie volkswirtschaftlich genutzt werden können. Gem. § 5 des Berggesetzes stehen Untersuchung, Speicherung und Gewinnungsrecht dem Staat zu und werden durch staatliche Organe oder volkseigene Betriebe ausgeführt. Das Bergschadensrecht wurde erweitert; nunmehr sind auch Gesundheitsschäden zu ersetzen (§ 19 Abs. 2).

Die Aufgaben der staatlichen Bergaufsicht ergeben sich aus § 26 des BG. Aufsichtsbehörde ist die Oberste Bergbehörde beim Ministerrat. Die Aufsicht erstreckt sich auch darauf, Bergschäden zu vermeiden, das Grubenrettungswesen zu verbessern, auf technische Sicherheit und einen technisch richtigen Abbau.

Im Berggesetz sind keine Straftatbestände mehr enthalten, sondern nur noch Zuwiderhandlungen gegen das Gesetz zur Bekämpfung von Ordnungswidrigkeiten[19].

## § 15. Das Bergrecht in den Ländern der Montanunion

Schrifttum: *Ely*, Summary of Mining and Petroleum Laws of the World, 1961, S. 74ff; *Fritz*, Das Bergschadensrecht in den Mitgliedländern der Montanunion, ZfB 98, 413ff; *Isay*, Das Bergrecht der wichtigsten Kulturstaaten in rechtvergleichender Darstellung, 1929, S. 41ff; *Klingberg*, Die Schürf- und Bergbaurechte im französischen Bergrecht und die Umgestaltung ihres Rechtscharakters durch die moderne Berggesetzgebung, Diss. Münster 1961; *Schlüter*, Bergrecht in Frankreich, Belgien und Holland sowie Luxemburg, Elsaß-Lothringen und Eupen-Malmedy, Glückauf 1941, 574; s. ferner die von der Wirtschaftsvereinigung Bergbau, Bad Godesberg, herausgegebene Sammlung ausländischer Berggesetze.

Die Beurteilung des in der Bundesrepublik geltenden Bergrechts, vor allem im Hinblick auf eine Reform, setzt voraus, daß wenigstens in groben Umrissen bekannt ist, wie die bergrechtlichen Verhältnisse in den übrigen Mitgliedstaaten der Montanunion gestaltet sind[1]. Das gleiche gilt vor allem in Hinblick auf eine Rechtsangleichung[2] [2a].

---

[19] OWG v. 12. 1. 1968, GBl. I 101.

[1] Aus Platzgründen muß darauf verzichtet werden, auch nur eine summarische Übersicht über das Bergrecht im deutschen Sprachraum (Österreich und Schweiz) zu geben. Vgl. im Hinblick auf diese Länder die Zusammenstellung der gesetzlichen Regelungen und die Literaturhinweise in der Sammlung ausländischer Berggesetze der Wirtschaftsvereinigung Bergbau.

[2] Eine Angleichung ist allerdings nicht etwa auf Grund einer Verpflichtung aus den in Betracht kommenden Verträgen zu erwarten. Hierfür ist kein Anhalt gegeben, insbesondere folgt eine solche Verpflichtung nicht aus den Art. 2, 3 und 4 des Montanunionvertrages, die den Zweck desselben umschreiben (dazu näher § 16). Vgl. *v. d. Groeben*, Die Politik der Europäischen Kommission auf dem Gebiet der Rechtsangleichung, NJW 1970, 359.

[2a] Ein anderes Problem liegt darin, welche Vorschriften bei grenzüberschreitenden Bergwerksbetrieben anzuwenden sind, vgl. die gleichlautende Diss. von *Braun*, Bonn 1967.

## 1. Frankreich

Zwischen dem französischen und deutschem Bergrecht besteht eine enge Verwandtschaft. Sie erklärt sich aus einer im Laufe der Geschichte abwechselnden gegenseitigen Beeinflussung[3]. Während zunächst vom Mittelalter bis zur napoleonischen Gesetzgebung Anregungen aus dem deutschen Rechtsgebiet verwendet wurden, erfuhr später das pr. ABG durch das französische Berggesetz von 1810 eine Beeinflussung[4]. Jenes Gesetz aus dem Jahre 1810 ist erst 1956 durch ein neues Berggesetz[5] ersetzt worden, in dem aber an den wesentlichen Gedanken des alten Gesetzes festgehalten wurde.

In Art. 1 des Berggesetzes werden die Bodenschätze in drei Gruppen eingeteilt:

1. mines (Bergwerke), die dem Grundeigentümer entzogen sind;
2. minières (Gräbereien), sie gehören zum Grundeigentum, dürfen aber nur unter bergbehördlicher Aufsicht ausgebeutet werden;
3. carrières (Steinbrüche), die dem Grundeigentümer gehören. Sie dürfen ausgebeutet werden unter Überwachung durch die Ortsbehörde.

Der Grundeigentümer kann auf seinem Grund und Boden schürfen, ebenso ein von ihm Ermächtigter; ein Dritter sonst auf Grund einer Ermächtigung des für den Bergbau zuständigen Ministers (Art. 7).

Das Verleihen eines Bergwerks erfolgt durch die Konzession. Wem die Konzession erteilt wird, liegt im Ermessen der Bergbehörde (Art. 25).

Mit jeder Konzession ist eine Betriebspflicht verbunden, deren Verletzung die Zurücknahme der Konzession zur Folge haben kann (Art. 82).

Die bergpolizeiliche Aufsicht wird ausgeübt durch staatliche Bergbauingenieure (Art. 77). Im Gegensatz zum deutschen Bergrecht ist kein förmlicher Betriebsplan vorgeschrieben. Bergschäden werden nach der Vorschrift des Art. 1384 code civil geregelt[6].

## 2. Belgien

Grundlage des belgischen Bergrechts ist auch heute noch das französische Bergrecht von 1810.

---

[3] *Isay*, S. 42.

[4] Vgl. *Achenbach*, Das französische Bergrecht und die Fortbildung desselben durch das preußische Allgemeine Berggesetz, 1871.

[5] Vgl. ZfB 98, 341.

[6] Rechtspr. und Schrifttum nehmen eine Gefährdungshaftung an, vgl. *Schlüter*, S. 289; *Fritz* a.a.O.

Am 15. 9. 1919[7] wurden das französische Berggesetz von 1810 und die inzwischen ergangenen Änderungen in einem einheitlichen Berggesetz zusammengefaßt und gleichzeitig einige Neuregelungen getroffen, durch die der Einfluß des Staates auf den Bergbau verstärkt wurde.

Auch die Stellung des Grundeigentümers wurde verbessert. Gem. Art. 22 wird bei Erteilung der Konzession zunächst der Grundeigentümer berücksichtigt; im Falle seiner Nichtberücksichtigung erhält er gem. Art. 49 eine Entschädigung.

In Art. 50 wird bestimmt, daß der Bergwerkseigentümer dem Grundeigentümer eine Entschädigung für das Gelände zu entrichten hat, auf dem Arbeiten vorgenommen werden. In das Gesetz aufgenommen wurde auch das Bergschadensrecht. Gem. Art. 58 ist der Konzessionsinhaber eines Bergwerks in vollem Umfang verpflichtet, alle Schäden, die durch Arbeiten im Bergwerk entstehen, wiedergutzumachen.

Das belgische Berggesetz wurde in den Nachkriegsjahren verschiedentlich modifiziert[8]; grundlegende Änderungen erfolgten nicht. Erwähnung verdient das Gesetz zur Errichtung eines Direktoriums für den Kohlenbergbau aus dem Jahre 1961[9].

### 3. Italien

Bis zum Jahre 1927 galten in Italien Provinzialrechte[10], die dann durch ein neues Berggesetz[11] abgelöst wurden, das stark durch die Gedanken des französischen Gesetzes beeinflußt war.

Anders als das französische Bergrecht besteht in Italien allerdings nur eine Zweiteilung der Mineralien in „Bergwerke" und „Steinbrüche"[12]. Die Bergwerke dürfen nur mit staatlicher Konzession abgebaut werden, während die Steinbrüche dem Grundeigentümer gehören. Aus den Artikeln 2, 4, 45 ergibt sich, daß die Steinbrüche Dritten verliehen werden können, wenn der Grundeigentümer sie nicht abbaut.

Schürferlaubnisse werden von den Behörden erteilt; sie können kurzfristig sein und beinhalten eine Betriebspflicht (Art. 9). Dem fündigen Schürfer steht kein Anspruch auf Verleihung zu (vgl. Art. 15).

---

[7] ZfB 83, 257ff.

[8] Vgl. dazu die Sammlung ausländischer Berggesetze der Wirtschaftsvereinigung Bergbau.

[9] ZfB 103, 150; dazu *Lantzke*, ZfB 103, 206.

[10] Zur Geschichte vgl. *Nehring*, ZfB 73, 175.

[11] ZfB 69, 478.

[12] Im Hinblick auf die Erdölgesetzgebung s. *Liesegang*, ZfB 98, 423.

In den Artikeln 10, 31, 46 ist die Schadensersatzpflicht geregelt: der Schürfer hat dem Grundeigentümer durch Schürfarbeiten verursachte Schäden zu ersetzen, der Konzessionär muß den durch den Bergwerksbetrieb aufgetretenen Schaden ausgleichen und Schäden an benachbarten Bergwerken müssen ersetzt werden.

Das Bergpolizeiwesen wurde umfassend im Jahre 1959 geregelt[13].

### 4. Luxemburg[14]

Das erste luxemburgische Berggesetz stammt aus dem Jahre 1665. Später, nach der Besetzung Luxemburgs durch die Franzosen, wurde das französische Bergrecht von 1810 eingeführt. Nach einer kurzen Ablösung durch das belgische Berggesetz war ab 1843 wieder das französische Berggesetz gültig. Eine wesentliche Änderung brachten die Gesetze vom 15. 3. 1870[15] und vom 12. 6. 1874[16]. Durch diese Gesetze wurden die Eisenerze, die bis dahin nicht verleihbar waren, zum Staatseigentum erklärt und konzessionsfähig. Vom deutschen Recht beeinflußt wurden die Neuregelungen des Enteignungsrechts (Art. 7ff. des Gesetzes vom 12. 6. 1874) und das Bergschadensrecht (10. 5. 1898)[17]. Auffallend ist die Ausdehnung des Enteignungsrechts (Art. 3), das dem Staat oder dem Konzessionsinhaber das Recht gibt, Gebäude zu enteignen, denen durch unterirdischen Abbau Gefahr droht. Durch Gesetz vom 30. 4. 1890[18] war das französische Bergpolizeirecht abgelöst worden. Nach verschiedenen Modifikationen trat am 26. 4. 1930[19] eine neue Bergpolizeiordnung in Kraft, die eine umfassende Regelung für alle Bergbaubetriebe traf[20].

### 5. Niederlande

Zur Zeit der Besetzung durch Frankreich wurde in den Niederlanden das napoleonische Berggesetz von 1810 eingeführt[21]. Dieses Gesetz hat in seinen wesentlichen Punkten auch noch heute Bestand. Durch das Gesetz vom 27. 4. 1904[22] wurde insbesondere die Betriebspflicht des Konzessionsinhabers verschärft (Art. 1—8). Im Jahre 1908 wurde ein Gesetz erlassen[23],

---

[13] Vgl. *Herr*, ZfB 103, 191.

[14] Zur Geschichte vgl. *Ungeheuer* in ZfB 57, 240ff.

[15] ZfB 13, 35.

[16] ZfB 17, 302.

[17] ZfB 39, 421.

[18] ZfB 33, 178.

[19] ZfB 73, 97.

[20] *Schlüter*, S. 292

[21] *Isay*, S. 52.

[22] ZfB 45, 380.

[23] ZfB 50, 23.

das über einen Zeitraum von 15 Jahren dem Staat die Schürftätigkeit vorbehielt — in dieser Zeit wurden umfangreiche Bodenuntersuchungen vorgenommen. 1924 wurden in den Gebieten, in denen Salz- oder Steinkohlenvorkommen gefunden worden waren, die Art. 16 und 46 des Gesetzes von 1810 außer Kraft gesetzt[24]. Das bedeutete, daß das Anzeigen von Vorkommen keinen Anspruch auf Entschädigung begründete und daß es dort verboten war, ohne Genehmigung des zuständigen Ministers Mineralien aufzusuchen.

Die Haftung für Bergschäden ist in den Niederlanden nicht ausdrücklich geregelt, jedoch entwickelte die Rechtsprechung Grundgedanken zum Bergschadensrecht. Ausgehend von § 1401 des Burgerlyk Wetboek wurde die sog. Risikolehre entwickelt: man sieht von einem Schulderfordernis ab und nimmt an, daß der Konzessionär die Schuld trägt, da er durch den Abbau das Risiko eines Schadens über Tage übernommen habe[25].

## § 16. Die Europäische Gemeinschaft für Kohle und Stahl (EGKS)

Im Jahre 1951 wurde die sog. Montanunion gegründet.

Als Aufgabe hat sich die EGKS gesetzt, zur Ausweitung der Wirtschaft, zur Steigerung der Beschäftigung und zur Hebung der Lebenshaltung in den Mitgliedstaaten beizutragen (Art. 2, Abs. 1)[1].

Nachdem die EGKS zunächst eigene Organe hatte[2], bestehen nunmehr[3] gemeinsame Organe der drei Gemeinschaften Montanunion, Euratom und Europäische Wirtschaftsgemeinschaft[4]. Dies sind:

1. Der gemeinsame Rat. Seine Aufgabe ist die Koordinierung der Wirtschaftspolitik der Mitgliedstaaten. In den vertraglich geregelten Fällen besitzt er Entscheidungsbefugnisse, jedoch überwiegend abhängig von den Vorschlägen der Kommission.

---

[24] ZfB 66, 46.

[25] *Fritz*, ZfB 98, 418.

[1] Text der europäischen Verträge bei *Sartorius*, Bd. II, Europa- Recht und andere internationale Verträge.

[2] Dies waren: Hohe Behörde, der ein Beratender Ausschuß zur Seite stand; Gemeinsame Versammlung; Besonderer Ministerrat; Gerichtshof.

[3] Auf Grund 1. des Abkommens über gemeinsame Organe für die europäischen Gemeinschaften v. 25. 3. 1957 (Versammlung und Gerichtshof) und 2. des Vertrages zur Einsetzung eines gemeinsamen Rates und einer gemeinsamen Kommission der Europäischen Gemeinschaften v. 8. 4. 1965 (Hohe Behörde und Ministerrat betreffend).

[4] Die neu geschaffenen gemeinsamen Organe üben die Befugnisse und Zuständigkeiten aus, die den ursprünglich bestehenden Organen nach Maßgabe der entsprechenden Verträge zustanden (vgl. z. B. Art. 9 des Vertrages v. 8. 4. 1965).

2. Die gemeinsame Kommission. Sie trifft Entscheidungen, spricht Empfehlungen aus und gibt Stellungnahmen ab. Dabei haben die Entscheidungen verbindlichen Charakter (Art. 14).

3. Die Versammlung. Sie übt Kontrollbefugnisse aus; legislative Befugnisse stehen ihr nicht zu.

4. Der Gerichtshof. Er sichert die Wahrung des Rechts bei der Auslegung und Anwendung der Verträge und der Durchführungsvorschriften.

Der hier für die Behandlung des Rechts der Montanunion zur Verfügung stehende Raum gestattet keine näheren Ausführungen dazu, in welchem Umfange in das Recht der Mitgliedstaaten eingegriffen werden kann[5]. Als Beispiele seien in jüngster Zeit getroffene Maßnahmen von Rat und Kommission der Europäischen Gemeinschaften genannt:

1. VO des Rates v. 15. 10. 1968 über die Freizügigkeit der Arbeitnehmer innerhalb der Gemeinschaft[6].

2. Entscheidung der Kommission v. 6. 12. 1968 über die Genehmigung von Beihilfen der Bundesrepublik Deutschland zugunsten der Unternehmen des Steinkohlenbergbaus für das Jahr 1968[7].

3. Richtlinie des Rates v. 13. 3. 1969 über die Verwirklichung der Niederlassungsfreiheit und des freien Dienstleistungsverkehrs für die selbständigen Tätigkeiten des Aufsuchens (Schürfens und Bohrens) bei der Erdöl- und Erdgasgewinnung[8].

---

[5] Ausführlich: *Zuleeg*, Das Recht der Europäischen Gemeinschaften, 1969.

[6] ABl. der Europ. Gemeinschaften, Nr. L 257/2.

[7] ABl. Nr. L 298/14, ZfB 110, 129.

[8] ABl. Nr. L 68/4.

Zweiter Teil

# Das geltende Bergrecht

Wie bereits erkennbar geworden, ist das Bergrecht von einer erheblichen Zersplitterung gekennzeichnet. Für die Darstellung muß daher zu Beginn geklärt werden, welche rechtlichen Grundlagen zum Ausgangspunkt gewählt werden. Es sollen dies die Regeln sein, die im preußischen Rechtskreis gelten. Dafür spricht zunächst einmal, daß das Allgemeine Berggesetz und auch manche der sog. bergrechtlichen Nebengesetze maßgebend und bestimmend für das Bergrecht in den übrigen Ländern geworden sind. Auf der anderen Seite kann eine Behandlung des Bergrechts nur sehr schwer von dem derzeitig in einem Bundeslande geltenden Recht ausgehen, weil die Entwicklung durch unterschiedliche gesetzgeberische Maßnahmen seit 1949 dazu geführt hat, daß das materielle Bergrecht sich zum Teil erheblich unterscheidet. Der Darstellung des Bergrechts auf der Grundlage des ehemals preußischen Rechts wird daher der jeweils abweichende Rechtszustand in den einzelnen Bundesländern, soweit er wesentlich ist, hinzugefügt werden.

## I. Verfügungsrecht über die Bodenschätze

### § 17. Dem Verfügungsrecht des Grundeigentümers entzogene Bodenschätze

Schrifttum: *Krautschneider*, Das Recht der Aufsuchung und Gewinnung der Bodenschätze, ZfB 99, 166; *Kremer*, Der Einfluß des grundgesetzlichen Eigentumsschutzes auf das Allgemeine Berggesetz, Diss. Köln 1958; ders., ZfB 99, 409; NJW 1958, 1765; *Philipp*, Bergregal und Staatsvorbehalt in der Auseinandersetzung zwischen Hoheitsrecht und Privateigentum, Diss. Freiburg 1962, S. 126ff.; ders., ZfB 104, 51 (68ff.); *Stephan*, Die Rechtsverhältnisse an den Bodenschätzen unter besonderer Berücksichtigung der Gesetzgebung seit 1945, Diss. Köln 1952.

#### 1. Zulässigkeit des Entzugs

Nach § 905 BGB erstreckt[1] sich das Recht des Eigentümers eines Grundstücks auf den Raum über der Oberfläche und auf den Erdkörper

---

[1] Zu der Frage, ob die „Erstreckung des Rechts" bedeutet, daß Eigentum am Erdkörper besteht oder ob dies lediglich ein Ausschließungs- bzw. Verbietungsrecht bedeutet, s. *Turner*, JZ 1968, 250.

unter der Oberfläche. Art. 14 des Grundgesetzes gewährleistet das Eigentum und schreibt vor: „Inhalt und Schranken werden durch die Gesetze bestimmt". Ein solches, in das Eigentum, also ein Grundrecht, eingreifendes Gesetz muß allgemein und nicht nur für den Einzelfall gelten und darf zugleich das Grundrecht in seinem Wesensgehalt nicht antasten (Art. 19 GG). Hieraus ergibt sich, daß jedes Berggesetz alle Bodenschätze, die dem Verfügungsrecht des Grundeigentümers nicht unterliegen sollen, nennen muß. Auf diese Weise werden die Befugnisse des Grundeigentümers, andere von jeder Einwirkung auszuschließen (§ 903 BGB), ausgeschaltet[2]. Die Ausgliederung von Bodenschätzen aus der Verfügungsbefugnis des Grundeigentümers wird ganz überwiegend nicht als Enteignung, sondern als Bestimmung von Inhalt und Schranken des Eigentums gewertet[3]. Als eine Sozialbindung (Art. 14 Abs. 2 GG) allerdings läßt sich die Ausgliederung von Bodenschätzen aus der Verfügungsbefugnis des Grundeigentümers nicht einordnen[4]. Auf Grund des Rechtsinstituts der Sozialbindung kann von dem Grundeigentümer verlangt werden, daß er den Gebrauch einer Sache dem Wohl der Allgemeinheit entsprechend einrichtet. Eigentumsentziehungen aber deckt Art. 14 Abs. 2 GG nicht[5].

Als Bestimmung von Inhalt und Schranken des Eigentums (Art. 14 Abs. 1 Satz 2 GG) ist der Entzug der Verfügungsbefugnis über sog. Grundeigentümermineralien aber nur zu verstehen, wenn solche Bodenschätze latent unter der Entzugsmöglichkeit stehen[6]. Nimmt man hingegen an, der gesamte Erdkörper unter der Oberfläche stünde im Eigentum des Oberflächeneigentümers, so wäre der Entzug eines Teiles des Objektes eine Enteignung[7].

## 2. Die entzogenen Stoffe

Die Bestimmung des § 1 ABG besagt, welche Bodenschätze[8] „vom Verfügungsrecht des Grundeigentümers ausgeschlossen" sind. Nach

---

[2] Siehe oben § 4 Anm. 5.

[3] Vgl. dazu im einzelnen *Turner*, Berechtsamswesen, S. 64—74.

[4] So *Kremer*, Diss. S. 73; ders. ZfB 99, 409 (411f.); *Philipp*, Diss. S. 128; ders. ZfB 104, 51 (69f.).

[5] Näher *Turner*, Berechtsamswesen, S. 63.

[6] Das ist mit Rücksicht auf Art. 67 EGBGB der Fall, wonach die landesrechtlichen Bestimmungen, welche dem Bergrecht angehören, durch die Einführung des BGB im Jahre 1900 unberührt geblieben sind. Zum Bergrecht gehört insoweit aber auch die Möglichkeit, sog. Grundeigentümermineralien zu bergbaufreien oder staatsvorbehaltenen zu erklären.

[7] Vgl. *Turner*, Berechtsamswesen, S. 70ff.

[8] Zu der Frage, ob die in § 1 ABG aufgezählten Bodenschätze eindeutig bestimmt sind, s. *Börger*, ZfB 103, 290.

| * | Baden-Württbg. | | | | | Bay. | Brem. | Berlin | Hamburg | Hessen | Nieders. | | | | NW | Rheinl.-Pfalz | | | Saarland | Schl.-Hol. |
|---|---|---|---|---|---|---|---|---|---|---|---|---|---|---|---|---|---|---|---|---|
| | ABG | Nordb. | Südb. | Nordw. | SüdwH. ** | | | | | | ABG | Brschw. | Old. | SchlL. | | ABG | Bay | Hess. | | |
| Alaunerze | ○ | | | ○ | ○ | ○ | ○ | ○ | ○ | ○ | ○ | ○ | + | + | ○ | ○ | ○ | ○ | ○ | ○ |
| Antimon | ○ | ○ | ○ | ○ | ○ | ○ | ○ | ○ | ○ | ○ | ○ | ○ | + | + | ○ | ○ | ○ | ○ | ○ | ○ |
| Arsen | ○ | ○ | ○ | ○ | ○ | + | ○ | ○ | ○ | ○ | ○ | ○ | + | + | ○ | ○ | ○ | ○ | ○ | ○ |
| Asphalt | + | | | | | ○ | + | + | + | + | + | ○ | | + | + | + | + | + | + | + |
| Beryllium | | | | | | | | + | | | | | | | | | | | | |
| Bitumen | + | + | + | + | + | + | + | + | + | + | + | + | + | + | + | + | + | + | + | + |
| Bituminöse Gesteine | + | + | + | + | + | + | + | + | + | + | + | + | + | + | + | + | + | | + | + |
| Blei | ○ | ○ | ○ | ○ | ○ | ○ | ○ | ○ | ○ | ○ | ○ | ○ | + | + | ○ | ○ | ○ | ○ | ○ | ○ |
| Borsalz | + | | | + | + | + | + | + | + | + | + | | + | + | + | + | + | | + | + |
| Braunkohle | ○ | | | ○ | ○ | + | ○ | + | ○ | + | ○ | ○ | + | | ○ | ○ | + | ○ | ○ | ○ |
| Chrom | | | | | | | | ○ | ○ | ○ | ○ | ○ | + | + | ○ | ○ | ○ | ○ | ○ | ○ |
| Eisenerz | + | + | | + | + | + | ○ | + | ○ | ○ | ○ | ○ | + | + | ○ | ○ | + | ○ | ○ | ○ |
| Erden, seltene | | | | + | | | | | | | | | | | | | | | | |
| Erdgas | + | | | | | + | + | + | + | + | + | + | + | | + | + | + | | + | + |
| Erdöl | + | | | | | + | + | + | + | + | + | + | + | + | + | + | + | | + | + |
| Erdwachs | + | | | | | | + | + | + | + | + | | + | + | + | + | | | + | + |
| Erz, s. Eisen | | | | | | | | | | | | | | | | | | | | |
| Germanium | | | | | | | | ○ | ○ | | ○ | ○ | + | + | | | | | | |
| Gold | ○ | + | | ○ | ○ | + | ○ | ○ | ○ | ○ | ○ | ○ | + | + | ○ | ○ | + | ○ | ○ | ○ |
| Graphit | ○ | | | ○ | ○ | + | ○ | + | ○ | ○ | ○ | ○ | + | + | ○ | ○ | + | ○ | ○ | ○ |
| Heilquellen | | | | | | | | | | | | + | | | | | | | | |
| Kalisalze | + | | | + | + | + | + | + | + | + | | | + | + | + | + | + | | + | + |
| Kobalt | ○ | ○ | ○ | ○ | ○ | ○ | ○ | ○ | ○ | ○ | ○ | ○ | + | + | ○ | ○ | ○ | ○ | ○ | ○ |
| Kohlensäure | | | | | | | | | | | | | | | | | | + | | |
| Kupfer | ○ | ○ | ○ | ○ | ○ | ○ | ○ | ○ | ○ | ○ | ○ | ○ | + | + | ○ | ○ | ○ | ○ | ○ | ○ |

| | | | | | | | | | | | | | | | | | | | | |
|---|---|---|---|---|---|---|---|---|---|---|---|---|---|---|---|---|---|---|---|---|
| Lithium | | | | | | | | + | | | | | | | | | | | | |
| Magnesiasalze | + | | | + | + | + | + | + | + | + | + | + | + | + | + | + | + | | + | + |
| Mangan | ○ | ○ | ○ | ○ | ○ | + | ○ | + | ○ | ○ | ○ | ○ | + | + | ○ | ○ | + | ○ | ○ | ○ |
| Mineralquellen | | | | | | | | | | | | + | | | | | | | | |
| Molybdän | | | | | ○ | ○ | | ○ | ○ | ○ | ○ | ○ | + | + | ○ | ○ | ○ | ○ | ○ | ○ |
| Nickel | ○ | ○ | ○ | ○ | ○ | ○ | ○ | ○ | ○ | ○ | ○ | ○ | + | + | ○ | ○ | ○ | ○ | ○ | ○ |
| Niob | | | | | | | | ○ | | | | | | | | | | | | |
| Ozokerit | | | | | | + | | + | | | | + | + | + | | | + | | | |
| Phosphorh. Miner. | + | | | | | + | + | + | + | + | + | | | | + | + | + | | | |
| Quecksilber | ○ | ○ | ○ | ○ | ○ | ○ | ○ | ○ | ○ | ○ | ○ | ○ | + | + | ○ | ○ | ○ | ○ | ○ | ○ |
| Radioaktive Stoffe | | | + | | + | | | + | | | | | | | | | | | | |
| Salze | + | + | + | + | + | + | + | + | + | + | | | + | + | + | + | + | + | + | + |
| Schwefel | ○ | ○ | ○ | ○ | ○ | ○ | ○ | ○ | ○ | ○ | ○ | ○ | + | + | ○ | ○ | ○ | ○ | ○ | ○ |
| Schwermetalle | | | + | | | | | | | | | | | | | | | | | |
| Schwerspat | | | | | | | | | | | | | | | | | | ○ | | |
| Silber | ○ | ○ | ○ | ○ | ○ | ○ | ○ | ○ | ○ | ○ | ○ | ○ | + | + | ○ | ○ | ○ | ○ | ○ | ○ |
| Solquellen | + | + | + | + | + | + | + | + | ○ | + | | + | + | + | + | + | + | + | + | + |
| Steinkohle | + | | | ○ | ○ | ○ | + | + | + | + | + | ○ | + | + | + | + | + | ○ | + | + |
| Steinsalz | + | | | + | + | + | + | + | + | + | | + | + | + | + | + | + | + | + | + |
| Thorium | | | | | | | | + | + | + | + | + | | + | + | + | + | + | + | + |
| Titan | | | | | + | ○ | | + | ○ | ○ | ○ | ○ | + | + | ○ | ○ | + | ○ | ○ | + |
| Uran | | | | | + | + | | + | + | + | + | + | | + | + | + | + | + | + | + |
| Vanadium | | | | | | | | ○ | ○ | ○ | ○ | ○ | + | + | ○ | ○ | ○ | ○ | ○ | ○ |
| Vitriolerze | ○ | | | ○ | ○ | ○ | ○ | ○ | ○ | ○ | ○ | ○ | + | + | ○ | ○ | ○ | ○ | ○ | ○ |
| Waschgold | | + | | | | | | | | | | | | | | | | | | |
| Wismut | | ○ | ○ | | ○ | ○ | | ○ | ○ | ○ | ○ | ○ | + | + | ○ | ○ | ○ | ○ | ○ | ○ |
| Wolfram | | | | | ○ | ○ | | ○ | ○ | ○ | ○ | ○ | + | + | ○ | ○ | ○ | ○ | ○ | ○ |
| Zink | ○ | ○ | ○ | ○ | ○ | ○ | ○ | ○ | ○ | ○ | ○ | ○ | + | + | ○ | ○ | ○ | ○ | ○ | ○ |
| Zinn | ○ | ○ | ○ | ○ | ○ | ○ | ○ | ○ | ○ | ○ | ○ | ○ | + | + | ○ | ○ | ○ | ○ | ○ | ○ |

* Bei Benutzung der Übersicht ist Anm. 14 sowie 3. dieses § zu beachten.

** Außer ABG-Bereich (das sind die Landkreise Hechingen und Sigmaringen).

herrschender Ansicht sind sie herrenlos[9]. Die Aufzählung (Enumerationsprinzip)[10] ist erschöpfend, soweit das Berggesetz selbst regelt, daß bestimmte Bodenschätze dem Verfügungsrecht der Grundeigentümer entzogen sind. Daneben ist zu berücksichtigen, daß in Preußen durch das Phosphoritgesetz[11] und die Erdölverordnung[12] — also außerhalb des Berggesetzes — Bodenschätze zu dem Kreis der den Grundeigentümern entzogenen Mineralien hinzugefügt worden sind[13]. Der Kreis der den Grundeigentümern entzogenen Bodenschätze ist nicht in allen Ländern und noch nicht einmal innerhalb der Länder gleich. Die Übersicht auf S. 46 und 47 zeigt, welche Bodenschätze[14] im Geltungsbereich der verschiedenen Berggesetze aus der Verfügungsbefugnis der Grundeigentümer ausgegliedert sind. Dies ist gekennzeichnet durch das Zeichen „o“. Soweit diese Bodenschätze darüber hinaus unter Staatsvorbehalt[15] stehen, steht das Zeichen „+“.

### 3. Besonderheiten

Auf Grund provinzialrechtlicher Sonderregelungen, die sich auf früheres Recht stützen, bestehen jedoch Abweichungen im Hinblick auf den Kreis der den Grundeigentümern entzogenen Bodenschätze.

1. Im ehemaligen Herzogtum Nassau[16] und im ehemaligen Landesteil Waldeck[17] (nicht Pyrmont) ist auch der Dachschiefer verleihbar.

[9] Vgl. o. § 4, 2.a.

[10] Den Gegensatz bildet die Generalklausel, etwa des Inhalts, daß diejenigen Mineralien, welche wegen ihres Metallgehalts nutzbar sind, vom Verfügungsrecht des Grundeigentümers ausgeschlossen sind (so § 1 ABG für das Königreich Sachsen v. 31. 8. 1910, GVBl. 217, ZfB 52, 17).

[11] V. 16. 10. 1934, GS. 404, ZfB 75, 242.

[12] V. 13. 12. 1934, GS. 463, ZfB 75, 365.

[13] Eine vergleichbare Erscheinung stellt das Gesetz über die Aufsuchung und Gewinnung heilkräftiger Mineralvorkommen im Lande Braunschweig v. 20. 1. 1937, GVS. 7, ZfB 78, 186, dar. Anders ist es mittlerweile mit dem braunschweig. Gesetz betr. die Aufsuchung und Gewinnung des Steinsalzes, der Kali- und Magnesiasalze und der Solquellen v. 19. 5. 1894, GVS. 45, ZfB 35, 444. Durch das Gesetz zur Änderung bergrechtlicher Vorschriften im Lande Niedersachsen v. 20. 6. 1956, GVBl. 77, ZfB 97, 134 — Art. II B — sind die in jenem Gesetz genannten Bodenschätze in § 1 des Braunschweig. BG. eingefügt worden.

[14] Gelegentlich findet sich eine unterschiedliche Terminologie in den Gesetzen, so wird z. B. verschiedentlich der Sammelbegriff Bitumina, radioaktive Stoffe oder Salze gebraucht, während in anderen Bestimmungen eine detaillierte Aufzählung derselben vorgenommen wird. Diese Unterschiede finden in der Übersicht keine Berücksichtigung.

[15] Siehe u. § 15.

[16] EinfVO. f. Nassau v. 22. 2. 1867, GS. 237, Mot. ZfB 8, 5.

[17] G. betr. Einf. d. ABG v. 1. 1. 1869, Reg. Bl. 3, vgl. *Kast*, ZfB 76, 384, i. d. F. d. (hess.) G. v. 6. 2. 1962, GVBl. 21, ZfB 103, 128.

2. Dem Verfügungsrecht des Grundeigentümers dagegen unterliegen Salze und Solquellen in der ehemaligen Provinz Hannover[18] und im ehemaligen Landesteil Pyrmont[17], Stein- und Braunkohlen im ehemaligen Fürstentum Calenberg einschließlich der Grafschaft Spiegelberg[19] (Provinz Hannover).

3. Eine Besonderheit bezüglich der dem Verfügungsrecht des Grundeigentümers entzogenen Bodenschätze besteht im Oberharz, wo sich der (preußische) Fiskus das ausschließliche Recht an diesen Bodenschätzen vorbehalten[20] hat. In diesem Falle bedarf es nicht einmal einer besonderen Bergwerksverleihung an den Staat. Im Unterharz (Rammelsberg und Goslarsche Stadtforst) bestand auf Grund des Regals[21] seit altersher ein ausschließliches Recht des Landesherrn zum Abbau aller dem Verfügungsrecht des Grundeigentümers entzogenen Bodenschätze. Durch Staatsvertrag vom 9. März 1874[22], Art. 3, wurde dieses Kommunionsgebiet zwischen Preußen und Braunschweig geteilt (die Goslarsche Stadtforst kam später zu Preußen), das Abbaurecht des Staates erneut bestätigt und durch Urkunde vom 15./18. Dezember 1874 dieses ausschließliche Abbaurecht für Preußen und Braunschweig reserviert[23] (Preußen 4/7, Braunschweig 3/7).

4. Eine weitere Ausnahme zugunsten des Staates gilt für den Steinkohlenbergbau[24] in Obernkirchen (Grafschaft Schaumburg-Lippe und früheres Land Schaumburg-Lippe[25]).

---

[18] EinfVO. Hannover v. 8. 5. 1867, GS. 601, ZfB 8, 157, (Ausnahme: früh. braunschweig. LKr. Holzminden, VO. v. 4. 1. 1943, GS. 9, ZfB 84/86, 42 (mit Begr.).

[19] EinfVO Hannover Art. XII, XIII.

[20] EinfVO Hannover Art. XIV; vgl. *Willecke*, Erzmetall 1957, S. 406, zu der Frage, ob eine Eingliederung in das ABG (z. B. Uran) automatisch eine Einbeziehung in das seitens des Staates an die Preußag übertragene Recht bewirkt.

[21] Zum Umfang des Bergregals im Harz, s. *Willecke-Turner*, ZfB 109, 255, gegen *Golcher*, ZfB 105, 330.

[22] GS. 295.

[23] *Lahmeyer*, Die Theilung des Communion-Unterharzes, ZfB 15, 518; *Willecke*, Braunschw. BG, § 220, Anm. 1. Zu den einzelnen Etappen der Teilung und des Ausgleichs, s. *Willecke-Turner*, ZfB 109, 255ff.

[24] Unter „Steinkohlen", so heißt es in der Begründung zum Entwurf des Schaumbg.-Lipp. BG v. 1906, werden nach dem Sprachgebrauch von 1647 Braunkohlen miteinzubegreifen sein (ZfB 47, 349). Art. XIV der EinfVO regelte, daß das Recht zur Gewinnung der Steinkohlen den nach dem Exekutionsabschiede v. 12. 12. 1647 Berechtigten vorbehalten bleibe. Vgl. näher *Krumsiek*, Das Bergrecht Schaumburg-Lippes, Diss. Münster 1961; ders., ZfB 103, 162.

[25] EinfVO. Kurhessen v. 1. 6. 1867 — Art. XVI — GS. 770, ZfB 8, 197; § 2 Schaumburg-Lipp. BG.

5. In Hessen war Schwerspat nach dem Gesetz über das Aufsuchen und Gewinnen von Schwerspat[26] verleihbar. Jene gesetzliche Regelung gilt derzeitig allerdings lediglich noch in den früher hessischen Landesteilen von Rheinland-Pfalz. Im Lande Hessen ist Schwerspat seit dem Gesetz vom 6. 7. 1952[27] wieder Grundeigentümermineral.

### 4. Zum Verhältnis von § 1 und § 15 ABG

Im Gegensatz zur mineralogischen Begriffsbestimmung geht die bergrechtliche Einteilung der Bodenschätze davon aus, daß eine wirtschaftliche Gewinnung möglich ist, und so wird auch nur insoweit ihre Rechtstellung geregelt. Wenn z. B. Eisenerz infolge zu geringen Eisengehalts nicht verleihbar ist, verbleibt es dem Grundeigentümer.

Ein rechtlich interessantes Problem liegt in der Frage, wie die Eigentumsverhältnisse an solchen Bodenschätzen zu beurteilen sind, die zwar begrifflich zu den dem Grundeigentümer entzogenen Mineralien gehören (§ 1 ABG), aber nicht abbauwürdig sind (§ 15 ABG). Da die sog. Bauwürdigkeit nicht von vornherein feststeht, sondern u. a. vom technischen Fortschritt z. B. der Aufbereitung abhängt, könnte sich folgende Situation ergeben: Erst durch die Entscheidung der verleihenden Behörde würde festgestellt, ob ein bestimmtes Mineral zu den bergbaufreien Bodenschätzen gehört. Da die bergbaufreien Mineralien herrenlos sind, würde die Entscheidung einer Verwaltungsbehörde für die Eigentumsverhältnisse maßgebend sein. Denn wenn die Mineralien nicht abbauwürdig sind, gehörten sie, wenngleich in § 1 ABG aufgeführt, dem Grundeigentümer[28].

## § 18. Der Staatsvorbehalt

Schrifttum: *Burmester*, Der staatliche Salzgewinnungsvorbehalt im gegenwärtigen deutschen Gesamtrechtssystem. Zugleich ein Beitrag zum Begriff „Bergrecht“, AöR 23, 71, 209; *Philipp*, Bergregal und Staatsvorbehalt in der Auseinandersetzung zwischen Hoheitsrecht und Privateigentum, Diss. Freiburg 1962; ders., Standesherrliche Bergregale in Baden und ihr Zusammentreffen mit dem modernen Staatsvorbehalt, ZfB 104, 51; *Steffen*, Geschichtliche Entwicklung und Rechtsnatur des Staatsvorbehalts und seine Stellung zum Regal, Diss. Bonn 1961; ders., Inhalt und Rechtsnatur des Staatsvorbehalts, ZfB 102, 310, 424; *Thielmann*, Vom Regalrecht zum Staatsvorbehalt

---

[26] Vom 8. 10. 1927, Reg. Bl. 185, ZfB 68, 305.

[27] GVBl. 130, ZfB 93, 403.

[28] Näher dazu *Turner*, Berechtsamswesen, S. 99f., (mit weiteren Nachweisen S. 100, Anm. 1); *Gastell*, Die Bauwürdigkeit im ABG, Diss. Bochum 1969, S. 32/33, Anm. 2.

wirtschaftlich wertvoller Mineralien, Deutsche Verwaltung 1935, 41; *Turner*, Die Einordnung des Staatsvorbehalts in das geltende Recht, ZfB 108, 198; *Vogelsang*, Das Bergwerkseigentum und sein Verhältnis zum bürgerlich-rechtlichen Eigentum und zum Staatsvorbehalt, Diss. Münster 1963; *Zydek*, Aufsuchungs- und Gewinnungserlaubnisse nach Art. 2 des Bayer. Berggesetzes, ZfB 99, 178, 311.

## 1. Der sogenannte unechte Staatsvorbehalt

Der im Allgemeinen Berggesetz[1] ursprünglich enthaltene Grundsatz der Bergbaufreiheit wurde durch die Novelle vom 18. Juni 1907[2] durchbrochen[3]. Anlaß zu dieser grundlegenden Änderung des Berggesetzes war die Besorgnis, wertvolle Bodenschätze könnten in der Hand weniger Privatinteressenten zu einer Monopolbildung führen und damit könnte dem Staate die Wirtschaftspolitik entgleiten. Der Staat behielt sich nunmehr die Aufsuchung und Gewinnung gewisser Bodenschätze vor[4].

Nach § 2[5] erstreckt sich der Staatsvorbehalt im gesamten ehemals preußischen Staatsgebiet auf Steinkohle und auf Steinsalze sowie Kali-, Magnesia- und Borsalze nebst den mit diesen Salzen auf der nämlichen Lagerstätte vorkommenden Salzen und Solquellen. Außerdem ist die Braunkohle u. a. in der früheren Provinz Hessen-Nassau und in Berlin sowie das Eisenerz (außer Raseneisenerz) in Hohenzollern unter Staatsvorbehalt gestellt worden.

Diese Regelung gilt aber nicht für die genannten Bodenschätze, soweit sie

1. bei Inkrafttreten der Novelle vom 18. Juni 1907 bereits verliehen[6] waren;

2. dem Grundeigentümer oder dem Staate als Ausnahme von § 1 auf Grund provinzialrechtlicher Bestimmungen vorbehalten[7] wurden[8].

---

[1] Und auch in den übrigen Landesberggesetzen, abgesehen vom Oldenburgischen und Schaumburg-Lipp. BG.

[2] GS. 119, Begr. ZfB 48, 187; vgl. *Eskens*, ZfB 49, 108; *Frenzel*, Die preußische Mutungssperre für Kalisalze und Steinkohlen (Die „lex Gamp"), 1913.

[3] Zu der Frage, ob in der Einführung des Vorbehalts eine Rückkehr zum Bergregal zu sehen ist, vgl. *Badura*, Das Verwaltungsmonopol, 1963, S. 146ff.; *Haniel*, Zur Lehre vom Bergwerkseigentum, Diss. Heidelberg, 1908, S. 18; *Krautschneider*, ZfB 99, 170f.; *Philipp*, Diss., S. 71ff.; *Steffen*, Diss., S. 115f.

[4] Vgl. *Willecke*, ZfB 106, 134.

[5] In der Fassung v. 24. 9. 1937, Art. I, GS. 93, Begr. ZfB 78, 153.

[6] Art. VIII Abs. 2, a.a.O.

[7] Siehe oben § 17, 3. (2).

[8] Weitere Ausnahme: Zwischenfelder bei Steinkohle und Salz, G. v. 18. 6. 1907, Art. XI, und bei Braunkohle, G. v. 3. 1. 1924, — Art. V —, GS. 18, ZfB 65, 120 (mit Begr.).

Der Staatsvorbehalt für die im § 2 aufgeführten Bodenschätze ist durch die Nachkriegsgesetzgebung in den meisten Ländern auf Uran und andere Bodenschätze erweitert worden[9].

Dieser (sog. unechte) Staatsvorbehalt bedeutet, daß sich der Staat erst selbst das Bergwerkseigentum verleihen lassen muß, um zum Abbau berechtigt zu sein. Da ein Dritter weder ein Schürfrecht hat noch Mutung auf solche Bodenschätze einlegen kann — das Bergwerkseigentum kann er nie erlangen —, dürfte der sog. unechte Staatsvorbehalt besser als „Schürfvorrecht" des Staates bezeichnet werden.

Der Staat wird als Bergwerkseigentümer wie jeder private Bergwerkseigentümer behandelt; sowohl der Erwerb als auch der Betrieb seiner Bergwerke untersteht den berggesetzlichen Vorschriften[10]. Er kann — und das ist üblich — die Ausbeutung der Bergwerke anderen Personen überlassen[11] (üblich gegen Entgelt und auf Zeit), ebenso ihnen auch Schürfermächtigungen auf diese Bodenschätze erteilen.

Strittig ist, ob der Staat das auf Grund des Vorbehalts erworbene Recht übertragen, oder ob er lediglich eine Übertragung der Ausbeutung eines an ihn selbst verliehenen Bergwerkseigentums vornehmen kann. Die Praxis[12], wonach eine Veräußerung des Bergwerkseigentums selbst erfolgt, ist nicht unbedenklich[13].

## 2. Der sogenannte echte Staatsvorbehalt

Der Staat hat sich ferner das Verfügungsrecht über gewisse, volkswirtschaftlich besonders wichtige Bodenschätze schlechthin vorbehalten, ohne daß es einer Verleihung von Bergwerkseigentum bedarf. Diese Rechtseinrichtung, der sog. echte Staatsvorbehalt, ist dem Allgemeinen Berggesetz nicht bekannt. Der echte Staatsvorbehalt ist in Preußen durch besondere Gesetze[14] eingeführt worden.

Zunächst wurde die Aufsuchung und Gewinnung phosphorhaltiger Mineralien und Gesteine durch das Phosphoritgesetz vom 16. Oktober 1934[15] allein dem Staate zugesprochen. Auf Grund einer im § 8 des Gesetzes erteilten Ermächtigung[16] wurde die Erdölverordnung vom 13. De-

---

[9] Vgl. o. § 13, 3.

[10] § 1 a ABG.

[11] § 2 Abs. 2 ABG; privatrechtliche Verträge werden dabei für zulässig gehalten, LVerwG. Hannover v. 4. 2. 1953, ZfB 97, 81. Zu den Rechtswirkungen der Pacht eines Bergwerks s. *Eichler*, Institutionen des Sachenrechts, 2. Bd. 1. Halbb., S. 47.

[12] Vgl. *Ebel-Weller*, § 38c Anm. 2.

[13] *Turner*, Berechtsamswesen, S. 188; vgl. auch *Isay*, ABG I, § 38c Anm. 4.

[14] Anders z. B. in Bayern, vgl. Art. 2.

[15] GS. 404, ZfB 75, 242.

[16] Sie ist nicht mehr anwendbar, vgl. Art. 129 Abs. 3 GG.

zember 1934[17] erlassen. Sie bestimmt, daß die Aufsuchung und Gewinnung von Erdöl, Erdgas, Erdwachs, Asphalt und der wegen ihres Gehalts an Bitumen von dem Oberbergamt als technisch verwertbar erklärten Gesteine allein dem Staate zusteht[18]. Verträge, die vor Inkrafttreten dieses Gesetzes mit Grundeigentümern über die Aufsuchung und Gewinnung abgeschlossen waren (sog. Erdölaltverträge[19]), blieben unberührt, wenn sie dem zuständigen Bergamt angezeigt waren; sie können aber nur mit Genehmigung des Oberbergamts geändert werden. Die Erdölverordnung ist auch nach heutigem Recht gültig; dies ist durch ein Urteil des Bundesgerichtshofs festgestellt worden[20].

Die entscheidende Frage war, ob durch die Erdöl-Verordnung den Grundeigentümern bestimmte Bodenschätze entschädigungslos entzogen werden konnten. Das Gericht hat ausgesprochen, daß die Erdöl-Verordnung — als partielles Reichsrecht[21] — einen Anspruch auf Entschädigung wegen Entziehung des Gewinnungsrechts gem. Art. 153 Abs. 2 WRV selbst dann wirksam ausgeschlossen habe, wenn die Einführung des Staatsvorbehalts einer Enteignung gleichkäme. Art. 153 Abs. 2 Satz 2 WRV nämlich sah die Möglichkeit vor, Enteignungen durch Reichsgesetz auch ohne Entschädigung vorzunehmen. Unter der Geltung des Art. 14 GG ist dies nicht mehr möglich. Dennoch ist der Entzug von Bodenschätzen nicht als Enteignung, sondern als Inhaltsbestimmung des Eigentums zu werten[22].

### 3. Rechtscharakter

Der Staatsvorbehalt ist, unabhängig von der allein im formalen beruhenden Unterscheidung in den sog. unechten und echten, seinem Rechtscharakter nach dem öffentlichen Recht zuzuordnen[23].

---

[17] GS. 467, ZfB 75, 365.

[18] In bestimmten Gebietsteilen Preußens war u. a. Erdöl bereits im Jahre 1929 dem Staat vorbehalten worden; dazu *Turner*, Berechtsamswesen, S. 41 Anm. 4.

[19] Hierzu näher: *Busse*, Glückauf 1957, 842; *Nebel*, Erdoelzeitschrift 1959, 488; *Willecke*, Erdoel-Zeitschrift 1957, 284; OLG Celle v. 19. 6. 1956, NJW 1957, 1321, mit Anm. v. *Rötelmann*.

[20] BGH v. 2. 12. 1955, BGHZ 19, 209 = NJW 1956, 420 = ZfB 96, 439.

[21] Nach dem Inkrafttreten des Gesetzes über den Neuaufbau des Reiches v. 30. 1. 1934, RGBl. I 75, und der 1. Verordnung über den Neuaufbau des Reiches v. 2. 2. 1934, RGBl. I 81, erlassene Landesgesetze sind Reichsgesetze mit örtlich begrenztem Wirkungskreis.

[22] Vgl. o. § 17, 1; ausführlich hierzu *Turner*, Berechtsamswesen, S. 53—78.

[23] *Badura*, S. 146ff.; *Burmester*, AöR 23, 82ff.; *Ipsen*, Rechtsstaatliche Erdölkonzessionierung, Gedächtnisschrift f. *Hans Peters*, 1967, S. 686; *Philipp*, S. 78; *Steffen*, ZfB 102, 435, 442; *Zydek*, ZfB 99, 185; LVerwG Hannover, ZfB 97, 81.

Zweifelsohne weist der Staatsvorbehalt auch einen Monopolcharakter auf. Zutreffend wird er daher als Verwaltungsmonopol verstanden[24]. Wegen der Möglichkeit und auch tatsächlich geübten Praxis einer finanziellen Beteiligung des Staates[25] am Bergbau auf staatsvorbehaltene Bodenschätze, auch wenn Dritte sie abbauen, ist es gerechtfertigt, den Staatsvorbehalt den Finanzmonopolen zuzuordnen[26].

### 4. Die staatsvorbehaltenen Bodenschätze im einzelnen

Die Übersicht der Bodenschätze, die dem Grundeigentümer entzogen sind[27], zeigt zugleich, welche Vorkommen sich der Staat vorbehalten hat[28]. Zu beachten ist auch hier, daß die unterschiedliche Terminologie in den einzelnen gesetzlichen Regelungen unbeachtet geblieben ist[29].

## § 18a. Mineralgewinnung aus dem Meer

Schrifttum: *Frowein*, Verfassungsrechtliche Probleme um den deutschen Festlandsockel, ZaöRV 1965; *Kausch*, Rohstoffgewinnung aus dem Meer aus völkerrechtlicher Sicht, Erzmetall 1970, 30; *Koelble*, Bundesstaat und Festlandsockel, DÖV 1964, 217; *Kohlhaas*, Das Gesetz zur vorläufigen Regelung der Rechte am Festlandsockel, ZfW, 1964, 146; *Menzel*, Nationalisierung oder Internationalisierung der Ozeane, NJW 1969, 2071; *v. Münch*, Die Erdöl- und Erdgasbohrungen vor der Nordseeküste in rechtlicher Sicht, Erdöl und Kohle, Erdgas und Petrochemie, 1964, 499; *v. Peter*, Mitteilung über Konferenz über Probleme des Festlandsockels, NJW 1967, 1171; *Wengler*, Abgrenzung des Festlandsockels zwischen benachbarten Staaten, NJW 1969, 965; *Willecke*, Bergbauliche Tätigkeit auf dem Festlandsockel, Erdöl-Zeitschrift 1964, 415; ders., Der Festlandsockel — seine völker- und verfassungsrechtliche Problematik, DVBl. 1966, 461; *Zydek*, Die Aufsuchung und Gewinnung von Bodenschätzen des Festlandsockels, ZfB 101, 64.

Seit den ersten Ölfunden im Golf von Mexico im Jahre 1930 gewann die Mineralgewinnung aus dem Meeresboden wachsende Bedeutung. Rechtliche Regelungen erfolgten erst nach der Genfer Seerechtskonferenz im Jahre 1958. Es wurde hierbei eine Dreiteilung des Meeres vorgenommen:

### 1. *Küstenmeer*

Das Küstenmeer ist die der Küste vorgelagerte Zone. Gemäß dem Genfer Übereinkommen gehört das Küstenmeer zum Hoheitsgebiet des

---

[24] Ausführlich *Badura*, S. 146ff.

[25] Zum sog. Förderzins, s. *Turner*, ZfB 111, 42.

[26] *Turner*, Berechtsamswesen, S. 194ff; ZfB 108; 198ff; a. M. *Badura*, S. 146ff.

[27] Vgl. o. § 17, 2

[28] Bei der Aufzählung ist auf die Differenzierung in Bodenschätze unter echtem oder unechtem Staatsvorbehalt verzichtet worden.

[29] Vgl. § 17 Anm. 14.

Küstenstaates. Völkerrechtlich anerkannt ist eine Breite von 3 sm (5,5 km). Der Küstenstaat hat die Verfügungsgewalt über die Mineralien und kann sie seiner Gesetzgebung unterstellen.

*2. Festlandsockel*

Unter dem Festlandsockel versteht man das küstennahe Gebiet bis zu einer Tiefe von 200 m oder darüberhinaus, soweit die Möglichkeit der Nutzung der Bodenschätze besteht. Abgesehen von den technischen Problemen gibt es auch auf rechtlichem Gebiet noch Unklarheiten und zwar sowohl in völkerrechtlicher als auch in verfassungsrechtlicher Hinsicht. Zunächst besteht das Problem der Grenzziehung zwischen den einzelnen Staaten. In der Genfer Konvention von 1958 wurde die Grenzziehung nach dem Äquidistanzprinzip festgelegt.

Die Bundesrepublik hat die Konvention zwar unterzeichnet, nicht jedoch ratifiziert. Sie fühlte sich daher bei der Festlegung der Grenzen nicht an die Vertragsbestimmungen gebunden und es kam zum Streit mit den Nachbarstaaten Holland und Dänemark. Der Internationale Gerichtshof in Haag wurde bemüht. Er hat am 20. 2. 1969 dahingehend entschieden, daß eine Einigung zwischen den Staaten herbeigeführt werden sollte[1]. Die Verhandlungen haben eine Verbesserung der Position der Bundesrepublik im Vergleich zur Anwendung des Äquidistanzprinzips ergeben.

Weitere noch ungeklärte Rechtsfragen bestehen im nationalen Bereich. Zwar übt die Bundesrepublik die Hoheitsrechte am Festlandsockel aus, nicht geklärt ist jedoch, wem ein eventuell anfallender Förderzins zustünde. Hier könnten neben dem Bund durchaus die Küstenländer in Frage kommen. In § 2 des Gesetzes zur Regelung der vorläufigen Rechte am Festlandsockel[2] heißt es lediglich, daß bis zur endgültigen Regelung der Zuständigkeiten die Erlaubnis in bergtechnischer Hinsicht vom Oberbergamt Clausthal, die Erlaubnis hinsichtlich der Benutzung der Gewässer vom Deutschen Hydrographischen Institut in Hamburg erteilt wird[3].

*3. Hohe See*

Gem. Art. 1 des Übereinkommens über die Hohe See der Genfer Konvention von 1958 sind unter dem Begriff der hohen See alle Teile des Meeres zu verstehen, die nicht zum Küstenmeer oder zu den inneren Gewässern eines Staates gehören. Nach zur Zeit geltenden Rechtsanschauungen ist es jedermann gestattet, die dort lagernden Naturschätze auszubeuten[4].

---

[1] Vgl. NJW 1969, 965.

[2] Vom 24. 7. 1964, BGBl. I 497 ZfB 105, 400, i. d. F. v. 25. 6. 1969, BGBl. I 581, ZfB 110, 383.

[3] Siehe hierzu *Willecke*, DVBl. 1966, 467ff.

[4] Zur Problematik s. *Kausch*, S. 40; *Menzel*, NJW 1969, 2071ff.

## § 19. Dem Grundeigentümer gehörende Bodenschätze

Schrifttum: *Bähr*, Die Mitgewinnung von Grundeigentümermineralien und ihre Rechtsfolgen, ZfB 103, 457; *Foerstner*, Die Bedeutung des ABG für die Gewinnung von Kali- und sonstigen Salzen, zugleich Darstellung einiger Probleme des Rechts des Grundeigentümerbergbaus, ZfB 106, 257; *Kemper*, Die Rechtslage im Grundeigentümerbergbau, 1921; *Krautschneider*, Die Grundeigentümermineralien, Bergfreiheit 1968, 58; *Laspeyres*, Die Rechte des Grundeigentümers an den seiner Verfügung entzogenen Mineralien, Diss. Leipzig 1905; *Lohmann*, Die rechtmäßige Gewinnung bergfreier und fremder Mineralien, Glückauf 1910, 714, 758; *Rieckmann*, Die wirtschaftliche Bedeutung des Grundeigentümerbergrechts in Hannover, Land- und Forstwirtschaftl. Zeitung 1949, 134; *Sehling*, Die Rechtsverhältnisse an den der Verfügung des Grundeigentümers nicht entzogenen Mineralien, 1904; *Turner*, Berechtsamswesen, S. 208—216; *Willecke*, Rechtliche Probleme des Grundeigentümerbergbaus im Gebiet des preußischen Bergrechts, Erdöl-Zeitschrift 1957, 284.

### 1. Allgemeines

Alle Bodenschätze, die nicht bergbaufrei oder dem Staate vorbehalten sind, unterliegen dem Verfügungsrecht des Grundeigentümers[1]. Sie werden als Grundeigentümermineralien bezeichnet. Das Verfügungsrecht über diese Bodenschätze ergibt sich aus dem Eigentum am Grund und Boden[2]. Für eine Begründung von Bergwerkseigentum ist hier kein Platz. Der Abbau erfolgt entweder durch den Grundeigentümer selbst oder durch einen Dritten, dem der Grundeigentümer das Aufsuchungs- und Gewinnungsrecht vertraglich überlassen hat[3], auch auf der Grundlage eines Nießbrauchs (§§ 1037 Abs. 2, 1038 Abs. 1 BGB).

### 2. Abbaugerechtigkeiten

Beim Grundeigentümerbergbau auf Stein- und Kalisalze in der früheren Provinz Hannover[4] ist die Bestellung einer Salzabbaugerechtigkeit mög-

---

[1] Siehe aber auch o. § 17, 4.

[2] § 905 BGB.

[3] Vgl. *Heunecke*, Die Abbauverträge bei der Kali- und Erdölgewinnung in der Provinz Hannover, Diss. Göttingen, 1931; *Kegel*, Über Verträge zum Erwerb von Abbaugerechtigkeiten beim Grundeigentümerbergbau in Preußen, Halle, 1909.

[4] *Erdmann*, Die rechtlichen Grundlagen des Kali- und Steinsalzbergbaus in der Provinz Hannover, 1906; *Karau*, Der Kalibergbau unter der Herrschaft des hannoverschen Sonderrechts, Beiträge der Wirtschaftswissenschaftlichen Gesellschaft zum Studium Niedersachsens, 1926.

lich[5] [6]. In diesem Falle wird das Recht zur Gewinnung vom Grundeigentum abgetrennt und als selbständige Gerechtigkeit entweder für den Grundeigentümer selbst oder für einen anderen bestellt. Bei der Bestellung für den Grundeigentümer genügt dessen Erklärung gegenüber dem Grundbuchamt, bei der Bestellung für einen anderen ist eine Einigung des Grundeigentümers mit diesem[7] erforderlich; in beiden Fällen bedarf es zur Entstehung der Salzabbaugerechtigkeit außerdem noch der Eintragung derselben im Grundbuch. Die Salzabbaugerechtigkeit wird von dem Grundstück abgeschrieben und auf ein besonderes Grundbuchblatt übertragen. Wenn das Feld als abgebaut anzusehen ist, kann die Abbaugerechtigkeit auf Antrag im Grundbuch gelöscht werden. Im übrigen gelten für sie die sich auf Grundstücke beziehenden Vorschriften des bürgerlichen Rechts. Die Vereinigung mehrerer Abbaugerechtigkeiten ist (wie bei dem Bergwerkseigentum) zulässig. Die Salzabbaugerechtigkeit tritt als dingliches Recht neben den obligatorischen Abbauvertrag und bildet somit eine Grundlage für den Realkredit.

### 3. Bergaufsicht

Durch das Gesetz vom 18. Dezember 1933[8] über die Beaufsichtigung von unterirdischen Mineralgewinnungsbetrieben und Tiefbohrungen[9] ist die unterirdische Aufsuchung und Gewinnung von Grundeigentümermineralien, für die eine besondere gesetzliche Regelung bisher nicht getroffen war[10], aus Sicherheitsgründen zahlreichen Vorschriften des Allgemeinen Berggesetzes unterstellt worden[11].

Abgesehen hiervon hat die im Zuge der Reichsgesetzgebung erlassene Verordnung über die Aufsuchung und Gewinnung mineralischer Bodenschätze vom 31. Dezember 1942[12] (daher auch „Sylvesterverordnung“

[5] Ges. v. 4. 8. 1904, GS. 235, ZfB 45, 255 (Begr. ZfB 45, 14).

[6] Für das sog. Mandatsgebiet hatte das Gesetz v. 22. 2. 1869 für den Stein- und Braunkohlenbergbau ebenfalls eine solche Abbaugerechtigkeit eingeräumt, vgl. G. v. 22. 2. 1869 betr. die Rechtsverhältnisse des Stein- und Braunkohlen-Bergbaus in denjenigen Landesteilen, in welchen das Kurfürstlich-Sächsische Mandat v. 19. 8. 1743 Gesetzeskraft hat, s. *Isay*, ABG II, S. 293ff.

[7] Nicht jedoch Auflassung, KG. v. 10. 12. 1925, ZfB 67, 505, bezügl. der Kohlenabbaugerechtigkeiten nach dem Gesetz v. 22. 2. 1869, GS. 401, ZfB 10, 115.

[8] GS. 493, ZfB 74, 317 (mit Begr.), i. d. F. d. G. v. 24. 9. 1937, ZfB 78, 140.

[9] Das sog. Tiefbohrgesetz ist in einigen Ländern abgeändert worden, um die Untertagespeicherung der bergbehördlichen Aufsicht zu unterstellen. Näher dazu unten, § 65, 2; ferner *Willecke*, Behördliche Zuständigkeit zur Aufsicht über die Anlage und den Betrieb von Untertagespeichern, DVBl. 1970, 373.

[10] Vgl. z. B. §§ 211ff., 214ff. ABG.

[11] Für Hessen vgl. VO v. 23. 3. 1957, GVBl. 37, ZfB 98, 28; für NW vgl. VO v. 1. 4. 1958, GVBl. 135, ZfB 99, 88.

[12] RGBl. 1943, 17, ZfB 82/83, 198 (mit Begr.).

genannt) eine Reihe von Bodenschätzen, soweit sie dem Grundeigentümer gehören, der bergpolizeilichen Aufsicht und sonstigen berggesetzlichen Vorschriften unterstellt, ohne Rücksicht darauf, ob es sich um unterirdische oder um Tagebaubetriebe handelt. Diese Bodenschätze sind: feuerfester Ton und zu keramischen Zwecken geeigneter Ton (einschließlich Tonerde und Emaillierton), Bleicherde und Bentonit, Kaolin, Feldspat und Pegmatitsand, Glimmer, zur Herstellung von feuerfesten Erzeugnissen geeigneter Quarz und Quarzit, Magnesit, Bauxit, Flußspat, Schwerspat, Talkum und Speckstein sowie Kieselgur.

# II. Entstehung und Beendigung des Bergwerkseigentums

## A. Entstehung

### § 20. Schürfen

Schrifttum: Kassel, Das Recht auf fremdem Grund und Boden zu schürfen, Diss. Berlin 1936.

Der Verleihung des Bergwerkseigentums geht regelmäßig das Schürfen und Muten voraus.

#### 1. Begriff

Schürfen ist die Aufsuchung der dem Verfügungsrecht des Grundeigentümers entzogenen Bodenschätze auf ihren natürlichen Ablagerungen[1]. Da das Schürfen den Zweck verfolgt, über einen Fund und eine daraufhin eingelegte Mutung Bergwerkseigentum zu erwerben, ist der gesetzlichen Begriffsbestimmung noch hinzuzufügen, daß die Aufsuchung der Bodenschätze „zum Zwecke des Erwerbs von Bergwerkseigentum" erfolgen muß. Damit gehört unter den Begriff nicht die Tätigkeit von Mineraliensammlern[2] oder die Vornahme von Untersuchungsarbeiten durch die Geologischen Landesämter für deren wissenschaftliche Aufgaben[3] oder Aufschlußarbeiten in einem bereits verliehenen Felde. Auch sind Arbeiten, die das Schürfen erst vorbereiten (z. B. Anlegen von Wegen, markscheiderische Vorarbeiten), keine Schürfarbeiten, da sie keine Aufsuchung von Bodenschätzen darstellen.

---

[1] § 3 ABG.; vgl. auch BGH v. 25. II. 1969, VersR 1970, 138.

[2] *Voelkel*, S. 67.

[3] § 2 LagerstättenG. v. 4. 12. 1934, RGBl. I, 1223, ZfB 75, 299 (mit Begr.).

## 2. Art der Arbeiten

Die Art der Schürfarbeiten ist in den Berggesetzen nicht vorgeschrieben. Ihr Ziel ist das Entblößen der Lagerstätte[4]. Dies kann durch Ziehen von Gräben, Anlegung von Stollen und Schächten oder durch Tiefbohrungen erreicht werden. Unerheblich ist es, ob die Schürfarbeiten über oder unter Tage (in einem Grubengebäude ins Bergfreie hinein) angesetzt werden[5].

Geophysikalische Untersuchungsarbeiten sind im Bereich des Allgemeinen Berggesetzes (§ 3 Abs. 2) und des Bayerischen Berggesetzes (Art. 4 Abs. 2) den Schürfarbeiten ausdrücklich gleichgestellt. Die übrigen Landesberggesetze kennen eine solche ausdrückliche Regelung für geophysikalische Arbeiten nicht[6]. Versuchsarbeiten des Muters, also solche, die nach Einlegung der Mutung, aber vor der Verleihung erfolgen, unterliegen ebenfalls den Schürfvorschriften (§ 21).

## 3. Aufsicht

Die Schürfarbeiten sind der bergbehördlichen Aufsicht unterstellt. Dabei können die Bergbehörden solche Schürfarbeiten untersagen, die den Betrieb fremder Schürfarbeiten oder Bergwerke bedrohen (§ 3a Abs. 1). Darüber hinaus können die Oberbergämter durch Bergverordnung Schürfarbeiten den Vorschriften über den Betriebsplan und die Aufsichtspersonen unterstellen sowie eine Anzeige über Beginn und Einstellung der Schürfarbeiten vorschreiben (§ 3a Abs. 2). Dies ist, soweit bekannt, in sämtlichen Oberbergamtsbezirken geschehen[7]. Aus Gründen der Sicherheit ist die Anwendung der Schürfvorschriften auf die Aufsuchung wichtiger Grundeigentümermineralien und (sowohl im Staatsvorbehalt- als auch im Grundeigentümerbergbau) auf Erdöl vorgeschrieben[8], obwohl die Aufsuchung nicht dem Erwerbe von Bergwerkseigentum dienen kann.

## 4. Schürffreiheit und ihre Grenzen

Gem. § 3 ABG kann grundsätzlich jedermann Schürfarbeiten vornehmen (Schürffreiheit). Soweit allerdings Bodenschätze dem Staat vorbehalten sind, besteht ein Schürfvorrecht des Staates. Dieser kann jedoch die Ausübung durch private Unternehmer gestatten[9].

---

[4] *Isay* I, § 3 Anm. 2.

[5] *Voelkel*, S. 66; *Isay*, a.a.O.

[6] Zur Anwendung der Schürfvorschriften ohne solche ausdrücklichen Bestimmungen s. *Isay*, § 3 Anm. 2; *Bünger*, ZfB 73, 193.

[7] Vgl. *Ebel-Weller*, § 3a Anm. 5.

[8] EinfVO Hannover Art. II u. XIII (Salze, Kohle) mit § 211b ABG; § 2 ErdölG; § 3 PhosphoritG.

[9] Vgl. Begr. z. Novelle v. 24. 9. 1937, ZfB 78, 156.

Schranken für die Schürftätigkeit bestehen an bestimmten Orten.

1. Schlechthin verboten sind Schürfarbeiten auf öffentlichen Plätzen, Straßen und Eisenbahnen sowie See- und Flußdeichen (aus Sicherheitsgründen) sowie auf Friedhöfen (aus Pietätsgründen) (§ 4 Abs. 1).

2. Unstatthaft ist das Schürfen, wenn nach der Entscheidung der Bergbehörde überwiegende Gründe des öffentlichen Interesses (z. B. in der Nähe von Heilquellen, Wasserversorgungsanlagen, Kanälen, Truppenübungsplätzen) entgegenstehen (§ 4 Abs. 2).

3. Zu unterlassen sind entsprechende Arbeiten unter (auch unbewohnten) Gebäuden und 60 m davon im Umkreis, in Gärten und eingefriedigten Hofräumen, wenn der Grundbesitzer (Eigentümer oder Nutzungsberechtigte) nicht ausdrücklich zustimmt. Im Allgemeinen Berggesetz sowie im Bayerischen Berggesetz — nicht in den Berggesetzen der übrigen Länder — ist jedoch vorgesehen, daß das Oberbergamt gegen den Willen des Grundbesitzers das Schürfen aus überwiegenden Gründen des öffentlichen Interesses zulassen kann[10].

In den unter 1. und 2. genannten Fällen kommt es nicht darauf an, ob der Grundeigentümer das Schürfen gestatten will[11]. Die Entscheidung des Oberbergamts kann bei der Anwendung von § 4 Abs. 2 auch nach dem Beginn der Schürfarbeiten erfolgen[11].

### 5. Das Verhältnis des Schürfers zu Dritten

*a) Grundbesitzer*[12]

aa) Zur Benutzung von fremdem Grund und Boden zur Ausführung seiner Schürfarbeiten bedarf der Schürfer der Erlaubnis des Grundbesitzers (§ 5). Liegt keiner der unter 4. (1.—3.) genannten Fälle vor, so muß die Erlaubnis erteilt werden. Es kann nicht eingewandt werden, die Benutzung des Grund und Bodens sei nicht notwendig oder das Schürfen nicht erfolgversprechend[13] oder ein anderes Grundstück sei besser geeignet. Es reicht auch nicht aus, wenn der Grundbesitzer behauptet, er wolle selbst auf seinem Grundstück schürfen, es sei denn, daß er schon erkennbare Vorbereitungen getroffen hat[14]. Dem Ermessen des Schürfers ist es überlassen, wo er seine Schürfarbeiten ansetzen will; lediglich aus Schikane gegen den Grundbesitzer darf er allerdings nicht handeln (§ 226 BGB).

[10] § 4 Abs. 3 ABG i. d. F. d. G. v. 24. 9. 1937, Begr. ZfB 78, 157; Art. 5 Abs. 3 Bay. BG.

[11] RG. v. 17. 12. 1898, RGZ 43, 198 = ZfB 40, 225.

[12] Ob die Schürfarbeiten nur Rechte eines evtl. Nutzungsberechtigten (z. B. Pächter) oder auch die des Eigentümers berühren, hängt vom Einzelfall ab. Danach entscheidet sich, wer die Gestattung auszusprechen hat.

[13] RekB. v. 11. 4. 1899, ZfB 40, 495.

[14] RekB. v. 7. 1. 1897, ZfB 38, 379; RekB. v. 17. 11. 1899, ZfB 41, 251.

bb) Kann eine gütliche Einigung mit dem Grundbesitzer nicht herbeigeführt werden, so entscheidet das Oberbergamt darüber, ob und unter welchen Bedingungen die Schürfarbeiten unternommen werden können (§ 8). Wie auch im Falle der Einigung mit dem Grundbesitzer[15] bedarf der stattgebende Beschluß zu seiner Wirksamkeit keiner Eintragung ins Grundbuch.

Antragsberechtigter im Zwangsverfahren ist nach der Verwaltungspraxis nur der Schürfer[16]. Das Oberbergamt darf die Erlaubnis lediglich versagen, wenn einer der Gründe des § 4[17] vorliegt. Bejaht das Oberbergamt die Verpflichtung des Grundbesitzers zur Gestattung der Schürfarbeiten, so setzt es zugleich die Bedingungen (Auflagen, Entschädigung, Sicherheitsleistung) fest.

Der Beschluß begründet ein Benutzungsrecht mit dinglicher Wirkung. Soweit es sich um die Verpflichtung zur Gestattung der Schürfarbeiten handelt, steht den Beteiligten gegen den Beschluß — nach erfolgloser Widerspruchseinlegung gem. §§ 68ff. VwGO — die Verwaltungsklage offen. Wegen der Festsetzung der Entschädigung und der Sicherheitsleistung ist der Rechtsweg vor den ordentlichen Gerichten gegeben; hierdurch wird aber der Beginn der Schürfarbeiten nicht aufgehalten, wenn der Schürfer die Entschädigung zahlt oder hinterlegt[18].

Eigenmächtige Schürfarbeiten kann der Grundbesitzer verbieten (Abwehranspruch aus §§ 862, 1004 BGB)[19], es sei denn, daß die Schürfarbeiten (etwa von einem Grubengebäude aus) in solcher Tiefe vorgenommen werden, daß der Eigentümer an der Ausschließung dieser Einwirkung kein Interesse hat (§ 905 BGB). Außerdem hat er einen Anspruch auf Schadenersatz wegen unerlaubter Handlung (§ 823 BGB)[20].

cc) Dem Grundbesitzer stehen folgende Gegenansprüche zu (§§ 6 und 7):

1. Vollständige Entschädigung für entzogene Nutzung, jährlich im voraus zu zahlen (Höhe: Rohertrag + Wirtschaftserschwernis, abzüglich ersparter Aufwendungen),
2. Rückgabe der Fläche nach (endgültig) beendigter Nutzung,

---

[15] Art. 22 Ziff. 2 Preuß. Ausf. G. z. BGB v. 21. 9. 1899, GS. 249; RG. Urt. v. 25. 10. 1919, ZfB 61, 221.

[16] RekB. v. 26. 5. 1905, ZfB 46, 401; a. M. *Isay* I, § 8 Anm. 4, der meint, auch der Grundeigentümer habe ein Antragsrecht.

[17] Siehe oben 4. (1.—3.).

[18] Gem. HinterlegungsO. v. 10. 3. 1937, RGBl. I S. 285.

[19] Notfalls ist auch Selbsthilfe möglich, § 229 BGB.

[20] RG v. 12. 2. 1910, ZfB 51, 628.

3. Ersatz einer etwaigen Wertminderung[21],

4. Erwerb des Eigentums[22] durch den Schürfer statt Ersatz des Minderwertes (§ 137 letzter Satz),

5. Erwerb des Eigentums[23] durch den Schürfer bei mehr als dreijähriger Benutzung (§ 138) oder Zerstückelung (§ 139) des Grundstücks.

Sind Teile eines Grundstücks[24] zu Eigentum auf den Bergwerksbesitzer übertragen worden, so besteht ein Vorkaufsrecht für den jeweiligen Eigentümer des durch die ursprüngliche Veräußerung verkleinerten Grundstücks, wenn das Grundstück für Zwecke des Bergbaus entbehrlich wird (§ 141). Eine Beschädigung durch Schürfarbeiten über die Benutzung hinaus (z. B. Wasserentzug bei einem Nachbargrundstück) ist ein Bergschaden (§ 152).

*b) Bergwerksbesitzer*

In einem verliehenen Bergwerksfeld besteht Schürffreiheit hinsichtlich der noch nicht verliehenen Bodenschätze (§ 10 Abs. 1). Hier kann also sowohl der Bergwerkseigentümer selbst als auch jeder Dritte schürfen. Letzterer darf dazu aber weder das fremde Grubengebäude ohne Erlaubnis des Bergwerksbesitzers betreten[25] noch durch seine Schürfarbeiten die Sicherheit der Baue oder den ungestörten Betrieb des Bergwerks bedrohen[26] (§ 10 Abs. 2). Außerdem muß er damit rechnen, daß der Bergwerkseigentümer die Schürfarbeiten des anderen durch das ihm nach § 24 zustehende Findervorrecht oder das nach § 55 zustehende Mutungsvorrecht praktisch wirkungslos macht[27].

## 6. Verfügung über Bodenschätze

Über die bei Schürfarbeiten geförderten Bodenschätze kann der Schürfer, auch wenn er nicht auf diese geschürft hat[28], nach folgenden Gesichtspunkten verfügen:

1. Auf verleihbare Bodenschätze darf ein Dritter noch keine Rechte erworben haben (§ 11 Abs. 1). Besteht ein solches Recht, so muß der Schür-

---

[21] Hierfür kann die Stellung einer Kaution verlangt werden, § 6 Abs. 2 ABG.

[22] Dies gilt nicht bei geophysikal. Arbeiten (§ 3 Abs. 2 ABG, Art. 4 Abs. 2 BayBG), weil § 7 ABG bzw. Art. 8 BayBG nicht als anwendbar aufgeführt werden.

[23] Siehe aber die vorangehende Anm.

[24] Nicht das gesamte Grundstück.

[25] *Isay* I, § 10 Anm. 8.

[26] Es obliegt der Bergbehörde, dies beim Betriebsplan zu prüfen (§ 3a Abs. 1 Satz 2 ABG).

[27] Näher dazu unten, § 21, 5.

[28] RG v. 17. 12. 1898, ZfB 40, 225.

fer die Bodenschätze dem Berechtigten ohne Anspruch auf Ersatz der Förderkosten herausgeben[29].

2. Bodenschätze, die dem echten Staatsvorbehalt (z. B. Erdöl im preußischen Bergrechtsgebiet) unterliegen, hat der Schürfer ebenfalls ohne Entschädigung herauszugeben, da an ihnen ein alleiniges Verfügungsrecht des Staates besteht.

3. Ob Bodenschätze des § 2 (sog. unechter Staatsvorbehalt) herausgegeben werden müssen, ist strittig[30]. Da der Zweck des Staatsvorbehalts darin liegt, aus wirtschaftspolitischen Gründen diese Bodenschätze nicht jedem zu überlassen, dürfte die Pflicht zur Herausgabe derselben an den Staat zu bejahen sein.

4. Grundeigentümermineralien sind auf Verlangen herauszugeben, weil Eigentum an ihnen infolge des Aneignungsrechtes des Grundeigentümers nicht erworben werden kann (§ 958 Abs. 2 BGB)[31]; die Förderkosten sind jedoch zu ersetzen[32] (§ 994, evtl. auch § 812 BGB).

## § 21. Muten

### 1. Begriff

Mutung ist das Gesuch um Verleihung von Bergwerkseigentum in einem gewissen Felde (§ 12 Abs. 1). Eine ordnungsgemäße Mutung verschafft einen öffentlich-rechtlichen Anspruch auf Verleihung des Bergwerkseigentums (§ 22)[1]. Sie begründet zugleich ein privates, jedem Dritten gegenüber wirksames (also absolutes, jedoch nicht dingliches) Recht, wodurch das begehrte, auf dem Situationsriß angegebene Feld zugunsten des Muters aus dem Bergfreien ausscheidet und rückwirkend (auf den Zeitpunkt der Einlegung der Mutung bezogen) geschlossen wird. Hierbei werden alle nach dieser Mutung eingelegten Mutungen hinfällig. Das Recht aus der Mutung kann formlos veräußert werden (§ 413 BGB) und ist auch vererblich.

### 2. Erfordernisse

Voraussetzung einer ordnungsgemäßen Mutung sind ihre Einlegung, ein abbauwürdiger Fund, Feldesfreiheit und Feldesstreckung.

---

[29] *Ebel-Weller*, § 11 Anm. 1 mit weit. Nachweisen.

[30] Vgl. *Boldt*, § 11 Anm. 1; *Isay* I, § 11 Anm. 1.

[31] Vgl. aber *Isay*, § 11 (S. 189), der § 57 ABG entsprechend anwenden will.

[32] *Ebel-Weller*, § 11 Anm. 1.

[1] OVG Lüneburg v. 28. 11. 1958, ZfB 100, 202.

*a) Einlegung der Mutung*

Sie erfolgt im preußischen Bergrechtsgebiet[2] beim Bergamt, in dessen Revier der Fund gemacht ist, nachdem die an sich zuständigen Oberbergämter die Annahme der Mutungen den Bergämtern überwiesen haben[3] (§ 12)[4]. Die Einlegung der Mutung bei einem örtlich unzuständigen Bergamt begründet keine Rechte[5]. Zwar ist die Mutung unverzüglich an das zuständige Bergamt abzugeben[6]. Für die Reihenfolge konkurrierender Mutungen aber ist der Eingangsvermerk des zuständigen Bergamtes entscheidend[7]. Die Mutung ist in zwei Stücken schriftlich[8] oder zu Protokoll einzulegen. Der Eingangsvermerk darf nur innerhalb des Dienstraumes des Bergamtes und während der Dienststunden angebracht werden[9]. Tag und Stunde der „Präsentation" vermerkt des Bergamt auf beiden Stücken[10] und gibt dann eins dem Muter zurück (§ 13). Außerdem trägt das Bergamt die Mutung in das Mutungsverzeichnis ein. Die Mutung muß Namen und Wohnort des Muters, Bezeichnung des begehrten Minerals und des Fundpunktes sowie den Namen des künftigen Bergwerks enthalten (§ 14 Abs. 1)[11]. Mängel dieser Angaben müssen nach Aufforderung durch das Bergamt binnen einer Woche nachgeholt werden (§ 14 Abs. 2). Wird bei der späteren Verleihung die Verwaltungsgebühr nicht fristgerecht gezahlt, so ist die an sich ordnungsmäßige Mutung ebenfalls von Anfang an ungültig (§ 14 Abs. 3); damit soll eine unnötig lange Feldessperre vermieden werden[12].

*b) Fund*

Ist die Mutung formgerecht eingelegt, so erfolgt die Fundesbesichtigung an Ort und Stelle durch das Bergamt. Sie hat den Zweck, die Angaben des Muters, daß das Mineral an dem bezeichneten Fundpunkte[13] (einschließlich

---

[2] Ausn.: ehemal. preuß. Landesteile von Baden-Württemberg (= Hohenzollern), vgl. *Miesbach-Engelhardt*, Art. 14, Anm. 2b.

[3] Vgl. *Ebel-Weller*, § 12, Anm. 3, mit der Zusammenstellung der entsprechenden Bekanntmachungen der Oberbergämter.

[4] Das BayBG, Art. 14, sieht nicht die Möglichkeit vor, die Zuständigkeit von den Oberbergämtern auf die Bergämter zu übertragen.

[5] RekB. v. 11. 7. 1895, ZfB 37, 243 (246).

[6] Vgl. § 20 Abs. 1 Satz 2 GeschO. f. d. Bergämter des Landes NW v. 15. 11. 1964, MBl. 1830, ZfB 106, 382.

[7] *Ebel-Weller*, § 12 Anm. 2.

[8] Auch telegraphisch möglich, RekB. v. 20. 4. 1866, ZfB 7, 256; *Isay* I, § 13 Anm. 2.

[9] HMErl. v. 20. 7. 1866, ZfB 7, 536; *Ebel-Weller*, § 13 Anm. 1.

[10] Vgl. § 25 ABG.

[11] Bei Bohrlöchern u. Schürfschächten auch Angabe der Teufe, RG. v. 8. 5. 1901, ZfB 43, 66.

[12] Begr. z. Nov. v. 24. 9. 1937, ZfB 78, 159.

[13] Pr. OVG v. 9. 5. 1910, ZfB 52, 275.

Teufe) auf seiner natürlichen Ablagerung vor Einlegung der Mutung entdeckt ist, nachzuprüfen, sowie festzustellen, ob dort das Mineral auch in abbauwürdiger Menge und Beschaffenheit vorkommt. Handelt es sich um eine Bohrung, so werden das Gestänge in Gegenwart des Vertreters des Bergamts bis auf die bei der Mutung angegebene Teufe eingefahren und sodann Kerne gezogen. Allerdings kann eine Mutung auch auf einen Bohrfund eingelegt werden, nachdem das Bohrloch verfüllt ist[14].

Fund ist die Entdeckung eines verleihbaren Minerals auf seiner natürlichen[15] Ablagerung. Ob der Muter selbst oder ein anderer den Fund gemacht hat, oder ob es sich um einen zufälligen Fund handelt, ist unerheblich[16]. Der Fundpunkt ist kein mathematischer Punkt, sondern die unmittelbare Umgebung der Fundstelle des Minerals (beim Bohrloch mindestens der Querschnitt); daher begründet eine Kontrollbohrung keinen selbständigen Fund. Da die Verleihung auf ein bestimmtes Mineral, nicht auf eine bestimmte Lagerstätte erfolgt, können auf einer Lagerstätte mehrere Fundpunkte mit selbständigen Mutungen vorhanden sein. Bei einer Tiefbohrung können nicht gleichzeitig mehrere Mutungen auf verschiedene Teufen eingelegt werden, weil das Bergwerkseigentum grundsätzlich bis „in die ewige Teufe“ verliehen wird (§ 26).

Der Nachweis des Fundes erfolgt regelmäßig in dem Fundesbesichtigungstermin durch Augenschein; jedoch kommen, falls dieser ohne Verschulden des Muters[17] (z. B. infolge Einstürzens des Bohrloches) nicht mehr möglich ist, andere Beweismittel (z. B. Kontrollbohrungen)[18] in Frage. Zeugen können nur über die Entdeckung des Minerals vor der Mutung vernommen werden, nicht aber den Beweis der Fündigkeit durch Augenschein ersetzen[19], solange er noch möglich ist, sondern ihn höchstens ergänzen[20].

Die sog. Bauwürdigkeit[21] des Minerals muß gegeben sein. Sie liegt vor, wenn das Mineral „in solcher Menge und Beschaffenheit nachgewiesen wird, daß eine zur wirtschaftlichen Verwertung führende bergmännische Gewinnung des Minerals möglich erscheint“ (§ 15 Abs. 1 Ziff. 1). Lange

---

[14] OVG Lüneburg v. 28. 11. 1958, ZfB 100, 202.

[15] RG v. 8. 5. 1901, ZfB 43, 66.

[16] RG v. 23. 1. 1909, ZfB 50, 609; OVG Lüneburg v. 28. 11. 1958, ZfB 100, 202; anders beim Vorrecht gem. § 24 ABG.

[17] RekB. v. 9. 3. 1904, ZfB 45, 111.

[18] Vgl. aber RG v. 9. 12. 1908, ZfB 51, 151.

[19] RekB. v. 24. 10. 1872, ZfB 13, 559; RekB. v. 9. 9. 1899, ZfB 41, 119.

[20] RG v. 10. 7. 1907, ZfB 48, 537; OVG Lüneburg, a.a.O.; LVerwG Aachen v. 29. 12. 1959, ZfB 101, 110.

[21] Dazu: *Boldt*, ZfB 102, 296; *Gastell*, Die Bauwürdigkeit im ABG, Diss. Bochum 1969; *Nebel*, ZfB 104, 196; *Voelkel*, ZfB 53, 349.

wurde ein Gegensatz zwischen der absoluten und relativen oder ökonomischen Bauwürdigkeit gesehen[22]. Der Begriff „wirtschaftliche Verwertung" bedeutet nicht „lohnende, rentable Verwertung"[23], sondern „Verwertung zu Wirtschaftszwecken"[24]. Das Erfordernis, „eine bergmännische Gewinnung müsse möglich erscheinen", richtet sich nicht nur auf die theoretisch-technische Möglichkeit einer Gewinnung, sondern ebenfalls darauf, daß die Gewinnung auch tatsächlich in Angriff genommen wird[25]. Ob der Muter das Mineral selbst gewinnen will, ist für die Frage der Bauwürdigkeit gleichgültig[26].

*c) Feldesfreiheit*

Das gemutete Mineral muß im Bergfreien liegen. Bergfreiheit ist gegeben, wenn „nicht bessere Rechte auf den Fund entgegenstehen" (§ 15 Abs. 1 Ziff. 2). Eine Verleihung „unbeschadet der Rechte Dritter" gibt es nicht. Bessere Rechte auf den Fund liegen vor, wenn — gleiches Mineral vorausgesetzt — der Fundpunkt der Mutung in einem bereits verliehenen Felde oder im Felde einer älteren[27] oder stärkeren[28] [29] Mutung liegt.

*d) Feldesstreckung*

Ein Bergwerksfeld muß genau und zweckmäßig begrenzt sein. Hierfür gibt es drei Möglichkeiten:

1. Begrenzung durch Gesetz (so legten teilweise die früheren Bergordnungen einen bestimmten Kreis um einen Fundpunkt),
2. freies Ermessen der Bergbehörde (üblich bei Konzessionsfeldern),
3. Ermessen des Muters (so Allgemeines Berggesetz).

Der Muter muß binnen einer Ausschlußfrist von 6 Monaten[30], die auch nicht durch Einlegung einer Beschwerde oder Erhebung einer Klage unterbrochen oder gehemmt wird[31], nach Einlegung der Mutung Lage und Größe des begehrten Feldes dem für die Mutung zuständigen Bergamt angeben und einen von einem konzessionierten Markscheider oder öffentlich bestellten Vermessungsingenieur[32] angefertigten Situationsriß (in zwei

---

[22] Vgl. *Voelkel*, ZfB 53, 349; *Boldt*, ZfB 102, 296.

[23] OVG Lüneburg v. 7. 9. 1962, ZfB 104, 78; z. T. a. M. *Nebel*, ZfB 104, 196ff.

[24] *Gastell*, bes. S. 155.

[25] *Gastell*, a.a.O. Dabei kann der Gehalt z. B. von Fe bei Eisenerz von Bedeutung sein, vgl. LVerwG Minden v. 25. 9. 1951, ZfB 93, 145; LVerwG Aachen v. 29. 12. 1969, ZfB 101, 110.

[26] RekB. v. 22. 12. 1922, ZfB 64, 130.

[27] § 25 ABG.

[28] §§ 24, 55 ABG.

[29] Z. B. Feldesreservation oder Distriksverleihung, vgl. o. § 9, 2. am Ende.

[30] Art. 18 Württbg. BG: 6 Wochen; Art. 18 Hess. BG (Rhl.-Pfl.): 2 Monate.

[31] RekB. v. 22. 2. 1873, ZfB 14, 260.

[32] Vgl. BerufsO d. Öff. best. Verm. ing. f. Nds. v. 28. 12. 1965, GVBl. 269.

Stücken) einreichen. Mängel des Situationsrisses hat der Muter binnen sechs Wochen nach Aufforderung abzustellen. Die Mutung ist von Anfang an ungültig, wenn eine dieser beiden Fristen versäumt wird (§§17, 18).

Die Einreichung des Situationsrisses hat zwei Wirkungen:

1. Das Erlöschen der Bestrickung des sog. Schlagkreises[33], d. h. des Rechtes des Muters, innerhalb eines Kreises von 2000 m[34] um den Fundpunkt herum sein Feld nach seinem Belieben zu strecken. Diese Bestrickung des Schlagkreises tritt mit der Einlegung der Mutung ein und gibt das Recht, Mutungen Dritter dadurch zu vernichten, daß der Muter sein Feld so streckt, daß der Fundpunkt des anderen davon überdeckt wird. Nach Einreichung des Risses kann der Muter sein Feld nur noch innerhalb der darin angegebenen Grenzen — nicht darüber hinaus — ändern (§ 19 Abs. 1). Eine Rücknahme der Feldesstreckung und Einreichung eines neuen Risses mit anderen Grenzen ist nicht mehr möglich[35], vielmehr ist in diesem Falle ein Verzicht auf die Mutung und eine Neueinlegung[36] erforderlich.

2. Die Feldesschließung (§ 19 Abs. 2), d. h. das Feld ist nach außen begrenzt, Dritte können innerhalb des begehrten Feldes keine Mutung auf das gleiche Mineral einlegen[36a]. Diese Wirkung tritt rückwirkend vom Tage der Mutung ein (§ 19 Abs. 3); der übrige Teil des Schlagkreises wird nunmehr frei.

Das Recht des Muters, sein Feld nach Belieben zu strecken, ist hinsichtlich der Beschaffenheit des Feldes folgenden gesetzlichen Einschränkungen unterworfen:

1. Das zu verleihende Feld muß an der Oberfläche von geraden Linien begrenzt und von lotrechten Ebenen bis in die ewige Teufe umschlossen sein (§ 26).

2. Die Größe des Feldes darf 2200000 qm[37] in horizontaler Projektion nicht übersteigen (§§ 26 Abs. 2, 27 Abs. 1 Ziff. 2): sog. Maximalfeld[38].

3. Der Fundpunkt muß stets in dem begehrten Felde, wenn auch nicht im abbaufähigen Teil, liegen und darf nicht weniger als 100 m und nicht

---

[33] Da der Muter sein Feld vom Fundpunkt aus nach jeder beliebigen Richtung strecken kann, beherrscht er einen Schlagkreis, dessen Mittelpunkt der Fundpunkt ist und dessen Halbmesser 2000 m beträgt.

[34] Ausnahme s. § 27 Abs. 1 ABG.

[35] *Isay* I, § 19 Anm. 6.

[36] RG v. 19. 6. 1895, ZfB 37, 107.

[36a] Jedenfalls grundsätzlich nicht mit Aussicht auf Erfolg, es sei denn § 55 liegt vor, vgl. u. 5.

[37] Siehe aber § 27 Abs. 1 Nr. 1 ABG.

[38] Eine Mindestgröße ist nicht vorgeschrieben, sie ergibt sich aus dem Zusammenhang mit § 15 ABG (: eine wirtschaftliche Verwertung muß möglich erscheinen).

mehr als 2000 m[37] von den Grenzen des Feldes entfernt sein (§ 27 Abs. 2)[39].

4. Das Feld muß einheitlich zusammenhängen, freibleibende Flächen dürfen von ihm nicht umschlossen werden (§ 27 Abs. 3).

Das Oberbergamt kann Abweichungen von der Form des Feldes und dem Abstand des Fundpunktes zulassen, wenn Umstände, die außerhalb des Willens des Muters liegen (z. B. Flußläufe, Landesgrenzen), dies rechtfertigen (§ 27 Abs. 5). Von den übrigen Erfordernissen kann die Bergbehörde niemals Ausnahmen gestatten.

### 3. Verfahren

1. Nach Einricheung des Situationsrisses trägt das Bergamt das Feld auf die Mutungsübersichtskarte vorläufig auf (§ 20), deren Einsicht jedem gestattet ist. Sie genießt keinen öffentlichen Glauben[40], sondern soll nur einen Überblick geben, ob und inwieweit das begehrte Feld durch Mutungen und bereits verliehene Felder überdeckt ist. Eine Ablichtung der Mutungsübersichtskarte ist unzulässig[41].

2. Die Prüfung des Situationsrisses erfolgt beim Oberbergamt durch den Oberbergamtsmarkscheider, der kleinere Mängel selbst berichtigen (§ 33 Abs. 1) oder den Muter dazu veranlassen kann (§ 18 Abs. 4).

3. Danach wird der sog. Schlußtermin durch das Bergamt von Amts wegen anberaumt und durchgeführt (§§ 28, 29). In diesem Termin soll der Muter seine letzten Erklärungen über die Größe und Begrenzung des Feldes sowie über etwaige Einsprüche und kollidierende Ansprüche Dritter abgeben. Er kann bis dahin sein Feldesbegehren noch einschränken. Dritte können nur Ansprüche bergrechtlicher Art geltend machen[42]. Private Ansprüche (z. B. Bestehen einer Vereinbarung, in einem bestimmten Gebiete nicht zu muten) können nur vor den ordentlichen Gerichten verfolgt werden. Um in diesem Schlußtermin möglichst alle Streitpunkte zu beseitigen, werden außer dem Muter, der auf eine Ladungsfrist von mindestens 14 Tagen Anspruch hat, alle etwa kollidierenden Muter und Bergwerksbesitzer geladen, auch wenn sie keine Einsprüche erhoben haben. Üblich ist auch die Ladung der Grundeigentümer, wenn sie in dem begehrten Felde Ansprüche auf nicht verleihbare Mineralien erheben oder erheben könnten. Die Abhaltung des Schlußtermins ist nicht erforderlich, wenn die Mutung ohnehin (z. B. wegen eines nicht abbauwürdigen Fundes) zurückzuweisen ist.

---

[39] Diese Erfordernisse gelten auch für Zwischenfelder. Das sind solche Felder, deren Größe und Streckung durch die Grenzen der bereits verliehenen Nachbarfelder allseitig bestimmt sind, VG Aachen v. 9. 12. 1965, ZfB 107, 450.

[40] RekB. v. 2. 11. 1893, ZfB 35, 129 (132).

[41] Erl. d. Reichs- u. Pr. Wirtschaftsministers v. 16. 11. 1937, ZfB 78, 605.

[42] Pr. OVG v. 21. 10. 1912, ZfB 54, 278.

## 4. Mutungsverzicht

Der Verzicht auf eine Mutung ist zulässig. Das führte früher zu dem Mißbrauch, daß unter gleichzeitiger Einlegung neuer Mutungen und die dadurch immer wieder eintretenden Wirkungen des Schlagkreises eine Feldessperre herbeigeführt wurde. Darum bestimmt § 19a ABG[43], daß nach sechs Monaten nach Einlegung der ersten Mutung auf den gleichen Fund oder auf einen anderen Fund, der in derselben Schürfung aufgeschlossen ist und das gleiche Mineral betrifft, keine Mutung mehr eingelegt werden kann. Wird jedoch innerhalb der genannten sechs Monate nach Verzicht auf die erste Mutung eine solche neue Mutung, die als rechtlich selbständige anzusehen ist, eingelegt, so beginnt die sechsmonatige Frist für die Feldesstreckung bereits mit dem Eingang der zuerst eingelegten Mutung.

## 5. Vorrechte

Wenn zwei Finder miteinander konkurrieren, so gilt nicht das frühere Alter des Fundes, sondern das Alter der Mutung, für das der Eingangsvermerk der Bergbehörde maßgebend ist (§ 25). Ausnahmen von diesem Grundsatz der Priorität der Mutung bilden lediglich das Findervorrecht und das dem Bergwerkseigentümer zustehende Mutungsvorrecht.

*a) Findervorrecht*[44]

Es beruht auf dem Gedanken, daß der Finder die nächste natürliche Anwartschaft auf den Fund[45] hat (Erstfinderrecht). Das Allgemeine Berggesetz gewährt dieses Vorrecht aber nur unter folgenden Voraussetzungen (§ 24):

1. Finder muß sein

a) der Grundeigentümer selbst,

b) der Bergwerkseigentümer (nicht der Pächter) in seinem eigenen Grubengebäude[46] (nicht Bergwerksfelde) oder

c) der auf Grund der gesetzlichen Vorschriften (§§ 3ff) arbeitende Schürfer.

Wer gesetzwidrig schürft, gehört also nicht hierher. Bei den unter a) und b) Genannten genügen zufällige Funde. Der Bevorrechtigte muß aber selbst Finder sein[47].

2. Es muß ein bergrechtlicher Fund, also die Entdeckung des Minerals auf seiner natürlichen Ablagerung vorliegen.

---

[43] Eingefügt durch Ges. v. 18. 6. 1907, GS. 119, Begr. ZfB 48, 199.

[44] Vgl. *Wachler*, Das Findervorrecht nach dem preuß. Berggesetz, Breslau 1874.

[45] Mot. ZfB 6, 104.

[46] Hierzu gehören auch Hilfsbaue (§ 60 Abs. 3).

[47] Anders beim Muter.

3. Die Anmeldung des Fundes erfolgt durch eigene Mutung, die innerhalb einer Woche nach der Entdeckung des Minerals eingelegt werden muß (§ 24 Abs. 2).

Sind diese Voraussetzungen erfüllt, dann geht die von dem Finder eingelegte Mutung anderen, nach dem Zeitpunkt seines Fundes eingelegten Mutungen vor. Mit „anderen" Mutungen sind alle anderen Mutungen, auch die anderer Bevorrechtigter, gemeint; kollidieren diese miteinander, so gilt auch zwischen ihnen das höhere Alter des Fundes, nicht das der Mutung[48]. Dieses Findervorrecht ist also ein stärkeres, d. h. „besseres" Recht im Sinne des § 15 Abs. 1 Ziff. 2.

*b) Mutungsvorrecht*

Das Mutungsvorrecht des Bergwerkseigentümers (§ 55) besteht darin, daß dieser die Mutung eines anderen vernichten kann. Es ist ein Gestaltungsrecht mit negativer Wirkung. Gleichzeitig erlangt der Bergwerkseigentümer die rechtliche Position desjenigen, der Mutung eingelegt hat (§§ 12ff, 22 ABG). Voraussetzung ist:

1. Nur der Bergwerkseigentümer hat das Vorrecht, nicht dagegen Bergbau treibende Grundeigentümer[49].
2. Das Vorrecht bezieht sich auf ein anderes verleihbares Mineral.
3. Das Mineral muß innerhalb der Grenzen des verliehenen Feldes (nicht aber innerhalb des Grubengebäudes[50]) vorkommen.
4. Eine gemeinschaftliche Gewinnung des verliehenen Minerals und des gemuteten anderen Minerals muß nach der Entscheidung des Oberbergamts „aus bergtechnischen oder bergpolizeilichen Gründen" erforderlich sein[51].
5. Der Bergwerkseigentümer muß der Mutung des anderen mit einer eigenen Mutung auf das gleiche Mineral begegnen, die er bei Vermeidung des Verlustes seines Vorrechtes binnen vier Wochen nach Empfang der Mitteilung der Bergbehörde, daß ein anderer Mutung eingelegt hat, seinerseits einlegen muß.

Sind diese Voraussetzungen erfüllt, so bewirkt die Mutung des Bergwerkseigentümers, obwohl sie jünger ist, daß sie der anderen Mutung, selbst wenn diese auf dem Findervorrecht (§ 24) beruht, vorgeht. Hier liegt also ebenfalls ein „besseres" Recht im Sinne des § 15 Abs. 1 Ziff. 2 vor.

Dieses Mutungsvorrecht ist sowohl dann gegeben, wenn der Fundpunkt der anderen Mutung im verliehenen Felde liegt, als auch dann, wenn der Fundpunkt zwar außerhalb des Feldes liegt, das von dem anderen Muter

[48] RG v. 19. 6. 1901, ZfB 42, 480.

[49] RekB. v. 8. 10. 1900, ZfB 42, 235; vgl. auch § 211b ABG, § 2 ErdölGes.

[50] So § 24 ABG für das Findervorrecht.

[51] Liegen diese Voraussetzungen vor, spricht man von beibrechenden Mineralien.

begehrte Feld jedoch in das bereits verliehene Feld hineingestreckt ist. Im ersteren Fall kann der Bergwerkseigentümer seine Mutung auf den Fund des anderen stützen[52]. Im letzteren Fall muß die Mutung des Bergwerkseigentümers auf einen neuen Fund innerhalb seines Feldes gestützt werden[53].

## § 22. Verleihung an den Muter

### 1. Allgemeines

Eine den gesetzlichen Erfordernissen entsprechende Mutung begründet einen öffentlich-rechtlichen Anspruch auf Verleihung (§ 22). Dieser Anspruch richtet sich gegen den Staat und wird notfalls im Verwaltungsrechtswege verfolgt. Er ist „die gesetzliche Anwartschaft auf ein durch einen Akt der Staatsgewalt erst noch zu begründendes Recht" (Bergwerkseigentum in einem bestimmten Felde)[1]. Die Verleihung ist ein rechtsgestaltender Verwaltungsakt.

### 2. Verfahren

Über die Verleihung entscheidet das Oberbergamt auf Grund der bis zum Schlußtermin gestellten Anträge und durchgeführten Verhandlungen. Liegen Einsprüche und Kollisionen mit Rechten Dritter nicht vor und ist auch sonst die Mutung gesetzlich einwandfrei, so fertigt das Oberbergamt ohne besonderen Beschluß[2] die Verleihungsurkunde aus (§ 30). Andernfalls muß das Oberbergamt durch Beschluß über die Erteilung oder Versagung der Verleihung entscheiden (§ 31 Abs. 1), ohne daß zugleich eine Verleihungsurkunde ausgestellt wird. Das Oberbergamt muß also prüfen, ob und inwieweit die Einwendungen Dritter berechtigt sind. Entsprechend hat es seinen Beschluß zu begründen.

### 3. Rechtsbehelfe

Gegen die Entscheidung stehen den Beteiligten folgende Klagemöglichkeiten zur Verfügung:

1. Verwaltungsklage (§ 40 VwGO) gegen das Oberbergamt:

a) *Verpflichtungsklage* (§ 42 Abs. 1 VwGO) seitens des abgewiesenen Muters, gerichtet auf Verleihung des von ihm begehrten Bergwerkseigentums.

---

[52] RekB. v. 13. 10. 1885, ZfB 27, 135.

[53] RekB. v. 16. 6. 1880, ZfB 21, 395.

[1] RG v. 14. 4. 1888, ZfB 29, 404.

[2] Mot. ZfB 6, 115.

Dieser Anspruch des Muters unterliegt schon deswegen nicht der in § 23 ABG ausgesprochenen Zuweisung an die ordentlichen Gerichte, da diese Vorschrift sich darin erschöpft, daß für eine nicht gegen die Bergbehörde, sondern einen Dritten gerichtete (Verleihungs-) Klage die ordentlichen Gerichte zuständig sind[3].

Die Verpflichtungsklage ist auch dann gegeben, wenn der ablehnende Beschluß des Oberbergamts auf der Geltendmachung eines besseren Rechts durch einen Dritten beruht[4].

§ 23 ABG steht auch hier nicht entgegen, da diese Norm keine den Verwaltungsrechtsweg ausschließende Zuweisung i. S. § 40 Abs. 1 Satz 2 VwGO darstellt, sondern lediglich klarstellt, daß der Muter gegen Dritte nur vor den Zivilgerichten klagen kann[5].

Somit ergibt sich, daß der Verleihungsanspruch vom Muter in jedem Fall — auch bei Behauptung eines besseren Rechts — im Verwaltungsgerichtsweg gegen das Oberbergamt verfolgt werden kann.

b) *Anfechtungsklage* (§ 42 Abs. 1 VwGO) seitens des mit seinem Einspruch abgewiesenen Dritten, gerichtet auf die Aufhebung des Beschlusses des Oberbergamtes.

Auch hier macht es keinen Unterschied, ob der Dritte ein besseres Recht behauptet oder nicht[6].

c) Für beide Klagen ist jedoch Voraussetzung, daß vorher der jeweilige Kläger gegen den Beschluß des Oberbergamtes innerhalb eines Monats Widerspruch eingelegt hat und dieser abschlägig beschieden worden ist (§§ 68ff. VwGO).

2. Zivilklage gegen den Beteiligten kann an Stelle der Verwaltungsklage in den Fällen der Geltendmachung eines besseren Rechts erhoben werden:

a) *Verleihungsklage* (§ 23) des Muters gegen den seinen Verleihungsanspruch mit der Behauptung eines besseren Rechts bestreitenden Dritten — zu diesen gehört auf dem Gebiet des Staatsvorbehalts auch der Fiskus[7] —, gerichtet auf die Feststellung des besseren Rechts.

b) *Einspruchsklage* (§ 31 Abs. 2) des mit seinem Einspruch abgewiesenen Dritten gegen den Beliehenen, gerichtet auf die Feststellung, daß dem Beliehenen das Bergwerkseigentum nicht zusteht. Diese Klage ist

[3] Vgl. VG Aachen v. 9. 12. 1965, ZfB 107, 450.

[4] *Miesbach-Engelhardt*, Art. 34 — § 31, Anm. 3b 2; *Fornelli*, Der Rechtsschutz im Verleihungsverfahren des ABG, Diss. Münster 1966, S. 140; aA *Bähr*, Art. 25, Anm. 1; *Ebel-Weller*, § 23 Anm. 1.

[5] Vgl. VG Aachen v. 9. 12. 1965, a.a.O.; *Fornelli*, a.a.O.

[6] *Miesbach-Engelhardt*, Art. 34 — § 31, Anm. 3c 1; *Fornelli*, S. 194f; aA *Bähr*, Art. 34, Anm. 3; *Ebel-Weller*, § 23 Anm. 1, § 31 Anm. 1.

[7] RG v. 19. 6. 1895, ZfB 37, 107.

binnen einer Ausschlußfrist von drei Monaten nach Zustellung der angefochtenen Entscheidung des Oberbergamts zu erheben[8].

Jedoch dürfen (bei Behauptung eines besseren Rechts) Zivil- und Verwaltungsrechtsweg nicht nebeneinander beschritten werden, da die Erhebung der einen Klage das Rechtsschutzbedürfnis für die andere Klage ausschließt[8a].

## 4. Weiteres Verfahren

Erst wenn ein rechtskräftiges Urteil oder fruchtloser Ablauf der gem. § 31 Abs. 2 zu wahrenden Dreimonatsfrist vorliegt, kann das Oberbergamt, sofern es nicht infolge des Urteils erneut entscheiden muß, die Verleihungsurkunde ausfertigen (§ 32).

Die Verleihungsurkunde muß Angaben über die Person des Berechtigten, den Namen des Bergwerks, Flächeninhalt und Grenzen des Feldes, örtliche Lage des Feldes, Bezeichnung des Minerals sowie Siegel und Unterschrift des Oberbergamts nebst Datum der Ausstellung enthalten (§ 34). Mit dieser Urkunde wird der Situationsriß verbunden (§ 34 Ziff. 3). Mit der Zustellung der Verleihungsurkunde entsteht das Bergwerkseigentum[9]. Die Eintragung in das Bergwerksgrundbuch erfolgt von Amts wegen auf Ersuchen des Oberbergamts[10]; sie hat keine rechtsbegründende Wirkung. Das Oberbergamt fügt dem Ersuchen eine beglaubigte Abschrift der Verleihungsurkunde bei. Zuständig ist das Grundbuchamt, in dessen Bezirk das Bergwerk liegt[11]. Das Grundbuchamt muß dem Ersuchen, wenn es ordnungsmäßig ist, entsprechen und hat nicht das Recht, die Rechtsgültigkeit der Verleihung nachzuprüfen[12]. Liegt das Bergwerksfeld in den Bezirken mehrerer Grundbuchämter, so ersucht das Oberbergamt das nächsthöhere Gericht[13] (Landgericht, Oberlandesgericht) um Bestimmung des zuständigen Amtsgerichts (Grundbuchamt) und richtet sodann dorthin sein Ersuchen um Eintragung unter Übersendung einer beglaubigten Abschrift der Entscheidung des übergeordneten Gerichts[14].

---

[8] Dies gilt auch für die Verleihungsklage; vgl. *Miesbach-Engelhardt*, Art. 34 — § 31, Anm. 3b 2; *Bähr*, Art. 25, Anm. 2; aA *Ebel-Weller*, § 23 Anm. 1.

[8a] *Fornelli*, S. 178ff, 192; 201; aA *Miesbach-Engelhardt*, a.a.O.

[9] KG v. 22. 2. 1906, ZfB 47, 459.

[10] Art. 23 pr. AG GBO.

[11] Genauer: Der Fundpunkt, vgl. OLG Hamm v. 27. 6. 1957, Glückauf 1958, 1751.

[12] KG v. 6. 12. 1887, ZfB 29, 251.

[13] § 1 Abs. 2 GBO, § 5 FGG.

[14] Verliehenes Bergwerkseigentum kann nur als Ganzes eingetragen werden, OLG Celle v. 2. 6. 1882, ZfB 24, 361.

Binnen sechs Wochen[15] nach Ausfertigung ist die Verleihungsurkunde im Amtsblatt der Regierung, in deren Bezirk das Bergwerk liegt, zu veröffentlichen (§ 35 Abs. 1), notfalls in den Amtsblättern zweier Regierungen, wenn sich das Bergwerksfeld über die Grenzen eines Regierungsbezirks hinaus erstreckt. Hierbei muß auf die Möglichkeit einer Widerspruchsklage hingewiesen werden. Solange diese Möglichkeit noch besteht, hat also die Verleihung noch keine volle Wirkung; sie ist auflösend bedingt.

### 5. Widerspruchsklage

Mit der Widerspruchsklage sollen diejenigen geschützt werden, die aus irgendeinem Grunde nicht zum Schlußtermin herangezogen worden sind. Sie kann nur auf ein stärkeres Mutungsrecht gestützt werden und steht daher lediglich älteren (§ 35 Abs. 2) sowie aus § 55 bevorrechtigten Mutern (§ 36) zu. Eine solche stärkere Mutung muß stets vor der Verleihung eingelegt worden sein. Die Klage richtet sich gegen den Beliehenen und ist binnen drei Monaten nach der Veröffentlichung der Verleihungsurkunde zu erheben. Dies ist aber nicht möglich, wenn über den Anspruch bereits im Verleihungsverfahren entschieden worden ist und der Kläger die Einspruchsklage versäumt oder verloren hat (§ 31). Während dieser Dreimonatsfrist kann jeder den Situationsriß bei der Bergbehörde einsehen (§ 37).

Die Widerspruchsklage ist heute ohne praktische Bedeutung, weil die Verleihung im Verwaltungsrechtswege angefochten werden kann. Denn neben der Widerspruchsklage steht demjenigen, der behauptet, Rechte i. S. von §§ 35 Abs. 2 und 36 zu haben, die Anfechtungsklage gegen das Oberbergamt vor den Verwaltungsgerichten zu. Ein Rechtschutzbedürfnis ist auch hier nur für einen Rechtsweg gegeben[15a].

Hat die Widerspruchsklage Erfolg, so muß das Oberbergamt die Verleihung aufheben oder abändern (§ 35 Abs. 4). In diesem Fall ersucht das Oberbergamt das Grundbuchamt um Schließung des Grundbuches oder um Änderung der Eintragung[16].

### 6. Wirkungen

Ist die Verleihung rechtskräftig geworden (also die Widerspruchsklage erfolglos gewesen oder nicht erhoben), so ist die obengenannte auflösende Bedingung nicht eingetreten, das Bergwerkseigentum also nunmehr unanfechtbar[17]. Der Bergwerkseigentümer ist gegen gegenwärtige und künftige Ansprüche Dritter völlig geschützt. Lange galt, daß die Verleihung nicht

---

[15] Bay. BG. Art. 38: 1 Monat.

[15a] Vgl. *Fornelli*, S. 202ff., 218.

[16] Art. 24 u. 25 pr. AG GBO.

[17] Vgl. *Klostermann*, Die Unanfechtbarkeit der Verleihung, ZfB 25, 151.

einmal mit der Behauptung angefochten werden konnte, das Bergwerkseigentum sei durch Täuschung gegenüber der Bergbehörde erlangt oder der Mutung fehlten die gesetzlichen Erfordernisse[18]. Ebenso sollte das Oberbergamt nicht befugt sein, die Verleihungsurkunde wegen Irrtums oder mangelnder Zuständigkeit wieder aufzuheben[19]. Hier sind allerdings die Grundsätze des allgemeinen Verwaltungsrechts zum Problem des Widerrufs begünstigender Verwaltungsakte[20] zu berücksichtigen. Für den Fall des Erschleichens bedeutet das z. B., daß ein Widerruf möglich ist. Problematisch wird dies nur, wenn gutgläubige Dritte an dem einmal entstandenen Bergwerkseigentum Rechte erlangt haben. Da solchen Personen eine Täuschungshandlung des Bergwerkseigentümers nicht entgegengehalten werden kann, müssen ihre Rechte gewahrt bleiben. Der Widerruf kann in solchen Fällen nicht rückwirkend ausgesprochen werden[21].

Von dem Grundsatz des Bestandes der Verleihung gibt es eine Ausnahme:

An dem Verleihungsverfahren ist der Grundeigentümer gesetzlich nicht beteiligt (§ 29). Es ist daher möglich, daß sich nach der Verleihung herausstellt, daß das verliehene Mineral in Wirklichkeit dem Verfügungsrecht des Grundeigentümers unterliegt. Diesem steht aber nicht einmal die Widerspruchsklage aus den §§ 35, 36 zu. Daher schafft § 38a[22] die Möglichkeit, eine aus diesen Gründen zu Unrecht erfolgte Verleihung nachträglich wieder zu beseitigen. Dies erfolgt von Amts wegen jederzeit oder auf Antrag des Grundeigentümers, der binnen drei Monaten nach Bekanntmachung der Verleihungsurkunde gestellt werden muß. In beiden Fällen muß das Oberbergamt nach Anhörung des Bergwerkseigentümers durch Beschluß entscheiden. Lehnt das Oberbergamt den Antrag des Grundeigentümers als unbegründet (nicht etwa als verspätet) ab, so hat dieser die Möglichkeit, binnen einem Monat die ordentlichen Gerichte anzurufen. Heute ist diese Klagemöglichkeit ebenfalls bedeutungslos, nachdem allgemein der Verwaltungsrechtsweg gegen Verwaltungsakte eröffnet ist.

Hat die Klage des Grundeigentümers Erfolg, muß das Oberbergamt die Verleihungsurkunde aufheben oder ändern sowie das Grundbuchamt um die nunmehr erforderlichen Eintragungen ersuchen[23].

Von der Rechtskraft der Entscheidung des Oberbergamts oder des Gerichts ab gilt das Bergwerkseigentum als aufgehoben (§ 38a Abs. 3). Es ist also nicht von Anfang an ungültig. Es könnten sich sonst daraus rechtliche Schwierigkeiten ergeben, falls der Bergwerkseigentümer in der Zwischenzeit über sein Recht durch Verkauf, Verpachtung oder Belastung verfügt oder vielleicht schon Bodenschätze gewonnen hat. Lediglich gegenüber dem Grundeigentümer, der — gutgläubig oder nicht — vor Aufhebung der Verleihung über die Bodenschätze bereits verfügt hat, kann sich der Bergwerkseigentümer auf sein Bergwerkseigentum nicht berufen; dies gilt jedoch nur, soweit der Berg-

---

[18] Vgl. RG v. 16. 3. 1881, ZfB 23, 107. Anders aber die Aufhebung gem. §§ 156ff.

[19] RekB. v. 11. 7. 1895, ZfB 37, 243.

[20] Vgl. dazu *Wolff*, Verwaltungsrecht I, 7. Aufl., 1968, § 53.

[21] *Miesbach-Engelhardt*, Art. 38 — §§ 35, 36, Anm. 1d.

[22] Eingefügt durch G. v. 24. 9. 1937, Art. I § 1 Ziff. 9, Begr. ZfB 78, 159.

[23] Art. 24—26 AG GBO.

werkseigentümer innerhalb der obengenannten Frist nicht von seinem (bis dahin noch stärkeren) Recht auf Gewinnung Gebrauch gemacht hat. Der Grundeigentümer muß also bis zur Rechtskraft der Aufhebung der Verleihung einem Betrieb des Bergwerkseigentümers weichen. Von der Rechtskraft ab erlöschen alle Rechte auf das Bergwerkseigentum, auch die dinglichen, ohne Entschädigung (§ 160 Abs. 2), denn sie waren nur Scheinrechte. Wie bei jeder Aufhebung von Bergwerkseigentum dürfen Zimmerung und Mauerung des Grubengebäudes nur entfernt werden, wenn bergpolizeiliche Gründe der Entfernung nicht entgegenstehen (§ 163).

Wenn im Grundbuch in sonstigen Fällen Bergwerkseigentum eingetragen ist, das nach dem jetzt geltenden Bergrecht ein sog. Grundeigentümermineral betrifft[24], so ist zur Bereinigung des Grundbuches und Klarstellung der Rechtsverhältnisse die Möglichkeit gegeben, daß das Oberbergamt das Grundbuchamt um Löschung der Eintragung ersucht (§ 38a Abs. 4)[25].

## § 23. Verleihung an den Staat

Bei den dem Staat nach § 2 vorbehaltenen Bodenschätzen (sog. unechter Staatsvorbehalt) kann das Bergwerkseigentum nur an den Staat — also an das Land, dem die Berghoheit zusteht (Art. 30 GG) — verliehen werden. Eine Verleihung muß aber erfolgen, weil sonst — im Gegensatz zum sog. echten Staatsvorbehalt (z. B. bei Erdöl) — das Gewinnungsrecht des Staates nicht entsteht (§ 1a). Mit Rücksicht darauf, daß auf die dem Staatsvorbehalt unterliegenden Bodenschätze Dritte aus eigenem Recht nicht schürfen (§ 3) und daher auch keine (mit dem Recht des Staates konkurrierende) Mutung einlegen können, ist das Mutungsverfahren hier wesentlich vereinfacht (§ 38b[1]). Schriftliche Einlegung der Mutung ist nicht erforderlich. Die Verleihung erfolgt durch den Wirtschaftsminister[2] an den Staat (Land). Es ist üblich, jedoch nicht vorgeschrieben[3], daß das Oberbergamt den Antrag auf Verleihung stellt. Voraussetzung für eine Verleihung an den Staat sind auch hier die Entdeckung und der Nachweis eines abbauwürdigen Fundes, Feldesfreiheit und Feldesstreckung. Allerdings bedarf es weder des Nachweises des Minerals auf einem bestimmten Fundpunkt noch einer Fundesbesichtigung. Größe und Form des zu verleihenden Feldes sind nicht vorgeschrieben, insbesondere keine Maximalgröße. Für den Inhalt der Verleihungsurkunde und den mit ihr zu verbindenden Situationsriß gelten im wesentlichen die Vorschriften der Verleihung an den Muter. Die Anfechtung einer Verleihung von Bergwerkseigentum an den

---

[24] Zum Beispiel Konzessionen auf Raseneisenerze im ehem. Königreich Hannover, vgl. G. v. 24. 9. 1937, Art. 1, § 1 Nr. 9, Begr. ZfB 78, 161.

[25] § 38a Abs. 4 gilt nicht mehr nach der in NW gültigen Fassung des ABG.

[1] Eingefügt durch Ges. v. 18. 6. 1907, neu gefaßt durch G. v. 24. 9. 1937, Art. I § 1 Ziff. 10, 11.

[2] In Nds.: durch OBA, Beschl. d. Min. v. 25. 11. 1958, MBl. 850.

[3] *Ebel-Weller*, § 38b Anm. 2.

Staat ist nach § 40 VwGO im Verwaltungsrechtsweg möglich (z. B. wegen Vorliegens eines Abbaurechtes aus früherer Zeit).

Die Ausbeutung des Bergwerkes kann der Staat selbst vornehmen oder Dritten (durch privatrechtliche Verträge) überlassen. Zugunsten des Dritten kann auch ein dingliches Aufsuchungs- und Gewinnungsrecht auf Zeit bestellt werden (38c). Mit dem selbständigen Gewinnungsrecht wird das Bergwerkseigentum belastet. Für das Gewinnungsrecht ist ein besonderes Grundbuchblatt anzulegen; dies ist auf dem Grundbuchblatt des Bergwerkes zu vermerken (§ 50 Abs. 5). Das selbständige dingliche Recht entsteht durch Einigung zwischen dem Staat und dem Erwerber und Eintragung im Grundbuch (§ 50 Abs. 3 ABG, § 925 BGB). Dieses Recht ist vererblich, veräußerlich und kann — wie das Bergwerkseigentum — seinerseits mit dinglichen Rechten (z. B. Hypotheken) belastet werden, wodurch das Erlangen eines Realkredits ermöglicht wird[4]. Der Berechtigte hat — von einigen sich aus der zeitlichen Begrenzung des Rechts ergebenden Ausnahmen (§ 38c Abs. 2) abgesehen — die Stellung eines Bergwerkseigentümers. Mehrere Gewinnungsberechtigte bilden, wenn sie keine andere Gesellschaftsform wählen (§ 133), eine bergrechtliche Gewerkschaft, die mit der Eintragung des Gewinnungsrechts in das Grundbuch entsteht (§ 38c Abs. 3).

## § 24. Vermessung

Der Bergwerkseigentümer hat das Recht, die amtliche Vermessung und Verlochsteinung seines Feldes zu verlangen (§§ 39, 40). Die Durchführung obliegt einem konzessionierten Markscheider oder öffentlich bestellten Vermessungsingenieur. Hierzu sind der Bergwerkseigentümer, die benachbarten Bergwerkseigentümer sowie die Grundbesitzer, auf deren Grundstücken Lochsteine gesetzt werden sollen, heranzuziehen. Letztere müssen das Betreten ihrer Grundstücke und das Setzen der Lochsteine gegen Entschädigung gestatten[1].

Das Vermessen erfolgt nur auf Antrag und hat keine rechtsbegründende Wirkung; es dient lediglich der Unterrichtung des Bergwerkseigentümers über die Grenzen seines Feldes und hat die Vermutung der Richtigkeit für sich. Entscheidend ist aber die Verleihungsurkunde[2]. Die Lochsteine stehen unter strafrechtlichem Schutz[3]. Da heute die Bergwerke nach Koordinaten vermessen werden müssen[4], haben diese Vorschriften kaum noch Bedeutung.

---

[4] Vgl. *Turner*, Glückauf 1965, 731 ff.

[1] Vgl. dazu *Bähr*, Art. 43.

[2] RekB. v. 19. 1. 1895, ZfB 36, 409.

[3] § 274 Ziff. 2 StGB.

[4] Vgl. nw. VO über die Geschäftsführung der Markscheider und die technische Ausführung der Markscheiderarbeiten v. 27. 6. 1968, GVBl. 207, ber. 245.

## B. Räumliche Änderung

### § 25. Feldesvereinigung

#### 1. Grundsatz

Zwei oder mehrere Bergwerksfelder, die aneinander grenzen, können nach freiem Willen ihrer Eigentümer zu einem einheitlichen Feld vereinigt werden (Konsolidation). In diesem Falle (§ 41) geht das bisherige Eigentum an den einzelnen Feldern unter, neues Eigentum an dem Gesamtfelde entsteht[1], das jedoch inhaltlich mit den alten Feldern noch zusammenhängt (Umgestaltung)[2]. Die Bergwerke, die vereinigt werden sollen, brauchen nicht auf das gleiche Mineral verliehen worden zu sein[3].

Von der rechtlichen ist die tatsächliche Vereinigung mehrerer Bergwerke zu unterscheiden, die jederzeit aus wirtschaftlichen Gründen (gemeinsamer Betrieb oder gemeinsame Verwaltung) vorgenommen werden kann. Diese berührt die rechtliche Selbständigkeit der einzelnen Bergwerke nicht. Sie können somit hinsichtlich des Betriebes, der Verwaltung und der Statistik als einheitliche Anlage behandelt werden[4], ohne rechtlich ein einheitliches Bergwerkseigentum darzustellen.

#### 2. Voraussetzungen

Die rechtliche Vereinigung (Konsolidation) erfordert (§ 42)

1. einen gerichtlich oder notariell beurkundeten Konsolidationsakt[5], der auf einer einseitigen Erklärung beruht, wenn die zu vereinigenden Bergwerke nur einem einzigen Bergwerkseigentümer gehören, während beim Eigentum einer Gewerkschaft ein Beschluß der Gewerkenversammlung und bei mehreren Eigentümern ein Vertrag notwendig ist,
2. einen von einem konzessionierten Markscheider oder öffentlich bestellten Vermessungsingenieur in zwei Stücken angefertigten Situationsriß des neuen (also gesamten) Feldes,
3. die Angabe des Namens des neuen Bergwerks, der sich aus Gründen der Rechtssicherheit von dem Namen der Einzelfelder unterscheiden muß.

---

[1] *Voelkel*, S. 118; *Isay* I, § 41 Anm. 3.

[2] RG v. 19. 6. 1937, ZfB 78, 426 (nicht originärer, sondern derivativer Erwerb).

[3] RekB. v. 3. 7. 1866, ZfB 9, 227. Für die Gewinnung eines jeden Minerals gelten jedoch die bisherigen Feldesgrenzen, RekB. v. 3. 4. 1907, ZfB 48, 428.

[4] Erl. v. 3. 12. 1890, ZfB 32, 262; vgl. auch § 67 Abs. 2 ABG NW bezüglich gemeinsamer Betriebspläne.

[5] § 42 ABG sagt „beglaubigter" Kons.-Akt, meint aber Beurkundung des gesamten Aktes, nicht nur Beglaubigung der Unterschriften, vgl. RekB. v. 11. 10. 1888, ZfB 30, 131; in der für NW gültigen Fassung heißt es „beurkundeter" Konsolidationsakt.

4. Die Vereinigung der Bergwerksfelder unterliegt der Bestätigung des Oberbergamts (§ 41). Sie muß erteilt werden, wenn Gründe des öffentlichen Interesses nicht entgegenstehen (§ 49 Abs. 2)[6]. Das gleiche gilt, wenn die einzelnen Bergwerke nicht mit dinglichen Rechten belastet sind oder das Verfahren zwecks Überleitung solcher Rechte auf das konsolidierte Bergwerk beendet ist[7] (§ 49).

### 3. Rechte Dritter

Bestehen dingliche Rechte (z. B. Hypotheken, Hilfsbaurechte) an einem der Einzelbergwerke, so ist zum Schutze der Realgläubiger für die Überleitung ihrer Rechte auf das konsolidierte Bergwerk ein besonderes Verfahren vorgesehen. Dabei ist zu unterscheiden, ob

1. das konsolidierte Bergwerk nur als Ganzes mit dinglichen Rechten belastet werden kann (§ 43) oder
2. die Eigentümer der Einzelbergwerke ein Miteigentum nach Bruchteilen an dem konsolidierten Bergwerk vereinbaren (§ 44).

Im Falle 1, der die Regel bildet, muß, wenn auch nur auf einem der Einzelbergwerke dingliche Rechte haften, außer dem Konsolidationsakt eine gerichtlich oder notariell beurkundete oder öffentlich beglaubigte[8] Vereinbarung des künftigen Eigentümers des neuen Feldes mit den Realgläubigern darüber beigebracht werden, daß und in welcher Rangordnung diese Belastungen auf das konsolidierte Bergwerk als Ganzes übergehen sollen. Wenn auf den Einzelbergwerken die gleichen Belastungen in gleicher Rangordnung bereits eingetragen sind (z. B. Gesamthypothek), ist die Vereinbarung allerdings nicht mehr nötig. Ohne Zustimmung der dinglich Berechtigten ist also die Konsolidation nicht möglich. Eine dingliche Belastung „als Ganzes" tritt ein, wenn eine (natürliche oder juristische) Person, mithin auch eine Gewerkschaft[9] Eigentümerin des Bergwerks werden soll.

Im Falle 2, der die Ausnahme darstellt, kommt es auf die Zustimmung der dinglich Berechtigten nicht an. Ihre Rechte gehen auf den dem belasteten Einzelbergwerk entsprechenden Anteil an dem konsolidierten Bergwerk mit der (noch zu erfolgenden) Bestätigung der Konsolidation ohne weiteres über (§ 48). Voraussetzung dafür, daß die Realgläubiger hierbei nicht benachteiligt werden, ist jedoch, daß das Anteilsverhältnis des einzelnen Bergwerks an dem konsolidierten richtig bestimmt wird. Daher haben die dinglich Berechtigten, sofern sie nicht ihr Einverständnis bereits

---

[6] Selbstverständlich müssen die Voraussetzungen (1)—(3) gegeben sein.

[7] Siehe zu 3.

[8] § 29 GBO.

[9] § 98 ABG.

erklärt haben, die Möglichkeit, die im Konsolidationsakt getroffene Bestimmung des Anteilsverhältnisses anzufechten. Zu diesem Zweck teilt ihnen das Oberbergamt den wesentlichen Inhalt des Konsolidationsaktes mit, soweit die Berechtigten aus dem Grundbuch ersichtlich sind, und macht ihn darüber hinaus noch im Regierungsamtsblatt bekannt (§ 45). Die dinglich Berechtigten können binnen drei Monaten „Einspruch" gegen das Anteilsverhältnis (nicht gegen die Konsolidation selbst) im Wege der Klage gegen den Eigentümer des belasteten Einzelbergwerks erheben (§ 46). Statt dieser Klage können sie auch innerhalb der gleichen Frist vorzeitige Befriedigung (also vor der Verfallzeit) verlangen, soweit die Natur ihres Rechts (z. B. Hypotheken, nicht aber Hilfsbaurechte oder dingliche Vorkaufsrechte) dies gestattet (§ 47). Hierzu bedarf es keiner Klage, sondern nur einer Zahlungsaufforderung.

## 4. Wirkungen

Die Vereinigung ist mit der Zustellung der Bestätigungsurkunde[10], der sowohl die Verleihungsurkunden der einzelnen Bergwerke als auch der Situationsriß des konsolidierten Bergwerks „beigefügt" werden[11], rechtswirksam (§ 49 Abs. 3). Mit dieser Zustellung entsteht das neue Bergwerkseigentum; die früheren Bergwerke gehen unter[12]. Ist Miteigentum nach Bruchteilen vereinbart, so gehen mit der Bestätigung die dinglichen Rechte auf die entsprechenden Anteile des konsolidierten Bergwerks über (§ 48). Die persönlichen Schulden der früheren Eigentümer der Einzelbergwerke werden durch die Konsolidation nicht betroffen; die früheren Eigentümer haften also hierfür allein, sofern nicht ein besonderer Rechtsgrund den neuen Bergwerkseigentümer verpflichtet (z. B. wenn durch den Konsolidationsakt das gesamte Vermögen des früheren Eigentümers auf den Eigentümer des neuen Bergwerks übergeht, § 419 BGB).

Die Entstehung des konsolidierten Bergwerks vollzieht sich außerhalb des Grundbuches. Das Oberbergamt[13] ersucht das Grundbuchamt unter Mitteilung einer beglaubigten Abschrift des bestätigten Konsolidationsaktes um die erforderlichen Eintragungen, die jedoch nur deklaratorische Bedeutung haben (Art. 23 AG GBO).

Soll nur ein Teil eines Feldes mit einem anderen Bergwerksfelde vereinigt werden, so muß zunächst die Teilung[14] des erstgenannten Feldes und sodann die Vereinigung durchgeführt werden.

---

[10] Üblich ist ein Bestätigungsvermerk des Oberbergamtes auf dem Konsolidationsakt.

[11] Üblich ist die Verbindung sämtlicher Urkunden durch Schnur und Siegel.

[12] KG v. 22. 2. 1906, ZfB 47, 460.

[13] Nicht der Bergwerkseigentümer, KG. v. 10. 5. 1928, ZfB 70, 294.

[14] Näher dazu unten § 26.

## § 26. Feldesteilung

Wie die Vereinigung mehrerer Felder ist auch die reale Teilung (Zerlegung) eines Feldes in zwei oder mehrere Felder möglich (§ 51). Hierdurch entstehen rechtlich selbständige, neue Felder. Das bisherige Feld geht als Rechtsobjekt unter; es lebt — wie bei der Vereinigung — in umgestalteter Form in den geteilten Feldern fort.

Die Teilung des Feldes muß eine räumliche sein; eine Teilung dem Inhalt nach (also nach Bodenschätzen) ist nicht zulässig[1]. Das Rechtssubjekt (Bergwerkseigentümer) ändert sich bei der Feldesteilung nicht[2]. Die Veräußerung eines Feldesteiles ohne vorherige reale Teilung ist nicht möglich[3]. Voraussetzungen für die Feldesteilung sind

1. ein gerichtlich oder notariell beurkundeter Teilungsakt,
2. Situationsrisse (je zwei) für die neuen Felder,
3. Angabe der Namen der neuen Felder.

Zum Schutze der Realgläubiger teilt das Oberbergamt diesen, soweit sie (aus dem Grundbuch oder sonst) bekannt sind, den Teilungsakt mit und macht ihn außerdem im Regierungsamtsblatt bekannt. Die Realgläubiger haben jedoch — im Gegensatz zur Konsolidation — nicht das Recht des „Einspruchs" gegen die Bestimmung des Anteilsverhältnisses (im Wege der Klage), sondern nur den binnen drei Monaten zu erhebenden Anspruch auf vorzeitige Befriedigung, soweit die Natur ihres Anspruchs dies gestattet. Fordern sie die Befriedigung nicht, so gehen die Realrechte auf die neuen Bergwerksfelder als Gesamtrechte (z. B. Gesamthypothek) mit dem bisherigen Rang und Bestand über. Wenn die verlangte vorzeitige Befriedigung durchgeführt ist oder keine verlangt wird, entscheidet das Oberbergamt über die Bestätigung der Teilung.

Die Bestätigung darf nur versagt werden, wenn überwiegende Gründe des öffentlichen Interesses[4] entgegenstehen. Die Teilung ist mit der Zustellung der Bestätigungsurkunden, die für jedes neue Feld besonders ausgestellt werden, rechtswirksam. Mit der Zustellung entsteht also neues Bergwerkseigentum. Die grundbuchmäßige Erledigung ist die gleiche wie bei der Vereinigung[5].

---

[1] RekB. v. 2. 4. 1867, ZfB 9, 207 und RekB. v. 20. 9. 1881, ZfB 23, 128.
[2] KG v. 14. 1. 1938, ZfB 79, 569.
[3] RekB. v. 26. 6. 1884, ZfB 25, 406 und RekB. v. 7. 9. 1885, ZfB 26, 538.
[4] Zum Beispiel bergpolizeiliche Interessen oder Verletzung von Formvorschriften.
[5] Vgl. oben § 25, 4.

## § 27. Feldesaustausch

Der Austausch von Feldesteilen (§ 51 Abs. 4) ist nur möglich, wenn die Bergwerksfelder, deren Teile (Feld gegen Feld, nicht Feld gegen Geld) gegeneinander ausgetauscht werden sollen, aneinander grenzen. Dabei ist es aber nicht erforderlich, daß die auszutauschenden Feldesteile auf das gleiche Mineral verliehen sind[1].

Das Verfahren ist das gleiche wie bei der Feldesteilung[2], insbesondere haben die Realgläubiger auch hier nur einen Anspruch auf vorzeitige Befriedigung mit Rücksicht auf eine etwaige Wertminderung des Bergwerkseigentums. Fordern sie keine vorzeitige Befriedigung, so gehen ihre Realrechte ohne weiteres auf den dem ohnehin belasteten Bergwerk hinzutretenden Feldesteil (mit der Rechtswirksamkeit der Bestätigung) über, während der abgetretene Feldesteil aus der Haftung ausscheidet.

Der Feldesaustausch ist mit der Zustellung der Bestätigungsurkunde rechtswirksam; die ausgetauschten Feldesteile gehen damit in den Bestand des anderen Bergwerks über. Die grundbuchmäßige Behandlung ist die gleiche wie bei der Vereinigung[3]; neue Grundbuchblätter brauchen jedoch nicht angelegt zu werden, vielmehr werden die ausgetauschten Feldesteile im Grundbuch ab- bzw. zugeschrieben.

## § 28. Zulegung von Bergwerksfeldern

Schrifttum: *Klapper*, Über die Voraussetzungen und das Ausmaß der Zulegung von Bergwerksfeldern, ZfB 93, 87; *Ostermann*, Die Zulegung von Bergbauberechtigungen nach der VO v. 25. 3. 1938, Diss. Münster 1961; *Samel*, Fragen der Zulegung, ZfB 106, 247

### 1. Begriff und Voraussetzungen

Die Vereinigung und die Teilung von Bergwerksfeldern sowie der Austausch von Feldesteilen beruhen auf dem freien Willen der Beteiligten. Eine zwangsweise Vereinigung von Bergwerksfeldern oder Feldesteilen hingegen ist auf Grund der Verordnung über die Zulegung von Bergwerksfeldern vom 25. März 1938[1] möglich. Sie stellt eine Ergänzung des im Gesetz zur Erschließung von Bodenschätzen vom 1. Dezember 1936[2] ausgesprochenen Betriebszwanges dar. Allgemeinwirtschaftliche Gründe müssen

---

[1] *Isay* I, § 51 Anm. 11.

[2] Vgl. oben § 26.

[3] Vgl. oben § 25, 4.

[1] RGBl. I 345 (Begr. ZfB 79, 9); i. d. F. v. 28. 8. 1969, BGBl. I 1513.

[2] RGBl. I 999, ZfB 77, 310 (mit Begr.).

die Notwendigkeit ergeben, daß ein bergmännisch richtig geführter Abbau (aus einem „Hauptfeld") in das Feld einer angrenzenden fremden Bergbauberechtigung fortschreitet[3]. Dieses, das „Zulagefeld", wird dann ganz oder teilweise dem Hauptfeld zugelegt (§ 1 Abs. 1 ZulegungsVO). Jedoch unterbleibt eine solche Zulegung gem. § 1 Abs. 2 insoweit, als damit gerechnet werden muß, daß das in dem fremden Feld anstehende Mineral von einem anderen betriebenen oder im Aufbau befindlichen Bergwerk[4] ohne die Zulegung ebenso wirtschaftlich gewonnen werden wird.

Die Rechtsgrundlage der Bergbauberechtigung spielt hierbei weder für das Haupt- noch für das Zulagefeld eine Rolle; Bergbauberechtigungen sind hier alle Rechte, die eine der bergbehördlichen Aufsicht unterliegenden Aufsuchung und Gewinnung von Bodenschätzen jeder Art zum Gegenstande haben (Verleihung, Staatsvorbehalt, Grundeigentümerbergbau). Dem Zweck der Zulegung entspricht es auch, daß dabei kein Unterschied gemacht werden darf, ob diese Berechtigungen auf dinglicher oder schuldrechtlicher (persönlicher) Grundlage beruhen. Sowohl bei dem Hauptfeld als auch bei dem Zulagefeld muß es sich aber um das gleiche (oder gleichartige) Mineral handeln.

## 2. Wirkungen

Können Haupt- und Zulagefeld zu einem einheitlichen Ganzen vereinigt werden (dies ist nur bei selbständigen verliehenen Bergwerken denkbar), wird das Zulagefeld mit der Zulegung Bestandteil des Hauptfeldes (§ 4 Abs. 1)[5]. Zugleich gehen die an dem Hauptfelde bestehenden dinglichen Rechte auf das Zulagefeld über, während dieses von seiner bisherigen Belastung frei wird (§ 4 Abs. 2).

Erfolgt die Zulegung nicht durch Vereinigung nach § 4, weil nur Teile von verliehenen Feldern oder andere Berechtigungen als Bergwerkseigentum[6] zugelegt werden sollen, erhält der am Hauptfelde Berechtigte das ausschließliche Recht zur Ausübung der Bergbauberechtigung am Zulagefeld (§ 5).

Für das Zulagefeld hat der Erwerber, sofern nicht gleichwertige Feldesteile gegeneinander ausgetauscht werden[7], eine nach Art und Umfang

---

[3] Zu den Bedenken, ob eine Zulegung auch zulässig ist, wenn sie erst den Abbau im Hauptfeld möglich machen soll, s. OVG Münster v. 14. 12. 1962, ZfB 104, 365.

[4] Es genügt nicht, wenn das im fremden Felde anstehende Mineral irgendwann auch ohne die Zulegung gewonnen werden würde, Erl. RWiMin. v. 21. 3. 1941, ZfB 82/83, 160.

[5] Es entsteht also nicht — wie bei der Vereinigung — ein neues Feld.

[6] Etwa die Erlaubnis zur Aufsuchung staatsvorbegaltener Mineralien.

[7] Allerdings ist kein zwangsweiser Austausch zulässig, RekB. v. 14. 10. 1943, ZfB 84/86, 116.

angemessene Entschädigung zu leisten (§ 6 a.a.O.). Die Entscheidung über die Zulegung, deren Zeitpunkt und die Entschädigung trifft auf Antrag eines Beteiligten das für das Hauptfeld zuständige Oberbergamt (§ 7). Dieses kann alle verpflichtenden Erklärungen der Beteiligten (aber nicht die Auflassung selbst) beurkunden. Die Entscheidung des Oberbergamtes über die Zulegung zwecks „Ausübung" der Bergbauberechtigung ersetzt die Einigung der Beteiligten über die Überlassung und Entschädigung. In diesem Falle verbleibt die Bergbauberechtigung im Zulagefeld dem Berechtigten, der jedoch die Ausübung seines Rechtes nicht mehr einem anderen übertragen, über das Recht selbst aber anderweitig (z. B. durch Veräußerung) verfügen kann.

### 3. Rechtsbehelfe

Gegen den Beschluß des Oberbergamtes ist — nach erfolglosem Widerspruch — die Verwaltungsklage gegeben, soweit es sich um die Zulegung selbst handelt, während gegen die Festsetzung der Entschädigung die ordentlichen Gerichte angerufen werden müssen (§ 8 Abs. 2). Der Ausfertigung des Zulegungsbeschlusses, die jedes der beteiligten Bergwerke erhält, wird ein Situationsriß beigefügt (§ 9). Bei der Zwangsvereinigung von Bergwerksfeldern oder Teilen davon ersucht das Oberbergamt das Grundbuchamt um die erforderlichen Eintragungen[8]. Die Zulegung zum Zwecke der Ausübung der Bergbauberechtigung dagegen wird (ohne Gründe) im Amtsblatt veröffentlicht, damit auch Dritte die Veränderung erfahren (§ 10). Die Kosten des Zulegungsverfahrens trägt grundsätzlich der Erwerber des Zulagefeldes (§ 11).

## C. Aufhebung

## § 29. Entziehung

Schrifttum: *Lehmann*, Die zwangsweise Nutzung und Entziehung von Bergbauberechtigungen in ihrem Verhältnis zum Grundgesetz, Diss. Bonn 1961.

### 1. Auf Grund des Berggesetzes

Das Bergwerkseigentum kann durch Beschluß des Oberbergamtes entzogen werden, wenn festgestellt wird, daß der Bergwerkseigentümer seiner Verpflichtung zum Betrieb des Bergwerks nicht nachkommt (§ 156). Er ist

---

[8] KG v. 4. 5. 1933, ZfB 74, 389, in bezug auf das Gesetz zur Regelung der Grenzen von Bergwerksfeldern v. 22. 7. 1922, GS. 203.

zum Betrieb aber nur dann verpflichtet, wenn der Unterlassung oder Einstellung des Betriebes überwiegende Gründe des öffentlichen Interesses entgegenstehen (§ 65). Solche liegen u. a. dann vor, wenn durch die Unterlassung des Betriebes die öffentliche Sicherheit gefährdet ist oder die allgemeinen Bedürfnisse der Verbraucher leiden[1]. In diesem Falle läßt das Oberbergamt den Bergwerkseigentümer zunächst dazu vernehmen und fordert ihn sodann unter Androhung der Entziehung des Bergwerkseigentums auf, binnen sechs Monaten den Betrieb aufzunehmen bzw. fortzusetzen[2]. Kommt dieser der Aufforderung nicht nach, so kann das Oberbergamt das Verfahren zur Entziehung des Bergwerkseigentums einleiten (§ 156). Gegen diesen Beschluß kann der Bergwerkseigentümer Verwaltungsklage erheben. Geschieht dies nicht oder ist die Klage erfolglos, teilt das Oberbergamt den aus dem Grundbuch ersichtlichen dinglich Berechtigten den Einleitungsbeschluß mit und veröffentlicht ihn außerdem im Regierungsamtsblatt (§ 158). Jeder dinglich Berechtigte sowie der Bergwerkseigentümer selbst kann binnen drei Monaten nach Zustellung bzw. Bekanntgabe des Beschlusses die Zwangsversteigerung[3] des Bergwerks beim zuständigen Amtsgericht beantragen (§ 159). Wird die Zwangsversteigerung nicht beantragt oder bleibt sie ergebnislos, so hebt das Oberbergamt durch Beschluß das Bergwerkseigentum auf. Mit Rechtskraft dieses Beschlusses geht das Bergwerkseigentum unter. Alle dinglichen Rechte an ihm erlöschen, persönliche Forderungen gegen den Bergwerkseigentümer bleiben jedoch bestehen.

Ebenso haftet er auch für erst nach der Aufhebung eintretende Bergschäden[4]. Der Änderung des ABG in Nordrhein-Westfalen[5], wodurch § 160 Abs. 2 ABG einen zweiten Satz erhalten hat, der besagt, daß die Haftung bestehen bleibt, auch wenn der Schaden erst nach Aufhebung des Bergwerkseigentumes eintritt, kommt daher nur klarstellende Bedeutung zu. Auch die Aufsicht durch die Bergbehörde endet nicht[6].

---

[1] Mot. ZfB 6, 135.

[2] Zum Betriebszwang s. u. § 36.

[3] § 1 ZwVG, § 2 EG ZwVG, Art. 15—27 AG ZwVG.

[4] Näher dazu *Turner*, NJW 1968, 85f. Das Urteil des RG v. 23. 1. 1866, ZfB 27, 380, das von der gegenteiligen Ansicht zur Stütze angeführt wird, sagt zu diesem Problem nichts (vgl. *Turner*, a.a.O.). Auch § 160 Abs. 2 bzw. Art. 217 Abs. 2 Bay. BG ergeben entgegen der Ansicht von *Bähr* (Art. 206 Anm. 10) nichts Anderes. Jene Bestimmung, wonach alle Ansprüche auf das Bergwerk erlöschen, betrifft nur die dinglichen Rechte am Bergwerkseigentum (vgl. *Ebel-Weller*, Erg. bd., § 160 Anm. 1). Die Gegenmeinung hat vor allem das Urteil des RG zu unkritisch übernommen.

[5] Durch das 4. G. zur Änderung berggesetzlicher Vorschriften v. 11. 6. 1968, GV 201, ZfB 109, 375 (mit Begr.).

[6] Vgl. *Horneffer*, Bergrecht und allgemeines Polizeirecht, Diss. Göttingen, 1969, S. 40ff.

Die Zimmerung und Mauerung des Grubengebäudes darf der Bergwerkseigentümer nur insoweit wegnehmen, als die Bergbehörde keine sicherheitlichen Bedenken hat (§ 163).

Das Grundbuchamt schließt auf Ersuchen des Oberbergamtes das Berggrundbuchblatt und löscht zugleich von Amts wegen die eingetragenen Belastungen[7]. Grundstücke, die dem Bergwerk (als Bestandteile) zugeschrieben waren, werden wieder selbstständig und als solche in dem (allgemeinen) Grundbuch eingetragen (Art. 25 AG GBO).

Das Entziehungsverfahren des Allgemeinen Berggesetzes ist praktisch bedeutungslos geblieben, weil es nicht nur zeitraubend und in der Feststellung seiner Voraussetzungen schwierig ist, sondern vor allem, weil es nicht gegen den Rechtsnachfolger des Bergwerkseigentümers (durch Kauf oder im Wege der Zwangsversteigerung) fortgesetzt werden kann, denn gegen diesen bedarf es der Einleitung eines neuen Verfahrens.

## 2. Auf Grund des Bodenschätzegesetzes

Das Gesetz zur Erschließung von Bodenschätzen vom 1. Dezember 1936[8] sieht daher ein vereinfachtes Entziehungsverfahren vor. Dieses richtet sich nicht nur gegen Berechtigte beim verliehenen Bergbau, sondern gegen Bergbauberechtigte jeder Art (Bergwerkseigentum, Staatsvorbehalt, Grundeigentümerbergbau), überläßt die Bestimmung der Frist zur Aufnahme oder Fortsetzung des Betriebs dem Oberbergamt (§ 1), ermöglicht eine Beschränkung auf einzelne Betriebsmaßnahmen (z. B. geophysikalische Untersuchungsarbeiten) und bestimmt, daß bei Nichtdurchführung der Anordnung des Oberbergamts nicht nur die Aufhebung des Bergwerkseigentums eingeleitet wird, sondern daß auch Ausbeutungserlaubnisse im Bereich des Staatsvorbehalts und des Grundeigentümerbergbaus erlöschen bzw. ruhen (§ 3[9]). Die weitere Bestimmung (§ 3 Abs. 1b 2. Halbs.), daß die Bergbauberechtigung des Grundeigentümers, der die Ausübung nicht einem anderen überlassen hat, erlischt, muß verfasungskonform dahin ausgelegt werden, daß dies nur gegen Entschädigung zulässig ist.

Gegen die Entscheidung des Oberbergamtes ist gem. § 40 VwGO der Verwaltungsrechtsweg eröffnet.

Der im Allgemeinen Berggesetz vorgesehene Betriebszwang ist durch das Gesetz zur Erschließung von Bodenschätzen, das Bundesrecht (Art. 125 GG) geworden ist und die gleiche Materie betrifft, ergänzt[10].

---

[7] Art. 25 AG GBO.

[8] RGBl. I 999, ZfB 77, 310 (mit Begr.); Ausf. Erlaß v. 16. 2. 1937, ZfB 78, 17.

[9] Vgl. *Ebel-Weller*, S. 822.

[10] Zu der Frage, ob die Bestimmungen des Berggesetzes womöglich überholt sind, s. *Bähr*, Anm. 1a; *Miesbach-Engelhardt*, Anh. A I 5 (S. 551f); Art. 68 Anm. 1a.

### 3. Sonstige Grundlagen

Eine Entziehung des Bergwerkseigentums aus anderen als den vorgenannten Gründen kennen noch die Berggesetze von Oldenburg[11] und Schaumburg-Lippe[12] bei rückständigen Abgaben oder nicht erfüllten Auflagen, die in den Verleihungsurkunden aufgeführt sind, sowie das Badische Berggesetz[13], wenn ein Bergwerk drei Jahre lang nicht betrieben ist oder das öffentliche Interesse am Betrieb besonders dringlich ist (in letzterem Falle Entziehung gegen Entschädigung) und das Bayerische Berggesetz[14] bei Unterlassung des Betriebes oder Gefährdung des öffentlichen Wohles. Aber auch hier gilt, daß die landesrechtlichen Bestimmungen durch das Gesetz zur Erschließung von Bodenschätzen ergänzt worden sind.

## § 30. Verzicht

Der Bergwerkseigentümer kann (aus freien Stücken) auf sein Bergwerkseigentum — entgeltlich oder unentgeltlich — verzichten. Die (formlose) Verzichtserklärung muß vor der Bergbehörde abgegeben werden (§ 161). Da hier das Berggesetz als lex specialis eine besondere Regelung des Verzichtsverfahrens trifft, sind die Vorschriften des Bürgerlichen Gesetzbuches — etwa eine Verzichtserklärung gegenüber dem Grundbuchamt nach § 928 BGB — nicht anwendbar[1].

Im Interesse des Schutzes der dinglich Berechtigten findet das gleiche Verfahren wie bei der Entziehung des Bergwerkseigentums statt[2]. Die Verzichtserklärung tritt an die Stelle des Einleitungsbeschlusses. Allerdings kann der Bergwerkseigentümer selbst — im Gegensatz zum Entziehungsverfahren — nicht die Zwangsversteigerung seines Bergwerkseigentums beantragen (§ 161 Abs. 2).

Gerade beim Verzicht auf das Bergwerkseigentum stellt sich auch die Frage nach der Haftung für nach der Aufhebung eintretende Bergschäden[3]. Dies insbesondere, weil denkbar ist, daß Bergbauberechtigte versuchen, die Aufhebung ihrer Berechtigung zu erreichen, um sich der Haftung für möglicherweise später eintretende Bergschäden zu entziehen[4].

---

[11] § 22 Old. BG.
[12] § 22 SchLipp. BG.
[13] §§ 60, 60a Bad. BG.
[14] Art. 214 mit Art. 68 Bay. BG.
[1] § 50 Abs. 2 u. 3 ABG.
[2] Vgl. o. § 29, 1.
[3] Dazu § 29 Anm. 4.
[4] *Heinemann, P.*, NJW 1967, 1306 (1307); *Stoßberg*, DWW 1965, 185, 286.

Der Bergwerkseigentümer kann auch auf einzelne Feldesteile (nicht aber auf einzelne Bodenschätze) verzichten (§ 162). Hier findet das gleiche Verfahren statt wie bei einem Verzicht auf das gesamte Bergwerksfeld. Das Badische, Bayerische, Hessische und Württembergische Berggesetz kennen einen Verzicht auf Feldesteile nicht, wohl aber das Braunschweigische (§ 165), Oldenburgische (§ 28) und Schaumburg-Lippesche (§ 28) Berggesetz.

Darüber, ob das Bergwerkseigentum auf Grund eines Verzichts erlöschen soll, entscheidet das Oberbergamt durch Beschluß. Ein Rechtsanspruch des Verzichtenden zur Aufhebung des Bergwerkseigentums wurde bisher nicht anerkannt[5]. In dieser Allgemeinheit läßt sich das aber nicht halten. Dem Antrag auf Aufhebung dürfte nur dann nicht stattzugeben sein, wenn überwiegende Gründe des öffentlichen Interesses der Aufhebung entgegenstehen. Solche Gründe sind u. a. gegeben, wenn der Bergwerkseigentümer auf einen Feldesteil deshalb verzichtet, um den darin liegenden Fundpunkt oder sonstigen Aufschlußpunkt, wenn dieser nunmehr ins Bergfreie fällt, zur Einlegung einer neuen Mutung zu benutzen und auf diese Weise die Bestimmungen über die Maximalgröße der Felder zu umgehen[6].

Erst mit der Rechtskraft des Aufhebungsbeschlusses tritt die Wirksamkeit des Verzichts ein. Die Folgen sind die gleichen wie bei der Aufhebung des Bergwerkseigentums durch Entziehung.

# III. Inhalt des Bergwerkseigentums

## § 31. Befugnis zur Aufsuchung und Gewinnung

Schrifttum: *Haniel*, Zur Lehre von Bergwerkseigentum, Diss. Heidelberg 1908; *Herring*, Das Bergwerkseigentum im Wandel des preußischen Bergrechts, Diss. Jena 1940; *Meyer*, Der Entschädigungsanspruch wegen bergbehördlicher Einschränkungen des Bergwerkseigentums zum Schutze der Oberfläche, Diss. Köln 1960; ders., ZfB 102, 216; *Petraschek*, Die rechtliche Natur des Vergwerkseigentums nach österreichischem Recht und der deutschen und französischen Gesetzgebung, Wien 1905; *Turner*, Berechtsamswesen, S. 121 (mit weiteren Hinweisen, Anm. 1); ders., Der Rechtscharakter von Einzelbefugnissen des Bergwerkseigentümers, ZfB 108, 45; *Vogelsang*, Das Bergwerkseigentum und sein Verhältnis zum bürgerlich-rechtlichen Eigentum und

---

[5] Erl. v. 6. 3. 1873, ZfB 17, 297 Anm. 1.

[6] RekB. v. 22. 1. 1875 u. 24. 1. 1877, ZfB 16, 526; 18, 141. *Voelkel* (S. 128) bezweifelt, ob nicht die neue Mutung zurückzuweisen sei. Vgl. auch § 19a ABG.

zum Staatsvorbehalt, Diss. Münster 1963; ders., Die Rechtsnatur des Bergwerkseigentums, ZfB 105, 445; *Werneburg*, Abgrenzung und Kollision zwischen Grundeigentum und Bergwerkseigentum, ZfB 70, 181; *Wolff-Raiser*, Sachenrecht, 10. Bearb., 1958, §§ 95ff.

## 1. Allgemeines

Der Bergwerkseigentümer hat „die ausschließliche Befugnis, nach den Bestimmungen des gegenwärtigen Gesetzes das in der Verleihungsurkunde benannte Mineral in seinem Felde aufzusuchen und zu gewinnen sowie alle hierzu erforderlichen Vorrichtungen unter und über Tage zu treffen" (§ 54 Abs. 1). Es ist nicht eindeutig, ob die Worte „nach den Bestimmungen des gegenwärtigen Gesetzes" als eine von vornherein bestehende Beschränkung des Bergwerkseigentums nach Maßgabe der von den Bergpolizeibehörden auf Grund der §§ 196ff. ABG zu treffenden Anordnungen aufzufassen sind, oder ob sie vielmehr nur bedeuten, daß der Bergbautreibende sich die Einschränkungen gefallen lassen muß, wie auch sonst jeder andere Berechtigte unter normalen Verhältnissen[1]. In diesem letzten Sinne ist § 54 zu verstehen.

Die Beschränkung entspricht damit der des § 903 BGB, wo es heißt, der Eigentümer könne mit seiner Sache nach Belieben verfahren, soweit nicht das Gesetz oder Rechte Dritter entgegenstehen.

## 2. Rechtscharakter

Die Rechtsnatur des Bergwerkseigentums ist Gegenstand eines langanhaltenden Meinungsstreits gewesen[2]. Ihm kann sein Platz in der Gesamtrechtsordnung nur unter Würdigung seines Inhalts zugewiesen werden. Dabei ist auf die Einzelbefugnisse abzustellen, die in ihrer Gesamtheit die Rechtsstellung des Bergwerkseigentümers ausmachen.

Die Befugnis zur Aufsuchung und Gewinnung[3] wird als Aneignungsrecht i. S. von § 958 BGB verstanden. Eine Einschränkung ist allerdings insofern am Platz, als die Mineralien nicht herrenlos sind[4], sondern nur wie solche behandelt werden[5]. Zutreffender sollte daher das Recht, die

---

[1] *Ebel-Weller*, § 54 Anm. 1 (S. 115); RG v. 18. 12. 1915, ZfB 57, 203.

[2] Siehe dazu *Turner*, Berechtsamswesen, S. 121—181; ZfB 108, 45ff.

[3] Daneben hat der Bergwerkseigentümer noch folgende Befugnisse: a) Alle zur Aufsuchung und Gewinnung erforderlichen Vorrichtungen unter und über Tage treffen zu dürfen. Dazu gehört das Grundabtretungsrecht, das Recht zur Errichtung von Aufbereitungsanstalten, das Recht, Hilfsbaue anzulegen. — b) Verliehene und Grundeigentümermineralien mitzugewinnen. — c) Das Mutungsvorrecht.

[4] § 958 BGB setzt „bewegliche" Sachen voraus.

[5] Vgl. *Turner*, ZfB 108, 45ff.

Mineralien aufzusuchen und zu gewinnen, als dem Aneignungsrecht des § 958 BGB vergleichbar bezeichnet werden.

Durch die Verleihung des Bergwerkseigentums entsteht an den verliehenen Mineralien ein beschränkt dingliches Erwerbsrecht[6].

Die gewonnenen Bodenschätze sind Früchte des Bergwerkseigentums (§ 99 Abs. 1 BGB). Da die Befugnis zur Aufsuchung und Gewinnung eine ausschließliche ist, stehen dem Bergwerkseigentümer die Ansprüche aus dem Eigentum (§§ 985ff. BGB, § 50 ABG), so auch die Abwehrklage auf Unterlassung eines etwaigen Eingriffs (§ 1004 BGB[7]) zu, außerdem unter Umständen Klage wegen ungerechtfertigter Bereicherung (§ 812 BGB) und bei Verschulden des Verletzers Klage auf Schadenersatz wegen unerlaubter Handlung (§ 823 BGB).

## 3. Umfang der Befugnis

### *a) Gewinnungsbefugnis*

Die Befugnis des Bergwerkseigentümers bezieht sich in erster Linie auf die Aufsuchung und Gewinnung der in der Verleihungsurkunde genannten Bodenschätze.

Ein unbefugter Dritter kann an diesen Bodenschätzen in einem verliehenen Felde kein Eigentum erwerben, weil er, obwohl die noch nicht gewonnenen Bodenschätze herrenlos sind, durch die Besitzergreifung das Aneignungsrecht des Bergwerkseigentümers verletzen würde (§ 958 Abs. 2 BGB)[8].

Das Aufsuchen der Bodenschätze im verliehenen Felde unterliegt nicht den Vorschriften über das Schürfen, sondern ist bereits Bergwerksbetrieb. Der Bergwerkseigentümer ist bei dem Aufsuchen weder auf den Fundpunkt, der der Mutung zugrunde lag, noch auf die Lagerstätte beschränkt, sondern kann in seinem gesamten Felde nach seinem Belieben in jeder Teufe die ihm verliehenen Bodenschätze auf ihrer natürlichen Ablagerung abbauen. Diese Befugnis ist sogar ausdrücklich (§ 54 Abs. 2) noch auf die

---

[6] Näher zum dinglichen Charakter *Turner*, ZfB 108, 51ff. (mit weiteren Hinweisen).

[7] Allerdings fallen Nachteile, die dem Bergwerkseigentümer durch die Notwendigkeit zum Stehenlassen eines Sicherheitspfeilers unter einer Raffinerieanlage zur Vermeidung gefährlicher Bodensenkungen sowie durch eine beträchtliche Erhöhung des Bergschadensrisikos durch eine empfindliche Anlage auf der Grundstücksoberfläche entstehen, nicht unter § 16 GewO. D. h., es bedarf aus diesen Gründen keiner Genehmigung zur Errichtung entsprechender Anlagen, wie z. B. einer Erdölraffinerie (BVerwG v. 21. 9. 1967, ZfB 109, 847).

[8] Da der Berechtigte das ihm verliehene Bergwerkseigentum z. B. verpachten kann (*Hense*, ZfB 38, 57; *Schuck*, Die Bergwerkspacht, Diss. Münster 1954), liegt hierin eine Aneignungsüberlassung (vgl. *Raape*, Aneignungsüberlassung aufgrund einer Bergwerkspacht, AcP 136, 210).

innerhalb seines Feldes liegenden Halden eines früheren, auf das gleiche Mineral[9] umgegangenen Bergbaues ausgedehnt[10]. Eine Besonderheit des Bergwerkseigentums besteht in Oldenburg und Schaumburg-Lippe. Da die Berggesetze dieser Länder keine Bergbaufreiheit und somit keine Bestimmungen über das Schürfen kennen, kann dort das Bergwerkseigentum auf die Befugnis zur Aufsuchung der (dem Staatsvorbehalt unterliegenden) Bodenschätze beschränkt[11] und die Befugnis auf Zeit verliehen werden (§ 15 OldBG, § 15 SchLBG).

*b) Hohlraumnutzung*

Über die Aufsuchung und Gewinnung hinaus erstreckt sich die Befugnis des Bergwerkseigentümers nicht. Daher darf er eine bei seinem Betrieb entdeckte Tropfsteinhöhle zwar unbedenklich für Betriebszwecke benutzen, aber nicht (gegen Entgelt) dem allgemeinen Verkehr eröffnen[12] oder eine erschrotene Heilquelle zur Errichtung eines Bades verwenden[13].

In jüngerer Zeit ist die Frage aufgetreten, ob § 54 ABG bzw. die entsprechenden Bestimmungen der übrigen Landesberggesetze dem Bergwerkseigentümer die Befugnis geben, unterirdische Hohlräume anzulegen oder zu nutzen. Problematisch wird dies insbesondere dann, wenn ein Abbau erfolgen soll, der erkennbar nicht geschieht, um das gewonnene Mineral zu verwerten, sondern um einen Hohlraum zu Zwecken der Untertagespeicherung von Erdöl[13a] oder Erdgas vorzunehmen. Die Lösung hat von der Auslegung des Begriffs „Gewinnung" auszugehen. Das Gesetz wollte dem Bergwerkseigentümer ein Gewinnungsrecht einräumen, damit wertvolle Bodenschätze nutzbar gemacht werden[14]. Die Befugnisse, die das Gesetz den Bergbauberechtigten eingeräumt hat, sind daher auch an diesem Ziel zu messen. Hierin kommt eine von vornherein bestehende Beschränkung des Bergwerkseigentums zum Ausdruck.

Speicherraum kann, wenn eine Einigung mit den betroffenen Grundstückseigentümern nicht geschieht, nur auf der Grundlage des § 905 BGB[15],

---

[9] Vgl. BGH v. 14. 5. 1954, ZfB 95, 444 und v. 13. 5. 1955, NJW 1955, 1186 = ZfB 96, 298.

[10] *Isay*, Das Recht zum Abbau alter Halden, Glückauf 1931, 136, 711; ausführlich: *Ebel-Weller*, § 54 Anm. 3.

[11] Das bedeutet die Verleihung des Schürfrechts.

[12] RG v. 27. 10. 1891, ZfB 33, 135.

[13] RG v. 29. 11. 1892, ZfB 34, 482.

[13a] Vgl. G. über Mindestvorräte an Erdölerzeugnissen v. 9. 11. 1965, BGBl. I 1217; dazu *Ipsen*, AöR, 1966, 393.

[14] Vgl. *Brassert-Gottschalk*, S. 1; *Boldt*, Staat und Bergbau, 1950, S. 16.

[15] Vgl. *Turner*, JZ 1968, 250—254.

§ 11 Energiewirtschaftsgesetz[16] oder der Enteignungsgesetze[17] der Länder geschaffen werden.

Auch Bergbauberechtigte, die ihr Recht aus dem Staatsvorbehalt ableiten, haben keine weitergehenden Befugnisse bezüglich ihres Gewinnungsrechts, als sie sich für den Bergwerkseigentümer aus § 54 ergeben[18]. Der Auffassung, es komme allein darauf an, daß objektiv eine Gewinnung geschehe[19], kann nicht gefolgt werden[20]. Diese Ansicht führt auch zu praktischen Schwierigkeiten, wenn eine Grundabtretung durchgeführt werden muß. Solange die Gewinnung erfolgt, sollen dem Berechtigten die Befugnisse gem. §§ 135ff. ABG zustehen; wenn der Speichervorgang durchgeführt wird, geschieht keine Benutzung mehr, die durch § 135 ABG gedeckt ist[21]. Die Benutzung ,zu deren Zweck die Grundabtretung zulässig war, ist beendet; das Grundstück ist zurückzugeben[21a] (§ 137 Abs. 1 ABG).

*c) Errichtung von Vorrichtungen*

Zur Aufsuchung und Gewinnung kann der Bergwerkseigentümer alle „Vorrichtungen unter und über Tage treffen“, d. h. alle erforderlichen Anlagen errichten und betreiben (§ 54 Abs. 1). Hierher gehören unter Tage das Durchfahren eines Grundstücks in der Richtung der Lagerstätte (Ausrichtung) und von hier aus die Vorrichtung des Abbaues. Auch hier ist der Grundstückseigentümer zur Duldung verpflichtet (§ 1004 Abs. 2 BGB). Über Tage kommt die Benutzung fremder Grundstücke zur Errichtung von Anlagen, Bohrtürmen u. dgl. in Frage; hierzu ist eine Abtretung des Grund und Bodens seitens des Grundeigentümers zu Betriebszwecken nach §§ 135ff. (notfalls im Zwangsgrundabtretungsverfahren) erforderlich. Die Befugnis, die Grundabtretung zu verlangen, ist ein Ausfluß des Bergwerkseigentums (§ 64).

Zu den Vorrichtungen gehören auch Gewinnungsvorrichtungen (Fördermaschinen, Schachtfahrstühle, Wasserleitungsmaschinen u. a.). Sie sind gemäß §§ 93, 94 BGB Bestandteile des Bergwerkseigentums, jedoch Gebäude und Vorrichtungen über Tage nur dann, wenn das Grundstück dem Bergwerkseigentum zugeschrieben ist (§ 96 BGB).

---

[16] Das EnWG v. 13. 12. 1935, RGBl. I 1451, gilt allerdings nur für die Elektrizitäts- und Gasversorgung (§§ 1, 2 EnWG).

[17] Hier bedarf es allerdings der Durchführung eines Enteignungsverfahrens.

[18] Näher hierzu sowie zu dem Gesamtproblem *Turner*, Das Recht zur Anlage und Nutzung unterirdischer Hohlräume, BB 1969, 156—163.

[19] *Nebel*, in: Taschenbuch Erdgas, herausggb. v. *Laurien*, 1966, S. 645 (Ziff. 9.3); *Wilke*, Erdoel-Erdgas-Zeitschrift 1967, 246ff.

[20] Ausführlich dazu *Turner*, BB 1968, 156ff.

[21] So *Wilke*, S. 251.

[21a] Es wäre dann gff. ein erneutes Verfahren, nunmehr nach dem EnWG oder dem entsprechenden Enteignungsgesetz durchzuführen.

Wird die Befugnis, Vorrichtungen zu errichten und zu betreiben, durch Dritte gefährdet, so hat der Bergwerkseigentümer die gleichen Abwehr- und Schadensersatzmöglichkeiten wie unter 2. geschildert.

*d) Wassernutzung*

Der Bergwerkseigentümer hat in Auswirkung seiner Aufsuchungs- und Gewinnungsbefugnis auch das Recht, die im Bergwerksbetrieb erschrotenen Wasser (in unterirdischen Rohrleitungen) aufzufangen und in seinem Betrieb wieder zu benutzen. Nach dem Wasserhaushaltsgesetz[22] bedarf jede Benutzung der Gewässer der behördlichen Erlaubnis oder Bewilligung (§ 4 Abs. 1 WHG). Gewässer i. S. des Wasserhaushaltsgesetzes sind sowohl die oberirdischen Gewässer als auch das Grundwasser (§ 1 Abs. 1 WHG). Gewässerbenutzungen sind u. a. auch das Entnehmen, Zutagefördern, Zutageleiten und Ableiten von Grundwasser (§ 3 Abs. 1 Ziff. 6 WHG). Unter das Grundwasser i. S. des WHG fällt auch das erschrotene Grubenwasser, d. h. das im Zusammenhang mit bergbaulichen Maßnahmen anfallende und zutagegeförderte Wasser[23]. Die Erlaubnis für betriebsplanpflichtige Vorhaben wird von der Bergbehörde erteilt[24]. Dies folgt aus den §§ 55, 57 ABG[25]. Einer wasserrechtlichen Zulassung bedurfte es früher nicht, abgesehen von den Fällen der Einleitung von Grubenwasser in oberirdische Gewässer (§ 23 pr.WasserG).

Fremden Grundstücken kann der Bergwerkseigentümer das Grund- oder Quellewasser entziehen oder den Wasserspiegel senken. Dem Grundeigentümer steht dagegen unter Umständen ein Bergschadensersatzanspruch (§ 148ff. ABG) zu. Soll erschrotenes Wasser in einen Flußlauf über das allgemein übliche Maß hinaus abgeleitet oder umgekehrt aus einem Flußlauf Wasser zu Betriebszwecken in Anspruch genommen werden, so muß hierzu das Grundabtretungsverfahren bezüglich der Anliegergrundstücke und ein Recht auf Einleitung nach den Wassergesetzen beantragt werden.

---

[22] Gesetz z. Ordnung des Wasserhaushalts (WHG) v. 27. 7. 1957, BGBl. I, 1110.

[23] Vgl. *Wick*, Bergbau und Wasserrecht, ZfB 106, 278.

[24] Vgl. *Wick*, S. 282f; *Bartsch*, Bergbau und neues Wasserrecht in Nordrhein-Westfalen, Z. f. W. 1963, 141; *Engelhardt*, Die Neuordnung der Wassergesetzgebung und die Änderungen der Gewerbeordnung in ihren Auswirkungen auf den Bergbau, Glückauf 1961, 25; *Mellinghaus*, Die Rechtstellung des Bergwerkseigentümers bei der Erschließung betrieblichen Nutzung und Fortleitung erschrotener Wässer, Diss. Münster 1965; *Nebel*, Die Bedeutung des Wassergesetzes für den Bergbau, ZfB 101, 349; *Willecke*, Niedersächsisches Wasserrecht und Bergbau, Erdoel-Zeitschrift 1961, 543.

[25] Bay. BG. Art. 203 betont das ausdrücklich.

## § 32. Aufbereitungsanstalten

Der Bergwerkseigentümer hat ferner das Recht, die „zur Aufbereitung seiner Bergwerkserzeugnisse erforderlichen Anstalten zu errichten und zu betreiben" (§ 58 ABG)[1].

Aufbereitungsanstalten sind solche Anstalten, durch die Bergwerksprodukte auf mechanischem Wege gereinigt, zerkleinert und im Gehalt an nutzbaren Teilen konzentriert werden[2].

Hierher gehören Erzwäschen, Kohlenwäschen, Flotationsanlagen, Pochwerke, Mahlwerke, bei Salinen Gradierwerke. Dagegen fallen unter den Begriff Aufbereitung nicht chemische Prozesse[3], wohl aber Anlagen zur Verarbeitung von Erdöl am Gewinnungsort (§ 2 Abs. 2 Erdöl-Ges.)[4].

Bei einigen Anstalten war es zweifelhaft, ob sie noch als Aufbereitungsanlagen betrachtet werden konnten (z. B. Kokereien und Brikettfabriken). Die frühere Praxis hatte solche Anlagen als „zum Bergwerk gehörige Betriebsanstalten" angesehen und sie den berggesetzlichen Bestimmungen unterstellt. Im preußischen Bergrecht[5] wurde durch die Verordnung über die polizeiliche Beaufsichtigung der bergbaulichen Nebengewinnungs- und Weiterverarbeitungsanlagen durch die Bergbehörden vom 22. Januar 1938[6] ausdrücklich festgelegt, daß solche Anstalten, die, getrennt nach Bergbauzweigen (außer Erdöl), in der Verordnung einzeln aufgeführt sind, der Bergaufsicht unterstehen, soweit sie am Gewinnungsort des Minerals betrieben werden oder mit der Mineralgewinnung in einem unmittelbaren betrieblichen Zusammenhang stehen (z. B. Verbindung durch eine Grubenanschlußbahn, Grubenbahn, Seilbahn, Rohrleitung oder dergleichen).

Der Unterschied zwischen Aufbereitungs- und Betriebsanstalten (z. B. Kalifabrik) ist der, daß die letzteren der Genehmigungspflicht nach § 16 der Gewerbeordnung unterliegen[7], die Aufbereitungsanstalten dagegen ausschließlich den berggesetzlichen Bestimmungen. Über die gewerberechtliche Genehmigung entscheiden aber die Bergbehörden[8]. Die Aufbe-

---

[1] Zum Charakter des Rechts aus § 58, s. *Turner*, Berechtsamswesen, S. 174.

[2] RekB. v. 21. 2. 1876, ZfB 17, 115.

[3] Vgl. RG v. 12. 2. 1884, ZfB 26, 530; RG v. 28. 1. 1920, ZfB 61, 226.

[4] Dazu *Willecke*, Rechtsfragen des Erdölbergbaues, Erdoel-Z. 1958, 47.

[5] Vgl. auch Old. BG. § 152 Abs. 2 u. SchLipp. BG, § 152 Abs. 2 u. 3.

[6] GS. 19, ZfB 79, 208; Ergänzg. bzgl. der Kraftwerke in NW durch VO v. 27. 6. 1962, GVBl. 420.

[7] Siehe die VO über genehmigungspflichtige Anlagen nach § 16 GewO. v. 4. 8. 1960, BGBl. I 690 und die (Länder-)VOen über die Zuständigkeit bei der Durchführung der §§ 16, 25 GewO (z. B. für Nds: VO v. 4. 10. 1960, GVBl. 277); vgl. *Bähr*, Die Untersagung von Anlagen des Bergwesens, die der Genehmigungspflicht nach § 16 GewO unterliegen, ZfB 108, 40.

[8] Vgl. z. B. § 4 der nds. VO v. 4. 10. 1960, GVBl. 277.

reitungsanstalten dagegen bedürfen zu der Errichtung und ihrem Betrieb keiner besonderen Genehmigung, weil sie als unmittelbarer Ausfluß des Bergwerkseigentums Teil des (eigentlichen) Bergwerksbetriebes sind. Voraussetzung dafür ist aber stets, daß es sich um die Verarbeitung eigener Produkte des Bergwerkseigentümers am Gewinnungsort handelt. Eine selbständige Aufbereitungsanstalt fällt nicht unter § 58 ABG und unterliegt daher nicht der Bergaufsicht, sondern der Gewerbeaufsicht.

## § 33. Mitgewinnung anderer Bodenschätze

Schrifttum: *Arndt*, Über die Mitgewinnung von Bergwerksmineralien durch den Grundeigentümer, Glückauf 1910, 685; *Bähr*, Die Mitgewinnung von Grundeigentümermineralien und ihre Rechtsfolgen, ZfB 103, 457; *Lohmann*, Zur Frage der Mitgewinnung von Grundeigentümermineralien durch den Bergwerks- und von bergfreien Mineralien durch den Grundeigentümer, Glückauf 1910, 1293; *Mosler*, Ein Beitrag zur Klarstellung der aus §§ 55—57 ABG abzuleitenden Rechtsansprüche, ZfB 9, 125.

### 1. Verleihbare Mineralien

Das Bergwerkseigentum gewährt außer der Befugnis zur Aufsuchung, Gewinnung und Aufbereitung dem Bergwerkseigentümer das Recht, innerhalb seines Bergwerksfeldes andere Bodenschätze, die, indem sich die Bergwerksfelder überdecken, bereits einem Dritten verliehen sind, planmäßig mitzugewinnen, wenn das Oberbergamt feststellt, daß diese Mineralien (sog. beibrechende Mineralien) aus bergpolizeilichen oder bergtechnischen Gründen nicht getrennt gewonnen werden können (§ 56). Er hat dann aber die Pflicht, diese mitgewonnenen, einem anderen verliehenen Mineralien, die in sein Eigentum gelangen können[1], gegen Erstattung der Gewinnungs- und Förderungskosten[2] herauszugeben, soweit der andere Berechtigte dies verlangt. Sind die (verleihbaren) Bodenschätze noch nicht verliehen, so muß der Bergwerkseigentümer sie sich (zusätzlich) verleihen lassen.

### 2. Grundeigentümermineralien

Der Bergwerkseigentümer ist ferner befugt, die durch seinen Betrieb gewonnenen, dem Verfügungsrecht des Grundeigentümers unterliegenden Bodenschätze zu Zwecken seines Betriebes zu verwenden, ohne daß er den

---

[1] RG v. 6. 10. 1883, ZfB 26, 103; näher dazu *Turner*, Berechtsamswesen, S. 157ff.; ZfB 108, 63ff.

[2] Ob auch der Aufbereitungskosten, ist strittig; unseres Erachtens zu bejahen aus § 994 (evtl. § 812) BGB.

Grundeigentümer dafür entschädigen muß (§ 57)[3]. Damit hat er u. a. die Möglichkeit, sich Versatzmaterial (z. B. Sand) für die durch den Abbau entstandenen Hohlräume zu beschaffen. Es kommt hierbei darauf an, daß die Gewinnung und Verwendung in den Grenzen eines technisch und wirtschaftlich vernünftig geführten, auf die Gewinnung des verliehenen Minerals gerichteten Betriebes erfolgt[4]. Soweit der Bergwerkseigentümer solche Mineralien für Zwecke seines Betriebes nicht verwendet, ist er auf Verlangen des Grundeigentümers zur Herausgabe derselben gegen Erstattung der Gewinnungs- und Förderungskosten verpflichtet. Erfüllt er diese Herausgabepflicht nicht, so kann der Grundeigentümer im ordentlichen Rechtswege Klage auf Herausgabe, Schadenersatz wegen unerlaubter Handlung (§ 823 BGB) und auf Unterlassung der weiteren Gewinnung solcher Bodenschätze (§ 1004 BGB) erheben.

Das Recht des Bergwerkseigentümers zur Mitgewinnung von Grundeigentümermineralien ist ein Recht zur Inbesitznahme. Die Befugnis, die mitgewonnenen Mineralien zu Betriebszwecken verwenden zu dürfen, kann zu einem Eigentumserwerb an den Mineralien führen, zwingend aber muß das nicht geschehen[5]. Die durch § 57 ABG den Grundeigentümern auferlegte Duldungspflicht stellt keine Enteignung dar, soweit die Mitgewinnung im Rahmen bergbaulicher Nutzung liegt. Allerdings darf der Grundeigentümer in der Möglichkeit, das Grundstück zu nutzen, nicht entschädigungslos beeinträchtigt werden. Auch wenn § 57 ABG eine Entschädigung nicht vorsieht, ist das ohne Belang. Soll eine Benutzung des Grund und Bodens erfolgen, so bedarf es einer Grundabtretung, auch wenn die Benutzung in Form der Mitgewinnung geschieht[6].

## § 34. Hilfsbaurecht

Schrifttum: *Ellerkmann*, Das Hilfsbaurecht nach dem ABG, Diss. Bonn 1961; *Hammans*, Über dem Hilfsbau im fremden Felde, ZfB 73, 427; *Kast*, Das Hilfsbaurecht im Grundeigentümerbergbau, ZfB 103, 298; *Klostermann*, Die Herausgabe der beim Hilfsbau im fremden Felde gewonnenen Mineralien (§ 63 ABG), ZfB 21, 290; *Wahle*, Das Recht des Hilfsbaues beim Bergbau, ZfB 40, 193.

---

[3] RG v. 8. 3. 1935, ZfB 76, 111.

[4] OBA Bonn v. 28. 2. 1867, ZfB 8, 121.

[5] Vgl. *Turner*, Berechtsamswesen, S. 160ff.; ZfB 108, 64ff.; a. M. BGH v. 13. 5. 1955, ZfB 96, 298; *Bähr*, Art. 50 Anm. 4, der allerdings nicht im einzelnen auf die Kritik an seiner in ZfB 103, 457 geäußerten Ansicht eingeht. Es kommt vor allem — entgegen *Bährs* Ansicht — nicht darauf an, nachzuweisen, daß das Berggesetz keinen Eigentumserwerb gewollt habe; darzustellen ist, daß und warum ein solcher vorliegt. Hierfür aber fehlt es an Anhaltspunkten.

[6] Näher *Turner*, Berechtsamswesen, S. 167ff.

Oft ist es nicht zu vermeiden, daß der Bergwerkseigentümer die Grenzen seines Bergwerksfeldes überschreiten muß, um Anlagen (Stollen, Schächte u. ä.) unter Tage zu schaffen, die dem Betrieb im eigenen Felde dienen sollen. Solche im freien oder im fremden — niemals im eigenen[1] — Felde unterirdisch benutzten Anlagen sind Hilfsbaue[2]. Bei Anlagen über Tage (z. B. Wege, Eisenbahnen) muß der Bergwerkseigentümer, wenn er fremden Grund und Boden benutzen will, das Grundabtretungsverfahren (unten §§ 48ff.) in Anspruch nehmen. „Hilfsbaue“ kann es auch bei Tagebaubetrieben geben; hier muß jedoch eine räumliche Selbständigkeit gegenüber den Hauptgrubenbauen vorliegen[3] (z. B. nicht Böschungen). Benutzt der Bergwerkseigentümer den Grubenbau eines Nachbarbergwerks zur Unterstützung seines eigenen Bergwerksbetriebes, so ist dies kein Hilfsbau, auch wenn der Grubenbau des Nachbarbergwerks außer Betrieb ist; denn hier liegt keine Tätigkeit des Bergwerkseigentümers vor (§ 60 Abs. 1 spricht von „anzulegen“). Dennoch erscheint es gerechtfertigt, dem Bergwerkseigentümer die Befugnis zur Benutzung zuzugestehen, weil dies im Verhältnis zur „Anlage“ von Hilfsbauen das weniger schwer eingreifende Recht ist.

Das Hilfsbaurecht ist eine Belastung des Bergwerkseigentums, in dessen Feld sich der Hilfsbau befindet. Das Hilfsbaurecht ist nicht als ungerechtfertigte Beschränkung des Eigentums und nicht als Enteignung des zur Gestattung Verpflichteten anzusehen[4]. Eine Eintragung im Grundbuch ist nicht erforderlich, sofern der Berechtigte den Besitz über den Hilfsbau erlangt hat[5] (§ 60 Abs. 3). Das Hilfsbaurecht darf nur zu denjenigen Zwekken in Anspruch genommen werden, zu denen die Anlage geschaffen wurde[6].

Beim Hilfsbaurecht ist zu unterscheiden:

## 1. Hilfsbau im freien Feld

Entsprechende Arbeiten sind dem Bergwerkseigentümer jederzeit gestattet (§ 60 Abs. 1). Die dabei gewonnenen, verleihbaren Bodenschätze gelten als Teil der Förderung des Bergwerks, für das der Hilfsbau benutzt wird (§ 63 Abs. 1). Soweit Grundeigentümermineralien beim Hilfsbau gewonnen werden, richtet sich die Herausgabe an den Grundeigentümer nach

---

[1] RekB. v. 10. 8. 1881, ZfB 23, 131.
[2] Mot. ZfB 6, 133.
[3] RekB. v. 16. 7. 1915, ZfB 56, 558.
[4] Hess. VGH v. 21. 5. 1957, ZfB 98, 453.
[5] RG v. 18. 6. 1932, ZfB 73, 498 (505).
[6] RG v. 18. 6. 1932, ZfB 73, 498.

§ 57 ABG. Wenn dagegen im freien Felde Grundeigentümerbergbau betrieben wird, auf den das Hilfsbaurecht für anwendbar erklärt ist[7], so steht dieser einem fremden Felde gleich[8].

## 2. Hilfsbau im fremden Feld

Er ist nur gestattet, wenn der Hilfsbau die Wasser- und Wetterlösung oder den vorteilhaften Betrieb des Bergwerkes bezweckt und der eigene Bergbau des anderen Berechtigten dadurch weder gestört noch gefährdet wird (§ 60 Abs. 2). Eine Störung des Bergbaus eines anderen Berechtigten liegt nur dann vor, wenn es sich um eine wesentliche Behinderung des anderen in der Ausübung seiner Berechtsame handelt[9]. Störung eines künftigen Betriebes liegt nur vor, wenn derselbe bereits in der Planung eine bestimmte Gestalt angenommen hat[10]. Unter „vorteilhaftem" Betrieb war nach der Auffassung des Reichsgerichts[11] nur eine „technische" Erleichterung des Abbaus zu verstehen; diese Auffassung erscheint für die Praxis zu eng und muß auf „wirtschaftliche Vorteile" (z. B. Kostenersparnis durch Verkürzung der Grubenwege) ausgedehnt werden.

Berechtigt zum Hilfsbau ist nur der Bergwerkseigentümer selbst, nicht etwa der Pächter. Das Hilfsbaurecht ist eine unmittelbare Folge aus dem Recht des Bergwerkseigentums. Wenn ein Hilfsbau im Felde eines anderen Bergwerkseigentümers angelegt ist, muß dem anderen Bergwerkseigentümer volle Entschädigung geleistet werden[12] (§ 62). Der andere Bergwerkseigentümer hat allerdings keinen Vergütungsanspruch für die Gewährung des Hilfsbaurechts[13]. Die durch den Hilfsbau in fremden Feldern gewonnenen Bodenschätze sind dem anderen Bergwerkseigentümer auf Verlangen unentgeltlich herauszugeben, solange der hilfsbauberechtigte Bergwerkseigentümer dieselben noch besitzt. Ist die Herausgabe nicht mehr möglich, so hat der andere Berechtigte einen Anspruch auf Ersatz des Wertes der in seinem Felde gewonnenen Bodenschätze abzüglich der Gewinnungs- und Förderungskosten.

Über die Verpflichtung zur Duldung des Hilfsbaues entscheidet das Oberbergamt (§ 61), sofern der Hilfsbau nicht freiwillig durch Vertrag oder durch stillschweigende Duldung eingeräumt wird. Das Oberbergamt ent-

---

[7] Zum Beispiel § 6 VO v. 31. 12. 1942, RGBl. 1943 I, 17; § 211b Abs. 1 Ziff. 2 ABG; § 2 Abs. 1 Ziff. 2 ErdölG.

[8] *Isay* I, § 60 Anm. 3.

[9] RekB. v. 1. 9. 1988, ZfB 30, 412; RekB. v. 13. 4. 1896, ZfB 37, 503.

[10] RekB. v. 16. 6. 1933, ZfB 74, 405.

[11] RG v. 18. 6. 1932, ZfB 73, 498.

[12] OT v. 21. 12. 1874, ZfB 16, 242.

[13] RekB. v. 6. 3. 1874, ZfB 15, 407.

scheidet auch, wenn behauptet wird, der Hilfsbau hätte sich später als Störung des belasteten Betriebes herausgestellt. Dagegen muß der Verpflichtete seine Gegenansprüche (§§ 62, 63) im ordentlichen Rechtsweg verfolgen[14].

Das Hilfsbaurecht geht unter durch Verzicht (gegebenenfalls Löschung im Grundbuch), Aufhebung des berechtigten Bergwerkseigentums[15] sowie durch Fortfall der Bedürfnisse, die zum Hilfsbau geführt haben[16]. Die Zwangsversteigerung des belasteten Grundstücks bringt das Hilfsbaurecht selbst dann nicht zum Erlöschen, wenn es nicht im geringsten Gebot berücksichtigt ist[17].

## § 35. Liegenschaftsrecht

Das Bergwerkseigentum wird den Grundstücken im wesentlichen rechtlich gleichgestellt (§ 50 Abs. 2). Bei Veräußerung des Bergwerkseigentums ist also die Einigung der Beteiligten (Auflassung) sowie Eintragung der Rechtsänderung in das Grundbuch erforderlich. Die Vorschriften des Bürgerlichen Gesetzbuches und alle anderen Vorschriften des Zivilrechtes, die sich auf Grundstücke sowie den Erwerb des Eigentums und die Ansprüche aus dem Eigentum an Grundstücken beziehen, sind auf das Bergwerkseigentum anwendbar, soweit nicht das Berggesetz als Spezialgesetz besondere Vorschriften enthält und daher Vorrang hat. Daraus ergibt sich folgendes:

1. Aus dem Bürgerlichen Gesetzbuch gelten die Vorschriften des Sachenrechts über die Einigung (Auflassung) und Eintragung (§§ 873—902, 925 BGB), Belastung mit dinglichen Rechten (Hypotheken, Dienstbarkeiten, Vorkaufsrechten u. a.) und aus dem Schuldrecht[1] vor allem die Formvorschrift bei Veräußerung von Grundstücken (§ 313 BGB). Nicht anwendbar dagegen sind, soweit das Berggesetz Sondervorschriften darüber enthält, die Bestimmungen über die Vereinigung von Grundstükken (§ 890 BGB), sowie über Inhalt und Verlust des Grundeigentums (§§ 905—924, 928 BGB).

---

14 RekB. v. 25. 4. 1885, ZfB 26, 400.

15 Da der Hilfsbau Bestandteil des berechtigten Bergwerkseigentums ist, § 60 Abs. 3.

16 RG v. 18. 6. 1932, ZfB 73, 498.

17 § 60 Abs. 3 Satz 2 ABG, Art. 6 Abs. 1 AG ZwVG.

1 Die Überlassung und Ausbeutung eines Bergwerks gegen Entgelt ist im allgemeinen ein Pachtvertrag. Als dingliche Gewinnungsrechte kommen Nießbrauch, Grunddienstbarkeit und beschränkte persönliche Dienstbarkeit in Betracht; im einzelnen dazu *Isay*, ABG I, § 50 Anm. 17.

2. Ferner gelten für das Bergwerkseigentum noch die Vorschriften der Grundbuchordnung[2], der Zwangsvollstreckung und Zwangsversteigerung[3], wobei zu bemerken ist, daß die Zwangsversteigerung nicht die gewonnenen Mineralien umfaßt[4], der freiwilligen Gerichtsbarkeit[5], des dinglichen Gerichtsstandes[6].

Schließlich ist noch darauf hinzuweisen, daß das Preußische Gesetz über den Bergwerksbetrieb ausländischer juristischer Personen und den Geschäftsbetrieb außerpreußischer Gewerkschaften vom 23. Juni 1904[7] den Erwerb von Bergwerkseigentum u. ä. genehmigungspflichtig macht. Durch das Gesetz vom 5. März 1953[8] findet dieses Gesetz aber keine Anwendung mehr, soweit außerpreußische Gewerkschaften ihren Sitz innerhalb des Geltungsbereiches des Grundgesetzes haben. Ebenfalls gilt das genannte Gesetz nicht für Gesellschaften aus den Ländern der Europäischen Wirtschaftsgemeinschaft[9].

# IV. Bergwerksbetrieb

## § 36. Betriebszwang, Betriebsanzeige

Schrifttum: *Wenzel*, Der Betriebszwang im Bergrecht der BRD, Diss. Münster 1967.

### 1. Betriebszwang

Das Allgemeine Berggesetz sieht einen Betriebszwang (§ 65) vor, dessen Verletzung zur Entziehung des Bergwerkseigentums führen kann. Diese Bestimmungen sind durch das Gesetz zur Erschließung von Bodenschätzen ergänzt worden. Wegen der Durchführung des Betriebszwanges wird auf die Ausführungen bei § 29 verwiesen.

### 2. Betriebsanzeige

Dem Bergwerksbesitzer obliegt die Pflicht, der Bergbehörde von der beabsichtigten Inbetriebsetzung des Bergwerks mindestens vier Wochen vorher Anzeige zu machen (§ 66), damit der Betrieb rechtzeitig bergpolizeilich überwacht werden kann. Soll der Betrieb (nicht nur vorübergehend)

---

[2] Art. 22ff. AG GBO.
[3] §§ 864ff. ZPO; Art. 15ff. AG ZwVG.
[4] Art. 19 AG ZwVG.
[5] AG FGG Art. 76. In Niedersachsen jetzt FGG v. 14. 5. 1958, GVBl. S. 117, Art. 81.
[6] § 24 ZPO.
[7] GS. 619, ZfB 50, 423.
[8] BGBl. I 33 (2. Teil Art. 2 Abs. 2), ZfB 94, 146.
[9] Art. 58 EWG-Vertrag.

eingestellt werden, so hat der Bergwerksbesitzer auch dies vier Wochen[1] vorher der Bergbehörde anzuzeigen, es sei denn, daß der Betrieb infolge unvorhergesehener Ereignisse schon in kürzerer Frist oder sofort eingestellt werden muß; in letzterem Falle genügt eine Nachholung der Anzeige binnen 14 Tagen[2] nach Betriebseinstellung (§ 71). Durch den Zwang zur Meldung der Betriebseinstellung soll dem Bergamt die Möglichkeit gegeben werden, für die Sicherstellung der Baue und der Tagesoberfläche zu sorgen.

Anzeigepflichtig ist derjenige, der das Bergwerk auf eigene Rechnung führt (z. B. der Pächter), nicht dagegen der Betriebsführer. Die Anzeige ist an das örtlich zuständige Bergamt zu richten. Sie erstreckt sich auf alle der Bergaufsicht unterstehenden Betriebe (§ 196 Abs. 3).

Die Pflicht zur Anzeige des Beginns und der Einstellung der Arbeiten kann durch Bergverordnung auch für Schürfarbeiten vorgeschrieben werden (§ 3a Abs. 2)[3].

## § 37. Betriebsplan

Schrifttum: *Heller*, Die Entschädigungsansprüche des Bergbautreibenden gegen den Staat oder einen Begünstigten wegen bergbehördlicher Maßnahmen im Betriebsplanverfahren, Diss. Bonn, 1965; *Klinkhardt*, Gemeindliche Planungshoheit und die Gestaltung des Abschlußbetriebsplans stillgelegter Zechen, ZfB 110, 71; *Krautschneider*, Das Betriebsplanverfahren, Bergfreiheit 1967, 38ff.; *Thiel*, Bergpolizei und Ortspolizei. Zur Frage der Rechtsmittel gegen den Betriebsplan, ZfB 94, 269.

### 1. Grundsätze

Eine Eigenart des Bergbaus ist das Betriebsplanverfahren[1]. Während in allen anderen Wirtschaftszweigen die Betriebe durch die Gewerbeaufsicht in der Weise überwacht werden, daß diese von Zeit zu Zeit durch Kontrollen feststellt, ob die Arbeitsschutzvorschriften beachtet werden, ist im Bergbau eine vorgängige Überwachung des Betriebes mit Hilfe des Betriebsplanes eingeführt. Der Betriebsplan enthält die innerhalb eines be-

---

[1] In NW: 3 Monate.

[2] In NW: unverzüglich.

[3] In allen OBA-Bezirken geschehen, vgl. *Ebel-Weller*, § 3a, Anm. 5.

[1] In NW, Saarland, Bayern und Hessen sind in jüngerer Zeit (s. o. § 13,3.) u. a. die Bestimmungen über das Betriebsplanverfahren geändert worden. Bei der hier vorzunehmenden Darstellung wird von dem ursprünglichen Rechtszustand ausgegangen und auf die nunmehr eingetretenen Änderungen in NW hingewiesen. Die Neuregelungen unterscheiden sich untereinander im übrigen nicht wesentlich; vgl. im einzelnen für NW u. Saarland, *Ebel-Weller*, Ergänzungsband, §§ 67ff; für Bayern, *Bähr*, Art. 70ff; für Hessen, ZfB 110, 410 (ÄndG. mit Begr.).

stimmten Zeitraumes auszuführenden Anlagen und Arbeiten. Er wird von der Bergbehörde dahin überprüft, ob er nicht gegen bergaufsichtliche Vorschriften (§ 196) verstößt. Die Bergbehörde hat nicht die Befugnis, wirtschaftliche Gesichtspunkte nachzuprüfen. Der Betriebsplan bezieht sich nicht nur auf den eigentlichen Bergwerksbetrieb (Aufsuchung und Gewinnung), sondern auch auf alle Aufbereitungsanstalten und sonstige Nebenbetriebe, die gemäß § 196 Abs. 3 unter Bergaufsicht fallen, auch auf Schürfarbeiten. Der Betrieb darf nur auf Grund eines Betriebsplanes durchgeführt werden; dieser ist vor Ausführung zwecks Prüfung in bergaufsichtlicher Hinsicht der Bergbehörde (Bergamt) vorzulegen (§ 67).

Verpflichtet zur Einreichung des Betriebsplanes ist der Bergwerksbesitzer (also ggf. der Pächter), auch bei Unternehmerarbeiten[2]. Die Betriebsplanpflicht gilt, wie gesagt, ferner bei Schürfarbeiten[3] und beim Grundeigentümerbergbau[4].

Es ist üblich, wenn auch nicht generell gesetzlich vorgeschrieben, für die normalen Arbeiten Jahresbetriebspläne einzureichen und für besondere Arbeiten (z. B. Errichtung eines Transformatorenhauses auf dem Zechenplatz, Bau einer Grubenanschlußbahn) Sonderbetriebspläne[5].

Die Prüfung der Betriebspläne durch die Bergbehörde beschränkt sich auf bergaufsichtliche Gesichtspunkte[6]. Werden die Belange anderer Behörden (z. B. Baupolizei, Landespolizei, Straßenverkehrspolizei, Eisenbahn) berührt, so müssen die Stellungnahmen oder Zustimmungen solcher Behörden noch ausdrücklich eingeholt werden. In einem solchen Fall legt das Bergamt gegen den Betriebsplan zunächst Einspruch[7] ein, um auf diese Weise zu verhindern, daß die Arbeiten durchgeführt werden, ohne daß die anderen Behörden beteiligt sind. Wird ohne Betriebsplan gearbeitet, so ist dies in der Regel eine Ordnungswidrigkeit[8] nach § 207, und zwar auch dann, wenn der Bergwerksbesitzer fahrlässig gehandelt hat[9].

---

[2] Vgl. KG v. 17. 4. 1905, ZfB 46, 532.

[3] Vgl. oben § 36 Anm. 3.

[4] Vgl. § 211 b Abs. 1 Ziff. 3; § 2 Abs. 1 Ziff. 3 Erdöl-G.; § 6 VO vom 31. 12. 1942.

[5] In N.-Westf. kann nach § 67 Abs. 2 die Bergbehörde Sonder- und gemeinsame Betriebspläne verlangen. Vgl. ferner RdErl. v. 9. 2. 1966 (MBl. 1003), wonach in NW folgende Bezeichnungen für die einzelnen Betriebsplanarten eingeführt worden sind: Haupt-,Einzel-, Sonder-, Rahmen-, Abschluß- und Nachtragsbetriebsplan (s. *Ebel-Weller*, Ergänzungsband, § 67 Anm. 1).

[6] OVG Münster v. 19. 8. 1964, ZfB 106, 360.

[7] Erl. v. 10. 3. 1938, ZfB 79, 624.

[8] In fast allen Bundesländern, NW folgend, sind die in § 207 genannten Zuwiderhandlungen gegen berggesetzliche und bergbehördliche Bestimmungen zu Ordnungswidirgkeiten geworden. Zuvor handelte es sich um strafbare Handlungen, vgl. u. § 68.

[9] Vgl. zum früheren Rechtszustand KG v. 31. 1. 1936, ZfB 77, 442.

## 2. Zulassungsverfahren

Die Bergbehörde hat die Möglichkeit,

1. dem Bergwerksbesitzer mitzuteilen, daß sie gegen den Betriebsplan keine Bedenken hat, oder
2. gegen den Betriebsplan binnen 14 Tagen nach Vorlage Einspruch einzulegen, oder
3. die 14tägige Einspruchsfrist stillschweigend ablaufen zu lassen; letzteres gilt als „Zulassung" des Betriebsplanes (§ 68)[10].

Wird gegen den Betriebsplan binnen 14 Tagen nach seiner Vorlage Einspruch seitens der Bergbehörde erhoben, so muß das Bergamt den Bergwerksbesitzer gleichzeitig zur Erörterung der beanstandeten Bestimmungen des Betriebsplanes vorladen und eine Verständigung mit ihm versuchen. Das Bergamt hat keine Befugnis, den Betriebsplan eigenhändig abzuändern. Der Betriebsplan wird nicht „genehmigt", sondern „zugelassen"; Rechte Dritter erlöschen dadurch nicht[11], denn die Zulassung hat keine zivilrechtliche Wirkung. Kommt eine Einigung zwischen Bergamt und Bergwerksbesitzer nicht zustande, so legt das Bergamt dem Oberbergamt[12] die Unterlagen vor; dieses ist befugt, Änderungen des Betriebsplanes auch gegen den Willen des Bergwerksbesitzers anzuordnen. Das Bergamt kann seinen Einspruch jederzeit zurückziehen. Ist der Betriebsplan zugelassen, so kann trotzdem bei nachträglicher Änderung der Verhältnisse die Bergbehörde gegen die Betriebsmaßnahmen einschreiten, denn die Zulassung bedeutet kein unwiderrufliches Recht des Bergwerksbesitzers zur Ausführung des Betriebsplanes[13]. Außerdem reicht eine stillschweigende Zulassung des Betriebsplanes niemals aus, wenn in bergbehördlichen Verordnungen oder in gesetzlichen Bestimmungen eine ausdrückliche Genehmigung der Berg- oder anderer Behörden (z. B. für die Seilfahrt) vorgeschrieben ist[14]. Der Grundeigentümer, sofern er nicht selbst Bergbau betreibt, ist an dem Betriebsplanverfahren unbeteiligt; daher steht ihm keine Verwaltungsklage gegen die (den Betriebsplan zulassende) Bergbehörde zu[15]).

---

[10] Beachte § 68 Abs. 3 NW. (ÄndG v. 25. 4. 1950), wonach stets Einspruch einzulegen ist, wenn andere Behörden zu beteiligen sind.

[11] Pr. OVG v. 20. 3. 1930, ZfB 72, 278.

[12] Siehe aber § 68 Abs. 4 ABG NW. Hier obliegt die Durchführung des Betriebsplanverfahrens uneingeschränkt dem Bergamt.

[13] RekB. v. 6. 5. 1907, ZfB 48, 432; OVG Koblenz v. 15. 9. 1955, ZfB 98, 448.

[14] KG v. 11. 7. 1881, ZfB 24, 251.

[15] LVerwG. Gelsenkirchen v. 16. 3. 1954, ZfB 95, 468.

Die Zulassung des Betriebsplanes kann von der Leistung einer Sicherheit abhängig gemacht werden, soweit dies erforderlich ist, um die Erfüllung von Änderungen, Bedingungen und Auflagen oder sonstigen öffentlich-rechtlichen Pflichten zu sichern[16].

Der Betriebsplan kann nach erfolgter Zulassung noch abgeändert werden; das Verfahren ist das gleiche wie bei einer erstmaligen Einrichtung (§ 69 Abs. 1). Eine Ausnahme besteht nur insofern, als Abänderungen, die durch unvorhergesehene Ereignisse sofort (also ohne Einschaltung der Bergbehörde) erforderlich sind, durch den Bergwerksbesitzer oder eine von ihm hierfür bestimmte Person unverzüglich der Bergbehörde angezeigt werden müssen (§ 69 Abs. 2)[17].

### 3. Beteiligung anderer Behörden

Die bei der Zulassung der Betriebspläne erforderliche Mitwirkung anderer Behörden kann insbesondere[18] sein:

1. Baupolizeiliche Genehmigung bei Tagebauten[19] (außer Dampfkesseln in Kesselhäusern und Triebwerken[20]) durch die Baupolizei[21];

2. Genehmigung zur Errichtung und zum Betrieb von Kalifabriken, Dampfkesselanlagen und Triebwerken nach §§ 16, 24 Gewerbeordnung durch die Bergbehörde (nicht Gewerbebehörde);

3. bei Grubenanschlußbahnen[22] (nicht bei Grubenbahnen), also bei Bahnen, die über den Zechenplatz hinaus Anschluß an öffentliche Verkehrsnetze haben, ist zunächst eine eisenbahntechnische Prüfung durch den Landesbevollmächtigten für Bahnaufsicht erforderlich[23]. Das Bergamt legt gegen den Betriebsplan daher Einspruch ein, damit die Landespolizeibehörde (Regierungspräsident) und andere Behörden beteiligt werden können. Die Abnahme der Grubenanschlußbahn erfolgt durch Kommissare

---

[16] § 68 Abs. 5 ABG NW; vgl. auch § 67 Abs. 3 ABG Hess. und § 68 Abs. 4 ABG Saarland.

[17] Vor dem 3. BergrechtsänderungsG. galt in NW, daß an Stelle des Bergwerksbesitzers der Betriebsführer in erster Linie zuständig war. Bayern, das Saarland, Hessen und Nds. haben sich der neuen Regelung NWs angeschlossen. In den übrigen Ländern gilt die frühere Konzeption.

[18] Vgl. näher *Ebel-Weller*, § 68 Anm. 5.

[19] Bohrgerüste: Nieders. Erl. v. 30. 5. 1956, MBl. S. 451, ZfB 97, 227, 98, 142; N.-Westf.: Großgeräte in Tagebauen, ZfB 96, 86.

[20] DampfkesselVO v. 8. 9. 1965, BGBl. I 1300; WasserhaushaltsG. v. 27. 7. 1957, BGBl. I 11, § 43 Abs. 2, ZfB 98, 304; s. ferner die Wassergesetze der Länder.

[21] HMErl. v. 27. 9. 1874, ZfB 16, 12; pr. OVG v. 4. 3. 1930, ZfB 72, 275.

[22] Vgl. Landeseisenbahngesetze und Bau- u. Betriebsordnungen für Anschlußbahnen der Länder. Aufsichtsbehörde ist das OBA (statt Reg.Präs.).

[23] Zur Aufsicht über die Grubenanschlußbahnen vgl. Erl. v. 22. 10. 1959 (NW), MBl. 2771, ZfB 100, 456.

des Oberbergamts, des Regierungspräsidenten und der Eisenbahnbehörde. Sodann nimmt das Bergamt den Einspruch zurück, der Betrieb kann nunmehr betriebsplanmäßig ablaufen;

4. das Recht auf Einleitung oder Ableitung von Wassern regelt sich nach den Wassergesetzen der Länder;

5. die Zustimmung der Wegepolizei ist erforderlich, wenn ein öffentlicher Weg nunmehr als Betriebsgelände verwendet werden soll; hierzu ist die Einziehung (Entwidmung) des Weges erforderlich[24].

Diese Beispiele zeigen, daß die Bergbehörde im Betriebsplanverfahren nur dann allein entscheiden kann, wenn Belange anderer Behörden nicht berührt werden; sonst muß Einspruch eingelegt werden, damit die anderen Behörden Zeit und Gelegenheit zur Mitwirkung haben[25]. Die Beteiligung anderer Behörden stellt einen verwaltungsinternen Vorgang dar. Die Äußerungen dieser Behörden sind nicht selbständig anfechtbar[26].

## § 38. Aufsichtspersonen

Schrifttum: *Oversohl*, Die Rechtsstellung der Aufsichtspersonen in den Bergwerksbetrieben unter besonderer Berücksichtigung der geschichtlichen Entwicklung insbesondere in Preußen und der gegenwärtigen Regelung im Lande Nordrhein-Westfalen, Diss. Münster, 1968; *v. Schlütter*, Die Aufsichtsführung in Bergwerksbetrieben und die Änderung der strafrechtlichen Vorschriften nach dem 3. Bergrechtsänderungsgesetz Nordrhein-Westfalens, Glückauf 1965, 49; *Schulz*, Die Aufsichtspersonen im ehemals preußischen Bergrechtsgebiet, Diss. Clausthal, 1966.

### 1. Ursprüngliche Regelung[1]

*a) Personenkreis*

Aus Gründen der Grubensicherheit darf der technische Bergwerksbetrieb oder ein Betriebsteil nur von einer Person geleitet oder beaufsichtigt werden[2], die vom Bergamt als „Aufsichtsperson“ anerkannt ist. Wer

---

[24] Vgl. pr. OVG v. 20. 3. 1930, ZfB 72, 278; nicht Berg-, sondern Wegepolizei zuständig.

[25] Vgl. § 68 Abs. 3 Satz 2 der in NW gültigen Fassung: „Wird ein Einvernehmen in einem Zeitraum von drei Monaten nach Einlegung des Einspruchs nicht erzielt, so entscheidet die Bergbehörde nach eigenem Ermessen“.

[26] *Ebel-Weller*, § 68, Anm. 51 (mit weit. Nachw.).

[1] Eines näheren Eingehens bedarf es nicht etwa, um den Unterschied zu dem derzeitigen Rechtszustand in den Ländern Nordrhein-Westfalen, Saarland, Bayern und Hessen besser zu erkennen, sondern deshalb, weil in den übrigen Ländern die ursprüngliche Regelung noch heute geltendes Recht ist.

[2] Mot. z. G. v. 28. 7. 1909, ZfB 50, 322 (434), 533.

dazu gehört, muß den Umständen des Einzelfalles überlassen bleiben; in der Regel sind dies Betriebsführer, Steiger, technische Aufseher, aber meist nicht Ortsälteste, Wettermänner, Schießmeister[3]. Aufsichtspersonen sollen eine sachkundige Betriebsführung gewährleisten, die den Regeln der Bergtechnik entspricht und auf die Einhaltung der bergpolizeilichen Vorschriften achtet. Die nach den Berggesetzen in erster Linie verantwortliche Aufsichtsperson ist der Betriebsführer[4]. Personen, die über ihm stehen, wie Bergwerksdirektoren, Bergwerksbesitzer, Repräsentanten, sind keine „Aufsichtspersonen" im berggesetzlichen Sinne.

*b) An- und Aberkennung*

Die Annahme der Aufsichtsperson und der Abschluß des Arbeitsvertrages mit ihr ist ausschließlich Sache des Bergwerksbesitzers. Eine Aufsichtsperson kann jedoch erst tätig werden, wenn sie durch die Bergbehörde „anerkannt" ist. Deshalb muß der Bergwerksbesitzer die Aufsichtspersonen unter Angabe des einer jeden zu übertragenden Geschäftskreises der Bergbehörde namhaft machen (§ 74). Das Bergamt muß sich zunächst davon überzeugen, ob die Aufsichtsperson dem Geschäftskreis, für den sie vorgeschlagen ist, auch gewachsen ist. Daher haben die Aufsichtspersonen ihre Befähigung in technischer, geschäftlicher und moralischer Hinsicht zu den ihnen zu übertragenden Geschäften der Bergbehörde nachzuweisen und sich wegen der technischen und geschäftlichen Befähigung auf Verlangen einer Prüfung durch das Bergamt zu unterziehen. Es steht im pflichtgemäßen Ermessen des Bergamts, ob und wann es die Befähigung der Aufsichtsperson für einen bestimmten Geschäftskreis als nachgewiesen ansehen will. Die Entscheidung erfolgt stets durch das Bergamt, das dazu notfalls Sachverständige (z. B. für Elektrotechnik) heranziehen kann[5]. Zum Nachweis der technischen und geschäftlichen Befähigung genügt es der Regel nach, wenn die benannte Person die Prüfung als Diplomingenieur bestanden oder das Abgangszeugnis einer anerkannten Bergschule[6] erhalten hat, oder wenn sie bereits auf einem gleichartigen Bergwerk für eine gleichartige Tätigkeit anerkannt war, ohne daß ihr dieses Anerkenntnis später entzogen ist. In allen anderen Fällen muß sich die benannte Person zum

---

[3] AusfAnw. v. 13. 10. 1909, HMBl. S. 453, ZfB 51, 2; für Nds. vgl. Erl. v. 10. 5. 1957, MBl. 369, ZfB 98, 270.

[4] Bei sog. Unternehmerarbeiten vgl. Erl. v. 6. 5. 1936, ZfB 77, 284.

[5] OVG Münster v. 22. 6. 1954, ZfB 95, 468.

[6] Bestimmungen betr. Anerkennung der Bergschulen zur Ausstellung von Zeugnissen v. 26. 10. 1910, HMBl. 535, ZfB 52, 14, ergänzt für einzelne Bergschulen bzw. die Deutsche Bohrmeisterschule in Celle (vgl. RdErl. d. nds. WiMin. v. 13. 4. 1960, MBl. 282).

Nachweis der technischen und geschäftlichen Befähigung einer besonderen Prüfung unterwerfen. Das Bergamt hat die Möglichkeit, der benannten Person erst eine Probedienstzeit aufzuerlegen.

Eine bereits erfolgte Anerkennung kann wieder aberkannt werden, wenn sich nachträglich herausstellt, daß die Unterlagen, die zur Anerkennung geführt haben, unrichtig sind, oder wenn die Aufsichtsperson Mängel in ihrer Befähigung zeigt (z. B. ein grober Verstoß oder wiederholte leichtere Verstöße gegen gesetzliche und bergaufsichtliche Vorschriften).

Das Verfahren auf Aberkennung wird durch das Bergamt eingeleitet. Eine Aberkennung muß schriftlich mit Gründen dem Bergwerksbesitzer und der Aufsichtsperson nach vorheriger Anhörung beider zugestellt werden, weil beide durch die Entscheidung sich beschwert fühlen und Rechtsmittel einlegen können. Die Anerkennung hingegen erfolgt durch das Bergamt schriftlich an den Bergwerksbesitzer; eine Begründung ist hier nicht erforderlich, wenn die Anerkennung seinem Antrag entspricht.

Das Bergamt kann eine nicht anerkannte oder nicht mehr anerkannte Aufsichtsperson, wenn sie trotzdem weiterhin tätig ist, nach Anhörung der Beteiligten aus dem Betrieb entfernen lassen und notfalls den Betrieb oder Betriebsteil solange einstellen, bis eine als befähigt anerkannte Aufsichtsperson vorhanden ist (§ 75).

*c) Verantwortlichkeit*

Jede Aufsichtsperson ist innerhalb des ihr übertragenen Geschäftskreises straf- und zivilrechtlich voll verantwortlich[7] für die Befolgung der Betriebspläne und der gesetzlichen und bergaufsichtlichen Vorschriften. Eine zivilrechtliche Verantwortung kann sich vor allem aus dem Gesichtspunkt der unerlaubten Handlung (§ 823 BGB) ergeben.

Personen, die dem Betriebsführer vorstehen (z. B. Bergwerksbesitzer, Repräsentant, Bergwerksdirektor) sind von dem Bergwerksbesitzer der Bergbehörde unter Angabe ihres Geschäftskreises namhaft zu machen, ohne daß sie einer Anerkennung bedürfen (§ 76 Abs. 3). Sie sind strafrechtlich verantwortlich (§ 76 Abs. 2)[8], wenn sie durch Handlungen oder Unterlassungen die Aufsichtspersonen an der ordnungsmäßigen Erfüllung ihrer Aufgaben gehindert oder bewußt ordnungswidriges Verhalten derselben geduldet haben oder wenn sie nach ihrer tatsächlichen Stellung[9] zum Betrieb die Möglichkeit der Beaufsichtigung der Aufsichtspersonen haben und es dabei an der erforderlichen Sorgfalt fehlen lassen. Hierin liegt keine

---

[7] OLG Hamm v. 14. 3. 1963, ZfB 104, 473.

[8] Keine entspr. Vorschrift enthalten: Bad. BG., Braunschweig-BG., Hess. BG., Württ. BG., Old. BG., SchLipp. BG.

[9] KG v. 31. 1. 1936, ZfB 77, 442.

allgemeine gesetzliche Verpflichtung zur Beaufsichtigung der Aufsichtspersonen; es bleibt vielmehr der Entschließung des Bergwerksbesitzers überlassen, welche Stellung gegenüber dem Betrieb er sich selbst geben will.

Die Aufsichtspersonen (bis Betriebsführer aufwärts) sind verpflichtet, die Bergbeamten[10], die dienstlich das Bergwerk befahren, zu begleiten und ihnen alle erforderlichen Auskünfte über den Betrieb und die Arbeitsverhältnisse zu geben. Personen, die mit Fahrscheinen des Oberbergamts versehen sind und welche sich dem Bergfach widmen (z. B. Bergreferendare), muß der Bergwerksbesitzer zum Zwecke ihrer Ausbildung die Befahrung des Betriebes gestatten (§ 78). Außerdem ist der Bergwerksbesitzer verpflichtet, der Bergbehörde die vom Wirtschaftsminister vorgeschriebenen statistischen Nachrichten[11] einzureichen (§ 79), die sich allerdings nur auf bergaufsichtliche Umstände zu beziehen brauchen.

## 2. Veränderter Rechtszustand in Nordrhein-Westfalen, Saarland, Bayern und Hessen

Durch das 3. Bergrechtsänderungsgesetz[12] sind in Nordrhein-Westfalen die Vorschriften über die Leitung und die Aufsicht von Bergwerksbetrieben entscheidend geändert worden. Dem Beispiel Nordrhein-Westfalens sind Bayern[13], das Saarland[14] und Hessen[15] gefolgt[16]. Hier ist primär der Bergwerksbesitzer für die Sicherheit und Ordnung des Betriebes verantwortlich (§ 73). Er hat sich, soweit erforderlich, zur Wahrnehmung seiner Aufgaben und Befugnisse anderer Personen zu bedienen. Diese haben im Rahmen der ihnen übertragenen Aufgaben und Befugnisse für die Sicherheit und Ordnung im Betrieb zu sorgen. Der Bergwerksbesitzer hat darauf zu achten, daß diese Personen die erforderliche Eignung und Zuverlässigkeit besitzen (§ 74 Abs. 1). Der Bergwerksbesitzer hat die bestellten Personen dem Bergamt unter Angabe ihrer Stellung im Betrieb und ihrer Vorbildung unverzüglich namhaft zu machen, ebenso hat er ihre Abberufung anzuzeigen (§ 75 Abs. 2). Ziel der Änderungen war es[17], eine lückenlose

---

[10] Auch die Bergrevierinspektoren, HMErl. v. 8. 7. 1899, ZfB 40, 407.

[11] Vgl. auch § 139b Abs. 5 GewO.

[12] V. 8. 12. 1964, GVBl. 412, ZfB 106, 304; vgl. *Weller*, ZfB 106, 437; (geändert wurden §§ 69 Abs. 2; 72 Abs. 3; 73—77; 203; 207—209a).

[13] G. v. 25. 10. 1966, GVBl. 331, ZfB 108, 358.

[14] G. v. 5. 7. 1967, ABl. S. 637, ZfB 109, 240 u. VO v. 20. 9. 1967 über die Voraussetzungen für die Bestellung von Personen nach § 74 ABG, ABl. S. 778, ZfB 109, 249.

[15] G. v. 27. 5. 1969, GVBl. 81, ZfB 110, 410.

[16] Zu den Unterschieden vgl. *Ebel-Weller*, Ergänzungsband, § 73ff; *Bähr*, Art. 76ff.; *Oversohl*, S. 149ff.; Begr. zum Hess. ÄndG., ZfB 110, 417.

[17] Vgl. *Oversohl*, S. 64, mit Bezug auf NW unter Hinweis auf die amtliche Begründung zu dem Gesetz.

Verantwortungskette von oben nach unten in der Hierarchie des Betriebes zu schaffen. Der Verzicht auf die bergbehördliche Anerkennung der mit der Leitung und Beaufsichtigung betrauten Personen geschah, um jeden Anschein zu vermeiden, als ob die Bergbehörde an Stelle des Unternehmens die Verantwortung für die richtige Auswahl der betrieblichen Leitungs- und Aufsichtsorgane trage.

## § 39. Grubenbild

Um jederzeit ein klares Bild von den jeweiligen bergbaulichen Verhältnissen eines Betriebes unter und über Tage zu haben, ist eine rißliche Darstellung (Grubenbild) zu führen[1]. Verantwortlich dafür ist der Bergwerksbesitzer (§ 72). Die Anfertigung erfolgt nur durch einen konzessionierten Markscheider[2], der auch die erforderlichen Nachtragungen in den von dem Oberbergamt vorgeschriebenen zeitlichen Abständen vornimmt. Für die Grubensicherheit wichtige Veränderungen (z. B. Sicherheitspfeiler, Schutzbezirke, Sprengstofflager) müssen unverzüglich nachgetragen werden. Das Grubenbild existiert stets in zwei Stücken (1 beim Bergamt, 1 beim Betrieb). Wer einen Anspruch auf Bergschadensersatz glaubhaft macht, kann das Grubenbild beim Bergamt einsehen, und zwar auch noch nach Erhebung der Schadensersatzklage[3]. Eine Abzeichnung ist nicht gestattet. Für die Beschaffenheit des Grubenbildes gelten die Markscheiderordnungen und Normen für das Markscheidewesen.

Das Grubenbild ist eine öffentliche Urkunde, die volle Beweiskraft hat (§ 415 ZPO) und nur durch den Gegenbeweis entkräftet werden kann. Es ist auch beim Grundeigentümerbergbau erforderlich (§ 211 b) und kann bei Schürfarbeiten vorgeschrieben werden (§ 3a Abs. 2).

# V. Die bergrechtliche Gewerkschaft

Schrifttum: *Arntz*, Von der Berggewerkschaft zur Aktiengesellschaft im Kohlenbergbau, Diss. Köln 1957; *Boldt*, Der Isaysche Entwurf eines Bundesberggesetzes und das Gewerkschaftsrecht, ZfB 96, 309; ders., Bemerkungen zur Neugestaltung des Berggewerkschaftsrechts in Nordrhein-Westfalen, Glückauf 1954, 1464; ders., Verwirrung im Gewerkschaftsrecht, ZfB 93, 473; ders. Mitbestimmungsgesetz und

---

[1] Der Situationsriß gibt nur die Verhältnisse an der Oberfläche wieder.

[2] Nicht Vermessungsingenieur.

[3] Zu eng OVG Münster v. 30. 10. 1962, ZfB 104, 223.

Gewerkschaftsrecht, ZfB 92, 278; *Dapprich*, Zur Reform der bergrechtlichen Gewerkschaft, ZfB 95, 417; *Falkenstein*, Die Verantwortlichkeit des Repräsentanten der bergrechtlichen Gewerkschaft unter besonderer Berücksichtigung seiner Haftung bei gleichzeitigem Besitz sämtlicher Kuxe, Diss. Köln 1953; *Guder*, Der Kux der bergrechtlichen Gewerkschaft neuen Rechts im Handelsverkehr, Diss. Köln 1959; *Höfener*, Die Entstehung der bergrechtlichen Gewerkschaft nach dem Gesetz v. 25. 5. 1954 von Nordrhein-Westfalen, Diss. Bonn 1956; *Isay*, Die Entstehung der Gewerkschaften nach dem Nordrhein-Westfälischen Gesetz v. 23. 2. 1954, Glückauf 1955, 1353; *Jaeger*, Die Anwendung des Gesetzes über die Mitbestimmung auf die bergrechtlichen Gewerkschaften, Diss. Bonn 1956; *Knitterscheid*, Die Rechtsstellung der Organe in der Gewerkschaft des Bergrechts nach dem Mitbestimmungsgesetz, Diss. Köln 1954; ders., Zur Bedeutung des Mitbestimmungsrechts für die Gewerkschaft des Bergrechts, ZfB 96, 140; *Krautschneider*, Säuberung im Gewerkschaftsrecht, ZfB 97, 228; *Lenz*, Die Rechtsstellung bergrechtlicher Gewerkschaften außerhalb des Entstehungslandes, Diss. Köln 1962; *Natzel*, Zur Umwandlung bergrechtlicher Gewerkschaften, Glückauf 1957, 1291; *Pastika*, Wandlungen im Wesen und Bedeutung der bergrechtlichen Gewerkschaften, Diss. Köln 1960; *Röck*, Die Änderung des Rechts der bergrechtlichen Gewerkschaften durch die Neufassung des § 94 ABG, Diss. Bonn 1958; *Schulte*, Die Problematik der Finanzierung bergrechtlicher Gewerkschaften, Diss. Nürnberg 1959; *Schwack*, Der Geschäftszweck einer bergrechtlichen Gewerkschaft nach dem im Lande Nordrhein-Westfalen geltenden Bergrecht, Diss. Köln 1958; *Seume*, Die bergrechtliche Gewerkschaft heute, ZfB 106, 144; *Speckmann*, Die Rechtsstellung eines Gewerken bei der Verschmelzung seiner Gewerkschaft und einer Aktiengesellschaft, Diss. Köln 1953; *Victor*, Bestellung, Rechtsstellung und Aufgaben des Repräsentanten und des Grubenvorstandes der bergrechtlichen Gewerkschaft, Diss. Münster 1952; *Walter*, Mangel bei der Entstehung oder Gründung von Gewerkschaften nach § 94 ABG, Diss. Bonn 1961; *Westhoff-Bennhold*, Das preußische Gewerkschaftsrecht, 2. Aufl., 1912; *Zimmermann*, Die Rechtsstellung der Organe der bergrechtlichen Gewerkschaft auf Grund des Mitbestimmungsgesetzes Eisen und Kohle, Diss. Köln 1955.

## § 40. Allgemeines

Seit alters her besteht im deutschen Bergrecht die Gewerkschaft. Sie hat ihren Ursprung schon in den Bergordnungen des Mittelalters[1]. Die Gewerken, die in früherer Zeit selbst in ihrer Grube mitarbeiteten, schlossen sich zusammen,um die zur Aufnahme ihres Betriebes erforderlichen Mittel selbst aufzubringen. Sie leisteten „Zubuße", wenn irgendwelche Betriebsmittel nötig waren, sie erhielten „Ausbeute", wenn diese Mittel nicht mehr nötig waren oder der Betrieb Gewinn abwarf.

Die Gewerkschaft ist eine rein deutsch-rechtliche Einrichtung; dem französischen Bergrecht ist sie fremd. Daher ist sie auch bis zur Einführung des Allgemeinen Berggesetzes in den linksrheinischen Gebieten nicht be-

---

[1] Bereits dem Bergrecht von Trient bekannt, vgl. o. § 6.

kannt gewesen. Charakteristisch für die Gewerkschaft ist, daß sie im Gegensatz zu den anderen Gesellschaftsformen keines Gründungskapitals bedarf. Noch heute ist sie im Bergbau üblich. Wir unterscheiden zwischen der (auf dem Allgemeinen Berggesetz beruhenden) Gewerkschaft neuen Rechts und der (auf früherem Recht beruhenden, durch das Allgemeine Berggesetz jedoch aufrechterhaltenen) Gewerkschaft alten Rechts. Die Gewerkschaft neuen Rechts ist eine juristische Person. Die folgenden Ausführungen (§§ 41 bis 46) beziehen sich auf die Gewerkschaft neuen Rechts. Die altrechtliche Gewerkschaft wird im § 47 behandelt.

## § 41. Entstehung

### 1. Grundsatz

Die Gewerkschaft entsteht (außer in Nordrhein-Westfalen)[1] kraft Gesetzes[2], wenn das Bergwerkseigentum an zwei oder mehrere (natürliche oder juristische) Personen verliehen oder ein verliehenes Bergwerkseigentum von zwei oder mehreren Personen (durch Kauf oder im Wege der Zwangsversteigerung) erworben wird (§ 94 Abs. 1) und keine anderweitige Regelung über das Gesellschaftsverhältnis getroffen ist (§ 133). Beim Grundeigentümerbergbau oder im Mutungsverfahren ist eine Gewerkschaft nicht möglich, ebenso beim Staatsvorbehalt[3].

Eine Ausnahme gilt lediglich in der ehemaligen Provinz Hannover, wo durch das Gesetz über die Gewerkschaftsfähigkeit von Kalibergwerken vom 30. Mai 1917[4] einem Kalibergwerk die Gewerkschaftsfähigkeit durch das Oberbergamt verliehen werden kann. Wird ein solches gewerkschaftsfähiges Kalibergwerk dauernd eingestellt, so wird ihm von dem Oberbergamt die Gewerkschaftsfähigkeit wieder entzogen.

Als „Mitbeteiligte" am verliehenen Bergwerkseigentum sind nicht die Teilhaber an einer ungeteilten Erbschaft oder an einer sonstigen gemeinschaftlichen Masse, zu welcher ein Bergwerk gehört, anzusehen (§ 133 Abs. 2)[5].

---

[1] Siehe u. 2.

[2] Vgl. aber § 80 BadBG: Wenn ein Bergwerk mehreren Personen gehört, *können* sie eine Gewerkschaft vereinbaren.

[3] *Bähr*, Art. 139 Anm. 1.

[4] GS. 71, ZfB 58, 309 (mit Begr.); *Isay*, Das Gesetz über die Gewerkschaftsfähigkeit von Kalibergwerken in Hannover, ZfB 59, 172.

[5] In NW aufgehoben.

Die Entstehung[6] erfolgt:

1. originär durch Zustellung oder Aushändigung der Urkunde über die Verleihung des Bergwerkseigentums oder (bei der Konsolidation oder Feldesteilung) der Bestätigungsurkunde;

2. derivativ durch einen zivilrechtlichen Akt (Auflassung und Eintragung im Grundbuch[7] oder bei der Zwangsversteigerung durch den Zuschlag seitens des Amtsgerichts[8].

Gewerkschaftsregister gibt es nicht. Die Eintragung in das Handelsregister richtet sich nach den Bestimmungen des Handelsgesetzbuches, wenn es sich um einen kaufmännisch geleiteten Betrieb handelt[9]. Die Eintragung in das Handelsregister berührt aber die Entstehung der Gewerkschaft nicht.

## 2. Abweichendes

Im Land Nordrhein-Westfalen ist durch das 2. Gesetz zur Änderung berggesetzlicher Vorschriften vom 25. Mai 1954[10] eine Änderung des Gewerkschaftsrechts eingetreten. Hiernach entsteht die Gewerkschaft nicht mehr kraft Gesetzes. Vielmehr ist zu ihrer Entstehung ein gerichtlich oder notariell zu beurkundender Vertrag (Gründungsvertrag) erforderlich, der eine Satzung der Gewerkschaft, aus der Sitz und Zweck derselben hervorgehen, enthalten muß. Dabei darf der Gewerkschaftszweck „nicht überwiegend bergbaufremd“[11] sein. Dieser Gründungsvertrag bedarf der Bestätigung des Oberbergamts. Mit der Aushändigung der Bestätigungsurkunde entsteht die Gewerkschaft; gleichzeitig geht das Eigentum an dem Bergwerk auf die Gewerkschaft über. Vorher besteht also im Gegensatz zu den in den übrigen Bundesländern noch geltenden Bestimmungen keine Gewerkschaft[12], sondern nur eine bürgerlich-rechtliche Gesellschaft. Ferner kann in Nordrhein-Westfalen eine Gewerkschaft durch Beschluß des Oberbergamts aufgelöst werden, wenn sie überwiegend bergbaufremde Geschäfte betreibt[13]. Bestehende Gewerkschaften mußten sich dieser Regelung anpassen, sonst verfielen sie der Auflösung.

---

[6] Gem. § 9 DurchfVO v. 20. 4. 1960 z. KapitalverkehrssteuerG haben die Bergbehörden der Oberfinanzdirektion Mitteilung von der Entstehung einer bergrechtlichen Gewerkschaft zu machen.

[7] RG v. 20. 3. 1915, ZfB 56, 534.

[8] §§ 81, 90 ZwVG.

[9] §§ 2, 29 HGB.

[10] GVBl. 155, ZfB 95, 272 (mit Begr.).

[11] Zum Begriff s. OVG Münster v. 10. 12. 1962, ZfB 104, 205.

[12] Siehe aber Anm. 2.

[13] § 94 Abs. 6 ABG NW.

# § 42. Auflösung

Das Allgemeine Berggesetz enthält (abgesehen von der Auflösung in Nordrhein-Westfalen wegen bergbaufremder Geschäfte) keine Vorschriften über die Auflösung der Gewerkschaft. Daher gilt hier das Vereinsrecht des Bürgerlichen Gesetzbuches. Auflösungsgründe sind:

1. Beschluß der Gewerkenversammlung, zu dem eine Mehrheit von 3/4 der erschienenen Mitglieder erforderlich ist, falls die Satzung nichts anderes bestimmt, § 41 BGB.

Die Gewerkschaft kann auch in eine Kommanditgesellschaft, offene Handelsgesellschaft, Gesellschaft bürgerlichen Rechts oder eine sog. Ein-Mann-Gesellschaft umgewandelt werden[1]. Ein solcher Beschluß bedarf der Bestätigung durch die Bergbehörde. Ebenso kann eine Gewerkschaft mit einer Aktiengesellschaft oder einer Kommanditgesellschaft auf Aktien verschmolzen werden (§§ 357, 358 AktG.) oder in eine solche Gesellschaft umgewandelt werden (§§ 384, 385, 393 AktG).

2. Eröffnung des Konkurses über das Vermögen der Gewerkschaft, die zunächst nur den Verlust der Rechtsfähigkeit nach sich zieht (§ 42 BGB), während die Auflösung der Gewerkschaft erst mit rechtsgültigem Abschluß des Konkursverfahrens eintritt.

3. Entziehung der Rechtsfähigkeit, wenn durch einen gesetzwidrigen Beschluß der Gewerkenversammlung oder durch gesetzwidriges Verhalten des Vorstandes das Gemeinwohl gefährdet wird (§ 43 BGB).

4. Verlegung des Sitzes der Gewerkschaft aus dem Gebiet des Landes, dessen Recht die Gewerkschaft ihre Entstehung verdankt (früher Preußen, jetzt das einzelne Land der Bundesrepublik)[2]. Ob eine Gewerkschaft auch ihren Sitz in einen anderen Teil des Landes verlegen kann, wenn in diesem Land verschiedene Berggesetze gelten und sie ihren Sitz in dem Geltungsbereich eines anderen Berggesetzes nehmen will, ist zweifelhaft.

5. Erreichung des in der Satzung festgelegten Zweckes der Gewerkschaft (z. B. Abbau eines bestimmten Feldes[3]).

6. Ablauf einer in der Satzung bestimmten Zeit.

Keine Auflösung tritt ein, wenn das Bergwerkseigentum verkauft wird oder alle Kuxe in einer Hand vereinigt werden[4], es sei denn, daß — im

---

[1] Umwandlungsgesetz v. 6. 11. 1969, BGBl. I 2081; vgl. zuvor das G. v. 12. 11. 1956 über die Umwandlung von Kapitalgesellschaften und bergrechtlichen Gewerkschaften, BGBl. I 844, ZfB 97, 245, geändert durch EinfG zum AktG v. 6. 9. 1965, BGBl. I 1185, ZfB 107, 11.

[2] Vgl. *Ebel-Weller*, § 94 Anm. 2 (S. 207f.).

[3] Ob auch der Verlust des Bergwerkseigentums zur Auflösung führt, ist strittig, s. *Ebel-Weller*, § 94 Anm. 4 (S. 211); *Bähr*, Art. 139, Anm. 3.

[4] RG v. 28. 11. 1888, ZfB 30, 242.

letzteren Fall — der Alleingewerke die Auflösung beschließt. Ebensowenig tritt eine Auflösung ein, wenn einzelne Gewerken aus der Gewerkschaft ausscheiden (§ 100).

Wenn der Auflösungsgrund eintritt, findet eine Liquidation des Vermögens der Gewerkschaft nach den Vorschriften des Bürgerlichen Gesetzbuches statt[5].

## § 43. Satzung

Die Gewerkschaft ist — abgesehen von der oben[1] genannten Regelung in Nordrhein-Westfalen — nicht verpflichtet, ihre Verfassung und ihren Geschäftszweck durch eine Satzung zu regeln. Dies ist weder zur Entstehung der Gewerkschaft nötig noch sonst erforderlich (§ 94 Abs. 2). Fehlt eine Satzung, so sind allein die gesetzlichen Bestimmungen für die Gewerkschaft maßgebend. Sie bilden das sog. Normalstatut. Wenn sich die Gewerkschaft jedoch eine Satzung geben will, so kann sie entweder hierin ihre gesamte Verfassung oder auch nur einzelne Punkte (Name, Sitz, Anzahl der Kuxe) regeln. Beschlüsse, die die Verfassung allgemein und dauernd durch Änderung, Ergänzung und Aufhebung der gesetzlichen oder der satzungsmäßigen Bestimmungen regeln, werden „statutarische Beschlüsse" genannt.

Wenn die Gewerkschaft sich eine Satzung gibt, so muß diese durch eine notarielle oder gerichtliche Beurkundung mit mindestens $^3/_4$ aller Anteile herbeigeführt werden. Diese Beurkundung und eine spätere Änderung bedarf der Bestätigung durch das Oberbergamt, die von der Gewerkschaft beantragt werden muß. Das Oberbergamt darf die Bestätigung nur versagen, wenn der Beschluß nicht ordnungsmäßig gefaßt ist oder gegen das öffentliche Interesse verstößt. Letzteres ist z. B. der Fall, wenn die Satzung eine Zubußepflicht ablehnt oder den Schutz der Minderheit der Gewerken nicht garantiert oder eine im Verhältnis zur Wirtschaftlichkeit des Unternehmens zu hohe Kuxzahl festsetzt. Zuständig ist das Oberbergamt, in dessen Bezirk der statutarische Sitz der Gewerkschaft liegt. Ist ein solcher nicht vorhanden, so gilt der Sitz der Niederlassung, wie er sich aus dem Handelsregister ergibt. Ist die Gewerkschaft nicht im Handelsregister eingetragen, so gilt der Sitz, an dem die Verwaltung geführt wird (§ 24 BGB). Fehlt auch dieser, so richtet sich die Zuständigkeit nach dem Ort des Bergwerkes (§ 17 Abs. 2 ZPO).

Zwingende Vorschriften können durch das Statut niemals geändert werden, auch nicht einstimmig. Welche Vorschriften zwingend sind und damit unabänderlich, ist im § 94 Abs. 3 aufgezählt.

---

[5] §§ 47—53 BGB.

[1] § 41, 2.

## § 44. Name und Rechtspersönlichkeit

Falls in einem Statut nichts anderes bestimmt ist, führt die Gewerkschaft den Namen des Bergwerks, dem sie ihre Entstehung verdankt, das also Rechtsgrundlage der Gewerkschaft überhaupt ist (§ 95). Sie setzt dem Namen des Bergwerks den Zusatz „Gewerkschaft" hinzu. Der Name der Gewerkschaft wird gegen Beeinträchtigung durch Dritte nach den Vorschriften des Bürgerlichen Rechts (§ 12 BGB) geschützt. Eine Namensänderung ist durch die Satzung oder einen statutarischen Beschluß möglich; sie bedarf der Zustimmung von wenigstens $^3/_4$ aller Anteilsinhaber und der Bestätigung des Oberbergamts (§ 94 Abs. 2). Die Bestätigung wird versagt, wenn der gewählte Name gegen das öffentliche Interesse verstößt (z. B. durch Übereinstimmung oder irreführende Ähnlichkeit mit einem anderen Namen).

Die Gewerkschaft ist in vollem Umfang rechts- und geschäftsfähig. Sie kann also unter ihrem Namen Rechte erwerben, Verbindlichkeiten eingehen, auch Eigentum und andere dingliche Rechte erwerben und vor Gericht klagen und verklagt werden (§ 96). Daher kann sie über den verliehenen Bergbau hinaus auch Grundeigentümer- und Staatsvorbehaltsbergbau betreiben sowie — abgesehen von Nordrhein-Westfalen — bergbaufremde Tätigkeiten ausüben. Ihr Gerichtsstand ist bei dem Gerichte, in dessen Bezirk das Bergwerk liegt. Daneben ist ein durch Statut geregelter Gerichtsstand möglich.

Das Bergwerk wird auf den Namen der Gewerkschaft in das Grundbuch eingetragen (§ 97). Eine Eintragung der einzelnen Gewerken erfolgt nicht, da die Gewerkschaft bereits mit der Verleihung des Bergwerkseigentums entstanden ist.

Das Bergwerk kann nur von der Gewerkschaft und nur als Ganzes dinglich belastet werden (§ 98). Eine Belastung zu ideellen oder realen Teilen ist nicht zulässig[1]. Dagegen ist eine Belastung einzelner Bergwerke auch in unterschiedlicher Höhe zulässig, wenn die Gewerkschaft mehrere einzelne Bergwerke besitzt. Zu Beschlüssen, wonach das Bergwerk belastet werden soll, bedarf es einer Mehrheit von $^3/_4$ aller Kuxe (§ 114 Abs. 1).

Für die Verbindlichkeiten der Gewerkschaft haftet nur das Gewerkschaftsvermögen; eine persönliche Haftung der einzelnen Gewerken tritt also nicht ein (§ 99)[2]. Von einem Wechsel der Mitglieder wird die Rechtsfähigkeit der Gewerkschaft nicht berührt; durch ihr Ausscheiden tritt keine Auflösung der Gewerkschaft ein. Die einzelnen Gewerken können auch nicht auf Teilung klagen (§ 100).

---

[1] Mot. ZfB 6, 151.

[2] Dies gilt auch für die Gewerkschaft alten Rechts (§ 227).

Die vorstehend genannten Bestimmungen sind zwingend, können also — außer der Namensgebung (§ 95) — nicht durch die Satzung abgeändert werden (§ 94 Abs. 3).

## § 45. Organe

Die Gewerkschaft wird vertreten durch den Repräsentanten oder den Grubenvorstand, faßt ihre Beschlüsse in Gewerkenversammlungen und hat in manchen Fällen einen Aufsichtsrat.

### 1. Repräsentant (Grubenvorstand)

*a) Bestellung*

Die Gewerkschaft muß einen im Inlande wohnenden Repräsentanten bestellen und der Bergbehörde namhaft machen. Hierzu kommen nur natürliche Personen in Frage. Statt eines einzelnen Repräsentanten kann die Gewerkschaft jedoch einen aus zwei oder mehreren Personen bestehenden Grubenvorstand bestellen. Dabei ist es nicht erforderlich, daß der Repräsentant oder die Mitglieder des Grubenvorstandes Gewerken sind (§ 117). Ein Unterschied in den Rechten zwischen Repräsentant oder Grubenvorstand besteht nicht. Darum gelten die folgenden Ausführungen, soweit sie sich auf den Repräsentanten beziehen, auch für den Grubenvorstand.

Die Wahl eines Repräsentanten erfolgt durch die Gewerkenversammlung mit einfacher Mehrheit; bei Stimmengleichheit entscheidet das Los (§ 118). Auch Ausländer mit Wohnsitz im Inland sind wählbar. Der Repräsentant erhält als Legitimation eine Ausfertigung des notariell oder gerichtlich beurkundeten Wahlprotokolls (§ 118 Abs. 3); hierin sind auch etwaige Beschränkungen seiner Vollmacht aufzunehmen (§ 119 Abs. 4), damit gutgläubige Dritte geschützt werden. Ein Alleingewerke gilt als der natürliche Repräsentant der Gewerkschaft; er muß aber beim Fortzug aus dem Bergrechtsgebiet einen anderen als Repräsentanten bestellen, wenn er die Auflösung der Gewerkschaft vermeiden will. Hat die Gewerkschaft keinen Repräsentanten, sondern einen Grubenvorstand, so führt dieser die Geschäfte gemeinsam und beschließt mit Stimmenmehrheit, falls die Satzung nicht etwas anderes bestimmt[1]. Neben dem Repräsentanten ist die Bestellung eines Grubenvorstandes rechtlich nicht möglich.

Wenn die Gewerkenversammlung es versäumt, einen interimistischen Repräsentanten zu bestellen, so ist das Bergamt befugt, einen solchen einzusetzen, nachdem die Gewerkschaft aufgefordert ist, innerhalb von drei

---

[1] Vgl. § 28 Abs. 1 BGB.

Monaten einen Repräsentanten zu bestellen (§ 127). Die Bergbehörde kann dies aber nur dann verlangen, wenn aus öffentlichen, insbesondere polizeilichen Gründen die Bestellung eines Repräsentanten nötig ist. In den sonstigen Fällen (z. B. Schutz der Rechte der Gewerken) erfolgt die Bestellung eines Ersatzvorstandes durch das Amtsgericht nach den Vorschriften des Bürgerlichen Rechts[2].

*b) Rechtsstellung und Aufgaben*

Der Repräsentant ist der gesetzliche Vertreter[3] der Gewerkschaft in allen gerichtlichen und außergerichtlichen Angelegenheiten (§ 119). Er ist Organ der Gewerkschaft im Sinne des Bürgerlichen Gesetzbuches[4]. Rechtsgeschäfte schließt er im Namen der Gewerkschaft ab. Er ist berechtigt und verpflichtet, Vorladungen und Zustellungen an die Gewerkschaft mit voller Wirkung entgegenzunehmen. Bei einem Grubenvorstand muß ein Mitglied desselben hierzu legitimiert werden; geschieht dies nicht, so kann die Zustellung an jedes Mitglied des Grubenvorstandes erfolgen (§ 123). Der Repräsentant haftet aus den von ihm namens der Gewerkschaft vorgenommenen Rechtshandlungen Dritten gegenüber nicht persönlich, es sei denn, daß er seine Befugnisse vorsätzlich oder fahrlässig[5] überschreitet (§ 126). Eines besonderen Auftrages der Gewerkenversammlung bedarf der Repräsentant, wenn er Zubuße[6] erheben oder Angelegenheiten, die einstimmig oder mit 3 Vierteilen aller Kuxe[7] beschlossen werden mußten, erledigen will (§ 120); in diesen Fällen bedarf er auch einer besonderen Vollmacht (§ 119 Abs. 2). Die Befugnisse des Repräsentanten können durch die Gewerkenversammlung allgemein beschränkt und erweitert werden; dies muß dann in seiner Legitimation vermerkt sein (§ 119 Abs. 4). Dabei darf in keinem Falle dem Repräsentanten die Vertretung der Gewerkschaft vor der Bergbehörde, der Knappschaft und ähnlichen Institutionen des Bergbaues sowie in Prozessen entzogen werden (§ 124 Abs. 2).

Der Repräsentant führt das Gewerkenbuch und fertigt die Kuxscheine aus[8]. Zugleich ist er für die Führung der Geschäftsbücher verantwortlich und muß sie den Gewerken auf Verlangen zur Einsicht vorlegen (§ 121). Ist die Gewerkschaft ins Handelsregister eingetragen, so führt er auch die Handelsbücher und ist für die Bilanz verantwortlich[9]. Er beruft die Ge-

[2] § 29 BGB.

[3] RG v. 24. 1. 1928, ZfB 69, 382; bei Wegfall des bisherigen Repräsentanten ist gem. § 127 ABG mit § 29 BGB zu verfahren, vgl. OVG Münster v. 27. 1. 1965, ZfB 106, 482.

[4] § 26 Abs. 2 BGB.

[5] RG v. 18. 12. 1935, ZfB 76, 471.

[6] Vgl. §§ 102, 129 ABG.

[7] Vgl. § 114 ABG.

[8] Art. 147 Abs. 7 Bay. BG: OBA zuständig.

[9] §§ 38ff. HGB.

werkenversammlung ein (§ 122). Wenn das Bergwerk in Betrieb ist, muß er jährlich mindestens eine Gewerkenversammlung einberufen und ihr die Verwaltungsrechnung vorlegen. Auf Verlangen von mindestens $1/4$ der Eigentümer aller Kuxe ist er verpflichtet, eine Gewerkenversammlung einzuberufen; unterläßt er dies, so erfolgt die Einberufung auf Antrag durch das Bergamt. Unterläßt es die Mehrheit der Gewerkenversammlung, einen Repräsentanten zu wählen oder abzuberufen, so kann das Bergamt auf Antrag eine Gewerkenversammlung zu diesem Zweck einberufen (§ 1122 Abs. 4).

Das Innenverhältnis des Repräsentanten zur Gewerkschaft richtet sich nach den allgemeinen Vorschriften des Bürgerlichen Rechts; es liegt meist ein Dienstvertrag vor, im Falle der Unentgeltlichkeit lediglich ein Auftrag (§ 128).

## 2. Aufsichtsrat

Eine Bestimmung, daß die Gewerkschaften einen Aufsichtsrat haben müssen, enthält das Allgemeine Berggesetz selbst nicht. Daher bleibt es den Gewerkschaften überlassen, dieses Organ durch Satzung einzuführen.

Außerhalb der Berggesetze ist die Bildung eines Aufsichtsrates den Gewerkschaften mit eigener Rechtspersönlichkeit vorgeschrieben:

1. nach dem Betriebsverfassungsgesetz[10] bei mehr als 500 Arbeitnehmern (der Aufsichtsrat muß zu einem Drittel aus Vertretern der Arbeitnehmer bestehen),
2. nach dem Mitbestimmungsgesetz[11] bei mehr als 1000 Arbeitnehmern, wenn der überwiegende Betriebszweck in der Förderung oder Verarbeitung von Steinkohle, Braunkohle oder Eisenerz besteht (die Arbeitnehmer sind paritätisch im Aufsichtsrat vertreten).

Bei den unter das Mitbestimmungsgesetz fallenden Gewerkschaften ist ein Arbeitsdirektor als gleichberechtigtes Mitglied des zur Vertretung berufenen Organs vorgeschrieben (§ 13 aaO); daher ist hier — entgegen den Vorschriften des Allgemeinen Berggesetzes (§ 117) — nur die Bestellung eines Grubenvorstandes, nicht die eines Repräsentanten zulässig.

## 3. Gewerkenversammlung

Das oberste Organ der Gewerkschaft ist die Gewerkenversammlung (§ 111 Abs. 1). Sie umfaßt die Eigentümer sämtlicher Kuxe und ist zuständig für alle die Gewerkschaft betreffenden Angelegenheiten, soweit sie nicht

---

[10] § 77 BetriebsverfassungsG v. 11. 10. 1952, BGBl. I 681, ZfB 94, 3.

[11] MitbestimmungsG v. 21. 5. 1951, BGBl. I 347, ZfB 92, 137, i. d. F. d. ErgänzG v. 7. 8. 1956, BGBl. I 707, ZfB 97, 239, und des EinfG zum AktG v. 6. 9. 1965, BGBl. I 1185, ZfB 107, 11.

nach dem Gesetz oder dem Statut auf den Repräsentanten — evtl. auf den Aufsichtsrat — übertragen sind. Lediglich bei der sog. Ein-Mann-Gewerkschaft (alle Kuxe in einer Hand) ist keine Gewerkenversammlung als solche möglich; hier handelt der Gewerke aus eigener Entschließung[12].

*a) Stimmabgabe*

Das Stimmrecht wird in der Gewerkenversammlung nach Kuxen, niemals nach Personen ausgeübt (§ 111 Abs. 2). Die Anzahl der Kuxe bildet also die Anzahl der Stimmen. Die Ausübung des Stimmrechts ist für einen Gewerken ausgeschlossen, wenn die Beschlußfassung ein Rechtsgeschäft oder einen Rechtsstreit mit ihm betrifft[13]. Beschlußfähig ist die Gewerkenversammlung, wenn alle im Gewerkenbuch (§ 106) eingetragenen Gewerken anwesend sind oder unter Angabe der Tagesordnung zu der Gewerkenversammlung geladen (§ 112) waren. Ist bei der ersten Gewerkenversammlung eine Mehrheit der Kuxe nicht vertreten, so sind sämtliche Gewerken mit dem Hinweis, daß in der nächsten Versammlung ohne Rücksicht auf die Zahl der vertretenen Kuxe die Gewerkschaft beschlußfähig ist, zu einer zweiten Versammlung mit gleicher Tagesordnung zu laden. Über jede Gewerkenversammlung ist ein Protokoll aufzunehmen (§ 113 Abs. 5). Gerichtliche oder notarielle Beurkundung ist nur erforderlich, wenn statutarische Beschlüsse (§ 94 Abs. 2) oder solche, die eine Eintragung im Grundbuch zur Folge haben (§ 29 Abs. 2 GBO), gefaßt werden, wenn ein Repräsentant gewählt werden soll (§ 118 Abs. 3) sowie bei Umwandlungen und Verschmelzungen in andere Gesellschaftsformen[14].

*b) Beschlußfassung*

Die Beschlußverfassung der Gewerkenversammlung erfolgt:

1. mit einfacher Mehrheit, wenn nicht einer der Fälle 2, 3 und 4 vorliegt;

2. mit $3/4$-Mehrheit aller (also auch der nicht vertretenen) Kuxe, wenn es sich um eine Verfügung über die Substanz eines auf Verleihung beruhenden, wenn auch erst später erworbenen Bergwerks (insbesondere Verkauf, Tausch, Verpfändung, sonstige dingliche Belastung oder Verpachtung) handelt (§ 114 Abs. 1);

3. einstimmig, wenn es sich um Verfügungen über das verliehene Bergwerkseigentum durch Verzicht oder Schenkung[15] handelt (§ 114 Abs. 2);

---

[12] RG v. 1. 4. 1936, ZfB 77, 175.

[13] § 34 BGB.

[14] Umwandlungsgesetz, s. o. § 42 Anm. 1.

[15] also unentgeltlich, KG v. 28. 4. 1938, ZfB 79, 579.

4. mit ¾-Mehrheit bei der Umwandlung der Gewerkschaft in eine andere Gesellschaftsform[16].

Falls die Gewerken deswegen nicht zu einer Gewerkenversammlung geladen werden können, weil ihr Aufenthalt unbekannt ist, muß beim Amtsgericht die Bestellung eines Abwesenheitspflegers beantragt werden (§ 1911 BGB).

*c) Anfechtung*

Die Gewerkschaftsbeschlüsse können von jedem Gewerken bei den ordentlichen Gerichten mit der Begründung angefochten werden, daß der Beschluß nicht zum Besten der Gewerkschaft gereiche (§ 115). Klageberechtigt ist jeder im Gewerkenbuch eingetragene Gewerke (§ 106), selbst wenn er dem Beschluß zugestimmt hat. Die Klage richtet sich gegen die Gewerkschaft und muß binnen einer Ausschlußfrist von vier Wochen vom Ablauf des Tages an, an dem der Gewerkschaftsbeschluß gefaßt ist, erhoben werden. Der Klageantrag lautet auf Aufhebung des Gewerkschaftsbeschlusses. Durch das Statut der Gewerkschaft kann festgelegt werden, daß und unter welchen Formen an Stelle des ordentlichen Gerichts ein Schiedsgericht entscheiden soll. Dagegen kann die völlige Ausschließung der Klage durch Statut nicht als zulässig angesehen werden, weil sie die Rechte einer Minderheit schmälern könnte. Keine Klage ist möglich gegen die statutarischen Beschlüsse, weil diese der Bestätigung des Oberbergamtes unterliegen und hierbei bereits die Interessen der Gewerkschaft geprüft werden (§ 115 Abs. 3).

Neben dieser Anfechtungsklage sind die bürgerlich-rechtlichen Möglichkeiten einer Anfechtungsklage wegen Irrtums, Drohung und Täuschung gegeben, ebenso die allgemeine Feststellungsklage wegen (formeller) Nichtigkeit des Beschlusses.

Die Erhebung der bergrechtlichen Anfechtungsklage hat grundsätzlich keine aufschiebende Wirkung. Eine Ausnahme bilden jedoch die Beschlüsse, die sich auf Gegenstände, die ¾-Mehrheit oder Einstimmigkeit erfordern, sowie auf Zubuße beziehen (§ 116 Abs. 3). Die Aufhebung eines Gewerkschaftsbeschlusses durch das ordentliche Gericht wirkt in den übrigen Fällen nur ex nunc, d. h. erst von der Rechtskraft der gerichtlichen Entscheidung ab verliert der Beschluß seine Gültigkeit (§ 116). Die Aufhebung des Beschlusses durch das Gericht gilt nicht nur für den Kläger, sondern für alle Gewerken, da sich die Aufhebung gegen die Gewerkschaft richtet.

---

[16] Vgl. o. § 42 Anm. 1.

## § 46. Rechte und Pflichten der Gewerken

### 1. Der Kux

Der gewerkschaftliche Anteil heißt Kux. Er ist keine Sache, sondern er repräsentiert die Mitgliedschaft an einer Gewerkschaft und ist der Inbegriff aller mit dieser Mitgliedschaft verbundenen Rechte und Pflichten[1]. Hierzu gehören u. a. das Recht auf Berufung einer Gewerkenversammlung, Stimmrecht, das Recht zur Anfechtung von Gewerkschaftsbeschlüssen, auf Einsicht in die Geschäftsbücher, eines Anspruchs auf Ausbeute und auf den Erlös aus einer Liquidation; zugleich verpflichtet der Kux zur Zahlung der Zubuße (§ 102).

Die Zahl der Kuxe beträgt 100; es ist aber möglich, durch das Statut diese Zahl auf 1000 oder ein Vielfaches davon, höchstens jedoch 10000 zu erhöhen (§ 101)[2]. Ein solcher Beschluß bedarf der Bestätigung durch das Oberbergamt, das dabei im öffentlichen Interesse zu prüfen hat, ob die Erhöhung auch dem vorhandenen Geschäftsvermögen entspricht. Da die Gewerkschaft — außer in Nordrhein-Westfalen — durch Aushändigung der Verleihungsurkunden über das Bergwerkseigentum entsteht[3], hat sie im Zeitpunkt dieser Entstehung auch nur 100 Kuxe, denn eine statutarische Regelung, die zu einer höheren Kuxzahl führen soll, ist erst nach der Aushändigung der Verleihungsurkunde möglich.

Der Kux ist unteilbar und gehört zum beweglichen Vermögen (§ 101 Abs. 3). Es ist aber rechtlich unbedenklich, daß ein Kux mehreren Personen zum Mit- oder Gesamteigentum gehört.

Über sämtliche Mitglieder der Gewerkschaft und deren Kuxe wird ein Verzeichnis — das Gewerkenbuch — von der Gewerkschaft[4] (Repräsentanten oder Grubenvorstand) geführt (§ 103). Es dient zur Legitimation der Gewerken gegenüber der Gewerkschaft. Nur wer im Gewerkenbuch als Eigentümer der Kuxe verzeichnet ist, gilt als Gewerke. Er kann unabhängig von der wahren Rechtslage der Gewerkschaft gegenüber seine Rechte als Gewerke aus dem Kux ausüben (§ 106). Deshalb ist bei einer Veräußerung von Kuxen eine alsbaldige Umschreibung auf den Erwerber im Gewerkenbuch notwendig. Auf Verlangen wird jedem Gewerken ein Anteilschein — Kuxschein — ausgefertigt (§ 103). Er ist ein Wertpapier und hat den Zweck, die Mitgliedschaft und das Beteiligungsverhältnis in glaubhafter Form zu beurkunden und die Sicherung des Verkehrs mit Gewerkschaftsanteilen zu fördern[5]. Die Ausstellung der Kuxscheine er-

---

[1] Mot. ZfB 6, 143ff.

[2] In den einzelnen Berggesetzen verschieden.

[3] Vorausgesetzt, die übrigen Erfordernisse sind gegeben.

[4] Siehe aber Art. 147 Bay. BG, wonach das Gewerkenbuch beim OBA geführt wird.

[5] Mot. ZfB 6, 152.

folgt nur auf ausdrücklichen Antrag seitens des im Gewerkenbuch eingetragenen Eigentümers[6] auf dessen Namen; sie dürfen niemals auf den Inhaber lauten. Wenn der Kuxschein verlorengegangen ist, muß er im Aufgebotsverfahren durch das Amtsgericht für kraftlos erklärt und sodann erneuert werden (§ 110).

## 2. Zubuße und Ausbeute

Nach dem Verhältnis ihrer Kuxe nehmen die Gewerken am Gewinn und Verlust teil (§ 102). Im Gewerkschaftsrecht wird nicht von Verlust und Gewinn, sondern von Ausbeute und Zubuße gesprochen. Zur Ausbeute gehört der Überschuß (Gewinn) und das (früher aufgebrachte) nicht mehr benötigte Kapital. Die Zubuße ist eine Geldleistung der Gewerken, die auf Grund eines Gewerkenbeschlusses Beiträge für Verbindlichkeiten der Gewerkschaft und für Betriebszwecke nach dem Verhältnis ihrer Kuxe zahlen müssen (§ 102). Da die bergrechtliche Gewerkschaft — entgegen allen anderen Gesellschaftsformen — keines Gründungskapitals bedarf, wird allen Gewerken die Pflicht zur Zubuße auferlegt. Zubußefreie Kuxe (sog. Freikuxe) gibt es bei der Gewerkschaft neuen Rechts nicht (§ 224 Abs. 1). Die Zubuße und Ausbeute wird durch die Gewerkenversammlung beschlossen. Der einzelne Gewerke hat keinen unmittelbaren Anspruch auf Ausbeute. Seine Zubußepflicht besteht nur der Gewerkschaft, nicht den Gläubigern gegenüber[7]. Das frühere Retardat- oder Kaduzierungsverfahren, wonach bei Nichtzahlung der Zubuße das Bergamt einen Kux zugunsten der übrigen Gewerken für verlustig erklären konnte, gibt es nicht mehr.

Zahlt der Gewerke die Zubuße nicht, so kann die Gewerkschaft vier Wochen danach (wegen der dem Gewerken bis dahin zustehenden Klage auf Anfechtung des Gewerkschaftsbeschlusses) Klage gegen den Gewerken auf Zahlung seines Zubußebeitrages vor dem ordentlichen Gericht erheben.

## 3. Abandonrecht

Der Gewerke kann seine Verurteilung und die Zwangsvollstreckung dadurch abwenden, daß er durch Erklärung gegenüber der Gewerkschaft und unter Überreichung des Kuxscheines, falls ein solcher ausgestellt ist, den Verkauf seines Anteils der Gewerkschaft zwecks Befriedigung anheimstellt (sog. Abandonrecht). Dies kann noch im Zwangsvollstreckungsverfahren geschehen. Das Anheimstellen (Abandonieren) hat zur Folge,

---

[6] RG v. 8. 11. 1902, ZfB 45, 89.
[7] RG v. 7. 6. 1905, ZfB 46, 526.

daß sich die Haftung des Gewerken auf den Kux selbst beschränkt; sein sonstiges Vermögen haftet also für den Zubußerückstand nicht (§ 130). Die Gewerkschaft muß den Kux versteigern lassen; die Versteigerung richtet sich nach den Vorschriften der Zivilprozeßordnung über Zwangsvollstreckungen in körperliche Sachen[8]. Ein freihändiger Verkauf ist nicht gestattet, weil der Gewerkschaft hierzu die Vertretungsmacht fehlt. Aus dem bei der Versteigerung erzielten Erlös werden zunächst die Versteigerungskosten und dann die geschuldeten Beiträge gezahlt; ergeben sich hierbei noch Überschüsse, so stehen diese dem Gewerken zu. Ist der Anteil unverkäuflich, so werden die Kuxe den anderen Gewerken nach dem Verhältnis ihrer Anteile zugeschrieben; soweit dies nicht möglich ist, wird der Kux der Gewerkschaft als solcher im Gewerkenbuch lastenfrei zugeschrieben, da die Teilung eines Kuxes rechtlich nicht zulässig ist. Diese sog. „ruhenden" Kuxe geben kein Stimmrecht.

## 4. Übertragung der Kuxe

Während das Abandonrecht einen Verzicht auf den Kux zur Abwendung der Zwangsvollstreckung darstellt, hat der Gewerke auch die Möglichkeit eines freiwilligen Verzichts, wenn der Kux zubuße- und lastenfrei ist (§ 132). Ist der Kux verpfändet, so muß die Einwilligung der Pfandgläubiger beigebracht werden. Der Kux geht in das Eigentum der Gewerkschaft über. Verfügt diese nicht anderweitig darüber, so erfolgt freihändiger Verkauf durch den Repräsentanten. Der Erlös steht der Gewerkschaft zu.

Ein Kux kann auf eine andere Person übertragen werden. Hierbei sind zu unterscheiden das obligatorische Rechtsgeschäft und das dingliche Recht an dem Kux. Das obligatorische Rechtsgeschäft richtet sich nach den Vorschriften des Bürgerlichen Gesetzbuches. Für das dingliche Recht gilt folgendes:

1. Eine Einwilligung der Mitgewerken zur Übertragung des Kuxes auf eine andere Person ist nicht erforderlich, jedoch ist es zulässig, ihnen durch Statut ein Vorkaufsrecht zuzubilligen (§ 104).

2. Die Abtretung des Kuxes (nicht die Annahme) bedarf der schriftlichen Form; der Übertragende ist zur Aushändigung des Kuxscheines verpflichtet. Die Abtretung ohne diesen Kuxschein ist zwar wirksam, jedoch ist die Umschreibung im Gewerkenbuch auf den Namen des neuen Eigentümers nur auf Grund der Übertragungsurkunde und gegen Vorlage des Kuxscheines möglich (§ 105). Auf die Aushändigung des Kuxscheines besteht ein schuldrechtlicher Anspruch des Erwerbers aus dem obligatorischen Rechtsgeschäft (Vertrag). Der neue Gewerke kann der Gewerkschaft gegenüber seine Rechte aus dem Kuxschein nicht ausüben, wenn er nicht im Gewerkenbuch als Eigentümer verzeichnet ist (§ 106).

---

[8] §§ 808, 821, 822 ZPO.

Bei freiwilligen Veräußerungen von Kuxscheinen gilt im Innenverhältnis zwischen Veräußerer und Erwerber für die Haftung der Zeitpunkt der Abtretung. Im Verhältnis zur Gewerkschaft dagegen muß der Veräußerer noch für alle Zubußen haften, die bis zum Eingang des Antrages auf Umschreibung im Gewerkenbuch beschlossen sind (§ 107). Der Erwerber hat daneben für alle Zubußen einzutreten, wenn sie vor seiner Eintragung im Gewerkenbuch, jedoch nach der Abtretung des Kuxes an ihn beschlossen sind, weil er in die Rechte und Pflichten des Veräußerers eintritt. In diesem Rahmen haften Veräußerer und Erwerber als Gesamtschuldner[9].

Bei nicht freiwilligem Übergang der Kuxe (im Wege der Zwangsversteigerung) haftet der alte Gewerke nur für die bis zum Zuschlag im Versteigerungsverfahren beschlossenen Zubußen, der neue Gewerke für die danach beschlossenen. Ein Kux kann auch verpfändet werden. Hierzu ist neben dem obligatorischen Rechtsgeschäft eine schriftliche Erklärung des Verpfänders[10] und Übergabe des Kuxscheines erforderlich (§ 108). Bei der Verpfändung verbleiben die Ausbeute und das Stimmrecht bei dem Gewerken[11]; er kann den Kux nicht mehr abandonieren, weil er ihn nicht mehr besitzt.

## § 47. Gewerkschaft alten Rechts

Die Gewerkschaft des alten Rechts[1] (also aus der Zeit vor dem Inkrafttreten des Allgemeinen Berggesetzes) ist nicht aufgehoben, sondern besteht weiter. Verliert eine Gewerkschaft alten Rechts das Eigentum an ihrem Bergwerk, so wird sie aufgelöst[2].

Die Gewerkschaft alten Rechts ist keine juristische Person[3]. Die Gewerken sind Miteigentümer des Bergwerks nach Bruchteilen[4]. Ihre Kuxe gehören nicht zum beweglichen Vermögen. Sie unterliegen den für Grundstücke geltenden Bestimmungen (§ 231). Das Grundbuch ersetzt also das Gewerkenbuch. Kuxscheine gibt es daher nicht. Die einzelnen Gewerken werden als Eigentümer ihrer Kuxe in das Grundbuch eingetragen[5]. Die

---

[9] RG v. 8. 3. 1902, ZfB 43, 364.

[10] RG v. 22. 12. 1906, ZfB 48, 379.

[11] Streitig, vgl. *Voekel* S. 180; *Isay* I, § 108 Anm. 14.

[1] Zum Rechtscharakter, OVG Münster v. 8. 10. 1958, ZfB 100, 218.

[2] OVG Münster a.a.O.

[3] *Isay* II, § 227 Anm. 1 hält auch sie für eine juristische Person.

[4] So KG v. 4. 7. 1898, ZfB 40, 377; KG v. 3. 3. 1921, ZfB 62, 253, RG v. 27. 9. 1924, ZfB 66, 80, OVG Münster a.a.O. *Voelkel*, S. 184, nimmt Gesamthandseigentum an.

[5] LG Siegen v. 17. 8. 1957, ZfB 98, 266.

Gewerkschaft selbst hat einen Repräsentanten und eine Gewerkenversammlung, jedoch kein Statut (§ 227). Sie kann zwar verklagt werden[6], jedoch nicht selbst klagen[7]. Die frühere Kuxeinteilung (128 oder 132 Kuxe) gilt weiter. Einzelne Kuxe können belastet werden (§§ 228 bis 230). Die Gewerkschaft alten Rechts kann sich in eine Gewerkschaft neuen Rechts umwandeln; hierzu bedarf sie einer $^3/_4$-Mehrheit aller Kuxe und der Bestätigung durch das Oberbergamt (§ 235a ff.).

## VI. Grundabtretung

Schrifttum: *Dahm*, Die Rechtsnatur der bergrechtlichen Grundabtretung, Diss. Bonn 1962; *Heinemann, P.*, Raumordnung und bergrechtliche Grundabtretung, Diss. Köln 1961; ders., Die Rechtsnatur der Zwangsgrundabtretung und ihrer Versagung nach heutiger Enteignungslehre, ZfB 103, 306; *Klostermann*, Die rechtlichen Beziehungen zwischen dem Bergbautreibenden und dem Grundbesitzer, *Gruchot*, Bd. 21, 245; 22, 300; *Krautschneider*, Die Zwangsgrundabtretung unter besonderer Berücksichtigung der Verhältnisse im Lande Nordrhein-Westfalen, Glückauf 1957, 140, 1485; *Platte*, Pächter und Grundabtretung nach preußischem Recht, ZfB 72, 447; *Schulte*, H., Privatrechtliche Aufopferung und Enteignung (Zugleich ein Veitrag zu dem Problem der Rechtsnatur der bergrechtlichen Grundabtretung), Diss. Münster 1964; ders. Zur Rechtsnatur der bergrechtlichen Grundabtretung, ZfB 106, 161; ders., Enteignung und privatrechtliche Aufopferung, DVBl. 1965, 386; *Turner*, ZfB 108, 45 (54ff.); *Voelkel*, Die bergrechtliche Zwangsgrundabtretung, ZfB 51, 45, 391; *Weiss*, Der Rechtscharakter der bergrechtlichen Grundabtretung, Diss. Münster 1962; *Westhoff*, Bergbau und Grundbesitz, Bd. 2: Die Grundabtretung, Die öffentlichen Verkehrsanstalten, 1906; ders., Grundlegende Fragen des bergbaulichen Enteignungsrechts, ZfB 46, 43; *Wittus*, Die Entschädigung des Grundeigentümers im Falle des § 138 ABG, ZfB 54, 264; *Willecke*, Die Rechtsbeziehungen zwischen Bergwerkseigentümern und Grundeigentümern bei der Rückgabe von Grundstücken, deren Nutzung durch Grundabtretung erlangt worden ist, ZfB 109, 61; *Zydek*, Anmerkung zum Urteil des BVerwG v. 7. 11. 1959 (zur Frage, ob Grundabtretung Enteignung ist), ZfB 101, 97.

## § 48. Allgemeines

Der Bergbau benötigt für seine Tagesanlagen Raum an der Oberfläche. Da er an die Lagerstätte und damit standortgebunden ist, wird ihm vom Gesetzgeber ein Vorrang gegenüber dem Grundeigentum eingeräumt. Der Grundbesitzer muß den für den Betrieb des Bergbaues erforderlichen Grund und Boden zur Benutzung zur Verfügung stellen. Sofern sich die

---

[6] § 50 Abs. 2 ZPO.

[7] Bestr., vgl. aber § 14 EG ZPO.

Bergbautreibenden und der Grundbesitzer nicht gütlich darüber einigen können[1], erfolgt dies durch einen Hoheitsakt. Einigen sich die Parteien gütlich, so bedeutet dies nicht, daß sie, wenn jeglicher Anhalt dafür fehlt, gewillt sind, ihre Rechtsbeziehungen nach den Vorschriften der Berggesetze zu regeln[2].

Im Gegensatz zur Enteignung, die das Vorliegen von Gründen des öffentlichen Interesses voraussetzt, wobei das Enteignungsrecht als solches vorher durch Gesetz zugesprochen und durch Verwaltungsakt geschaffen[3] wird, beruht die Grundabtretung auf einem unmittelbar gesetzlich begründeten, im Verwaltungsrechtswege erzwingbaren Anspruch, dem das öffentliche Interesse nicht widersprechen darf. Die Grundabtretung selbst stellt eine gesetzliche Eigentumsbeschränkung dar. Die Bestimmungen über die Grundabtretung sind nachbarrechtliche Kollisionsnormen[4]. Als Enteignung erweisen sie sich nur, wenn die Eingriffe von solcher Intensität sind, daß ein bestimmtes Maß von Schwere überschritten ist[5]. Sie erfolgt grundsätzlich nur zur Benutzung des zu Betriebszwecken erforderlichen Grund und Bodens, weil ein Eingriff in das Grundeigentum über die Belange des Bergwerksbetriebes hinaus eine nicht mehr vertretbare Einschränkung des im Grundgesetz (Art. 14) garantierten Eigentumsrechts darstellt. Die Grundabtretung zu Eigentum ist ein Ausnahmefall.

## § 49. Voraussetzungen

Die Grundabtretung kann nur verlangt werden, wenn die Benutzung eines fremden Grundstücks für den Betrieb des Bergbaues notwendig ist (§ 135). Die Notwendigkeit wird anerkannt, wenn die Anlage nach den Grundsätzen einer technisch und wirtschaftlich regelrechten Betriebsführung an dem dazu ausgewählten Platz — wenn auch nicht sofort, so doch in nächster Zukunft[1] — erforderlich oder wenigstens zweckmäßig ist. Wird dies bejaht, so kann der Grundeigentümer den Bergbautreibenden nicht auf ein anderes, ebenso geeignetes Grundstück verweisen[2]. Betriebsplanmäßig (also bergbehördlich) dürfen gegen die Zulassung keine Bedenken bestehen.

---

[1] Zu der Frage, ob ein freiwilliger Überlassungsvertrag öffentlich-rechtlicher oder privatrechtlicher Natur ist, vgl. BGH v. 25. 9. 1963, ZfB 105, 228.

[2] BGH, a.a.O. (S. 234).

[3] Vgl. z. B. § 37 BundesbahnG v. 13. 12. 1951.

[4] Vgl. *Schulte*, Diss., S. 142ff. mit Hinweis auf die entgegengesetzte Ansicht (S. 147).

[5] Näher *Turner*, Berechtsamswesen, S. 147ff.; ZfB 108, 54ff.

[1] RekB v. 30. 6. 1925, ZfB 66, 560 und v. 10. 11. 1944, ZfB 84/86, 266.

[2] RekB v. 30. 6. 1925, ZfB 66, 560.

Räumlich geht die Möglichkeit der Grundabtretung über den Bereich der Bergaufsicht hinaus. Sie ist nicht nur für den Bergwerksbetrieb selbst, für Halden, Ablade- und Niederlageplätze, sondern auch zur Benutzung von Wegen, Eisenbahnen, Kanälen, Maschinenanlagen, Wasserläufen, Teichen, für Hilfsbaue, Zechenhäuser und andere für Betriebszwecke geeignete Tagesgebäude[3], Anlagen und Vorrichtungen, eigene Aufbereitungsanlagen, Solleitungen und Solbehälter, sowie für Anlagen zur Lagerung und Fortleitung[3a] von Erdöl[4] möglich. Die Aufzählung in § 135 ist nicht erschöpfend; es fallen hierunter auch Grubenholzplätze, Wohnhäuser für Arbeitnehmer, wenn diese unbedingt am Werksplatz wohnen müssen,

---

[3] Hierzu werden auch „zugehörige Betriebsanstalten" gerechnet, vgl. *Müller-Erzbach*, S. 314.

[3a] Beim Bau und Betrieb von Pipelines treten Rechtsfragen auf, die sowohl das öffentliche Recht, als auch das Privatrecht berühren. Auf dem öffentlichrechtlichen Sektor ist von Bedeutung das sog. Pipelinegesetz (2. Gesetz zur Änderung des Wasserhaushaltsgesetzes v. 6. 8. 1964, BGBl. I 611, ZfB 105, 403), das die Errichtung von Rohrleitungen für wassergefährdende Stoffe der wasserrechtlichen Genehmigungspflicht unterwirft. Zu beachten ist beim Bau von Pipelines weiterhin die rechtliche Problematik beim Kreuzen von öffentlichen Wegen und Bundesbahnanlagen. Weiterhin spielen eine wesentliche Rolle die gewerbe-, energie- und baurechtlichen Vorschriften. Auf dem Gebiet des Privatrechts bringt der Bau einer Pipeline ebenfalls Schwierigkeiten mit sich. An erster Stelle steht hier das Problem der Landbeschaffung. Scheitert der Versuch einer gütlichen Einigung mit dem Grundstückseigentümer, bleibt nur die Enteignung. Zu beachten ist hierbei, daß eine Enteignung gem. § 11 Energiewirtschaftsgesetz nicht für Mineralölpipelines möglich ist, vielmehr nur für Gasleitungen. Bei Ölleitungen kann nur nach den Landesenteignungsgesetzen vorgegangen werden, sofern nicht das Erdölgesetz anzuwenden ist. — Vgl. zu den Einzelfragen folgendes Schrifttum: *Bullinger*, Die Mineralölfernleitungen, 1962; *Erdsiek*, Fernölleitungen, NJW 1963, 1390; *Engert*, Das zweite Gesetz zur Änderung des Wasserhaushaltsgesetzes (Pipelinegesetz), DVBl. 1965, 6; *Gossrau*, Das Recht der Mineralölfernleitungen, Recht der Wasserwirtschaft, Heft 13, 1964; *Gnüg*, Das zweite Gesetz zur Änderung des Wasserhaushaltsgesetzes (Pipelinegesetz), Bemerkungen zu den Ausführungen *Engerts*, DVBl. 65, 149; *Hess*, Die rechtliche Behandlung der Rohrleitungen, 1969; *Horster*, Die Zulassung von Mineralöl-Pipelines, Diss. Bonn 1969; *Hurst*, Erdgasleitungen — Grundsätzliches zum Wegebenutzungsvertrag, Kommunalwirtschaft 1965, 207, 329; *Joachim*, Die enteignungs- und energierechtliche Problematik für Versorgungsleitungen, NJW 69, 2175; *Kindermann*, Rechtsprobleme beim Bau und Betrieb von Erdölfernleitungen, 1965; *Koch*, Zivilrechtliche Fragen zur Mineralölfernleitung, Diss. Hamburg 1969; *Kopelmanas*, Internationale Rechtsfragen des Energietransports durch Pipelines, Veröffentl. des Instituts für Energierecht an der Univ. Bonn (Köln) Heft 1/2, S. 65; *Kübler*, Zur rechtlichen Problematik grenzüberschreitender Mineralölfernleitungen, DÖV 1968, 308; *Sobek*, Die wirtschaftliche Bedeutung von Rohölfernleitungen in der Bundesrepublik, Vorträge und Beiträge aus dem Institut für Verkehrswissenschaft an der Univ. Münster, Heft 19, Göttingen, 1959; *Westermann*, Aktuelles und werdendes Recht der Mineralölfernleitungen, 1964.

[4] § 2 Abs. 2 ErdölG.

Starkstromleitungen, Seilbahnen. Insgesamt gehören hierher alle Anlagen für die Durchführung des Betriebes und des Abtransportes von Material sowie Anlagen zum Zwecke des Absatzes. Da der Eingriff in das Grundeigentum nicht weitergehen darf, als die Betriebszwecke dies erfordern, kommt mitunter (z. B. bei Wegen, Kanälen) nur ein Mitbenutzungsrecht in Frage.

Die Benutzung bezieht sich nur auf die Oberfläche und ist niemals möglich, um zusätzlich Abbaurechte (z. B. Sandgewinnung) zu erlangen. Will der Bergwerksunternehmer die Oberfläche planmäßig zu Bruch bauen, so ist dies kein Bergschaden, sondern ebenfalls Benutzung eines fremden Grundstücks, wenn das Zubruchbauen betriebsplanmäßig erforderlich ist[5]; in diesem Fall bedarf es also auch der Grundabtretung. Auf jeden Fall darf die Benutzung des abgetretenen Grund und Bodens seitens des Bergbautreibenden nur zu solchen Zwecken geschehen, zu denen die Abtretung erfolgt ist. Das beanspruchte Grundstück muß ein fremdes sein; ein fremdes Bergwerkseigentum kann nicht zur Grundabtretung herangezogen werden, wohl aber Grundeigentum eines anderen Bergwerkseigentümers, das dieser für seinen Betrieb nicht benötigt. Anspruchsberechtigter bei der Grundabtretung ist der Bergwerksbesitzer (also auch der Pächter oder Nießbraucher). Anspruchsgegner ist der Grundbesitzer (also Eigentümer, Nießbraucher, Erbbauberechtigter oder Pächter eines Grundstücks[6]). Der Anspruch selbst geht auf Benutzung gegen Entgelt und ist durchführbar durch

1. gütliche Einigung[7] (Pachtvertrag oder Kaufvertrag mit Übereignung des Grundstücks);

2. Zwangsgrundabtretung mit Hilfe der Grundabtretungsbehörden (Oberbergamt und Regierungspräsident, § 142).

Die Abtretung darf nur aus Gründen des öffentlichen Interesses versagt werden, wobei geringfügige Störungen (z. B. der Landwirtschaft oder der Bautätigkeit) nicht genügen (§ 136 Abs. 1). Ausdrücklich muß das überwiegende öffentliche Interesse lediglich dann bejaht werden, wenn der Wirtschaftsminister entgegen dem Willen des Grundbesitzers der Grundabtretung zustimmen will, obwohl es sich um eine Abtretung des mit Wohn-Wirtschafts- und Fabrikgebäuden bebauten Grund und Bodens und der damit in Verbindung stehenden eingefriedigten Hofräume handelt (§ 136 Abs. 2)[8].

---

[5] RG v. 4. 5. 1887, ZfB 28, 390.

[6] RG v. 27. 4. 1918, ZfB 60, 96.

[7] Zum Rechtscharakter s. BGH v. 25. 9. 1963, ZfB 105, 228.

[8] So auch Bay. BG Art. 179 Abs. 2; in den übrigen Berggesetzen nicht vorgesehen.

## § 50. Rechtsverhältnis zwischen den Beteiligten

Durch die Grundabtretung entsteht ein Rechtsverhältnis zwischen den Beteiligten, bei dem zu unterscheiden ist, ob es sich nur um ein Benutzungsrecht oder um einen Eigentumsübergang handelt; ebenso ist zu unterscheiden, ob das Recht freiwillig oder zwangsweise entsteht.

### 1. Rechtscharakter

Das Grundabtretungsrecht ist ein dingliches Recht bergrechtlichen Charakters. Im bergrechtlichen Schrifttum wird die Grundabtretung zum Teil als Enteignung[1], von anderen Autoren als privatrechtliches Institut verstanden, und zwar als privatrechtliche Eigentumsbeschränkung des Grundeigentums[2]. Während die Vertreter der beiden genannten Ansichten ihren Standpunkt auf den gesamten Bereich der Grundabtretung beziehen, ist richtiger danach zu unterscheiden, ob Anlagen, zu deren Zweck die Grundabtretung vorgesehen ist, zum Bergbau selbst gehören oder dem Zweck des Absatzes der Produkte dienen[3]. Eine Einschränkung ist insofern am Platz, als die Bestimmungen über die Grundabtretung sich zwar im allgemeinen als dem Privatrecht zugehörend erweisen und als nachbarrechtliche Kollisionsnormen bezeichnet werden können. Dies gilt allerdings nur, wenn die Maßnahmen zur Realisierung des Gewinnungsrechts notwendig sind und die Grenze zur Enteignung nicht überschritten ist[4]. Als Enteignung erweist sich die Grundabtretung auch, wenn sie nicht zur Benutzung, sondern zu Eigentum erfolgt.

In den Fällen, in denen die Grundabtretung eine Enteignung ist, taucht die Frage auf, ob für jeden Einzelfall festgestellt werden muß, ob das Wohl der Allgemeinheit gegeben ist (Art. 14 Abs. 3 Satz 1 GG). Eines solchen Verfahrens bedarf es nicht, vielmehr ist den bergrechtlichen Bestimmungen zu entnehmen, daß das Wohl der Allgemeinheit generell vermutet wird.

---

[1] *Dahm*, S. 20; *Ebel-Weller*, Vorbem. vor § 134 Anm. 2 (S. 247); *Heinemann, P.*, Diss., S. 95; ders., ZfB 103, 311; *Miesbach-Engelhardt*, Überbl. vor Art. 178—§ 135 Anm. V 1 (mit gewissen Einschränkungen); *Zydek*, ZfB 101, 97.

[2] *Boldt*, Vorbem. vor §§ 135 Anm. 2, 3; *Isay* II, § 135 Anm. 1; *Voelkel*, Grundzüge, S. 146; ders., ZfB 51, 45, 391.

[3] So *Schulte, H.*, ZfB 106, 161, 169; *Klostermann*, Lehrbuch, S. 297f.; Motive der Kommissionen des Abgeordnetenhauses, bei *Hahn*, Allgemeines Berggesetz für die pr. Staaten nebst den vollständigen Mineralien zur Erläuterung desselben, 1865, S. 257; vgl. auch *Miesbach-Engelhardt*, Überbl. vor Art. 178—§ 135 Anm. V 1 (S. 348). Zu der Frage, warum es nicht willkürlich ist (wie *Bähr*, Art. 178, Anm. 1, S. 106, meint), eine solche Differenzierung vorzunehmen, vgl. *Turner*, Berechtsamswesen, S. 151f.

[4] Näher *Turner*, Berechtsamswesen, S. 147ff.; ZfB 108, 57.

Nur wenn andere öffentliche Interessen berührt sind, ist zu prüfen, ob das Interesse am Bergbau vorrangig ist oder ob die anderen öffentlichen Belange ein Übergewicht haben[5].

## 2. Benutzungsrecht

Dieses Recht besteht im Verhältnis des jeweiligen Besitzers des Grundeigentums und des jeweiligen Besitzers des Bergwerks und erlischt nicht bei einer etwaigen Zwangsversteigerung[6]. Einer Eintragung des Benutzungsrechts in das Grundbuch bedarf es nicht[7].

Dem Grundbesitzer stehen folgende Gegenansprüche zu:

1. Anspruch auf eine jährlich im voraus zu leistende Entschädigung für die entzogene Nutzung.

Diese Nutzungsentschädigung ist eine Geldentschädigung und wird an den Nutzungsberechtigten (z. B. an den Pächter) gezahlt. Für ihre Höhe ist der Wert zur Zeit der Abtretung maßgebend. Zukunftspläne des Nutzungsberechtigten (Baulandeigenschaft) können nur berücksichtigt werden, wenn sie bereits konkrete Formen angenommen haben[8]. Die Nutzungsentschädigung ist fällig Zug um Zug gegen Abtretung des Grund und Bodens (§ 137). Die Erhöhung der Entschädigung kann nur durch eine Klage vor den ordentlichen Gerichten erreicht werden[9], nicht aber durch (erneuten) Beschluß der Grundabtretungsbehörden.

2. Anspruch auf Rückgabe nach beendeter Nutzung in dem Zustand, in dem sich das Grundstück zu diesem Zeitpunkt befindet (§ 137)[10].

3. Anspruch auf Ersatz des Minderwertes, wenn eine Wertminderung des Grundstücks durch die Benutzung eingetreten ist (§ 137 Abs. 2).

4. Anspruch auf Sicherheitsleistung zum Schutze der Forderung auf Ersatz des Minderwertes. Dieser Anspruch kann jederzeit, also auch nach der erfolgten Grundabtretung, geltend gemacht werden[11].

5. Entschädigung für die von dem Bergbautreibenden nicht beanspruchten Restteile, wenn das Grundstück durch die Abtretung einzelner Teile so zerstückelt ist, daß die übrigbleibenden Teile von dem Grundbesitzer nicht mehr zweckmäßig benutzt werden können (§ 139).

---

[5] Zum Beispiel im Falle des Landschafts- und Naturschutzes, s. *Turner*, Bergbau im Landschaftsschutzgebiet, Erdoel-Z. 1964, 195.

[6] Art. 6 Abs. 1 AG ZwVG.

[7] Art. 22 AG BGB.

[8] RG v. 12. 5. 1886, ZfB 27, 373; RG v. 4. 6. 1930, ZfB 72, 247.

[9] VG Gelsenkirchen v. 2. 10. 1962, ZfB 104, 222.

[10] Zu den Einschränkungen vgl. *Willecke*, ZfB 109, 65ff.

[11] RG v. 14. 11. 1894, ZfB 36, 104.

### 3. Eigentumserwerb

Die Abtretung zu Eigentum gewährt dem Bergwerksbesitzer die Möglichkeit, das Grundstück, wenn er Eigentümer geworden ist, auch für andere Zwecke zu verwenden oder später zu veräußern. Jedoch steht dem Grundeigentümer ein Vorkaufsrecht (§ 141) zu.

1. Der Grundeigentümer kann Eigentumsübergang verlangen, wenn

a) die Nutzung länger als drei Jahre dauern wird oder gedauert hat (§ 138),

b) durch die Benutzung des Grundstücks eine Wertminderung eingetreten ist und er keinen Ersatz des Minderwertes verlangen will (§ 137 Abs. 2 Satz 3),

c) bei Hofnähe gegen seinen Willen die Grundabtretung auf Grund der Zustimmung des Wirtschaftsministers erfolgt ist (§ 136 Abs. 2),

d) das Grundstück durch die Abtretung einzelner Teile so zerstückelt ist, daß er die Restteile nicht mehr zweckmäßig benutzen kann (§ 139 Abs. 2).

2. Der Bergwerksbesitzer seinerseits kann nur dann den Eigentumserwerb verlangen, wenn die Grundabtretung bei Hofnähe durch den Wirtschaftsminister entgegen dem Willen des Grundbesitzers angeordnet ist (§ 136 Abs. 2).

## § 51. Grundabtretungsverfahren

### 1. Regelmäßiges Verfahren

Voraussetzung für das Zwangsgrundabtretungsverfahren ist, daß eine Einigung zwischen Bergwerksbesitzer und Grundbesitzer nicht zustandegekommen ist (§ 142). Die Einigung ist auch noch während des Grundabtretungsverfahrens möglich. Das Grundabtretungsverfahren erfolgt nur auf Antrag.

Zuständige Behörden (Grundabtretungsbehörden) sind das Oberbergamt, in dessen Bezirk das Bergwerk liegt, und der Regierungspräsident[1], in dessen Bezirk die abzutretende Fläche liegt. Der Antrag muß außer der genauen Bezeichnung der Parteien die erforderlichen Grundstücksunterlagen (Grundbuchauszug, Lageplan, Katasterauszug), eine Begründung des Zweckes, der Notwendigkeit und voraussichtlichen Dauer der Inanspruchnahme des Grundstücks sowie den Nachweis der erfolglosen gütlichen Einigung enthalten; auch dürfen betriebsplanmäßig keine Bedenken gegen das Vorhaben bestehen.

---

[1] Bay. BG Art. 191 — nur Kreisverwaltungsbehörde; Braunschweig. BG, § 145 — OBA u. Landkreis.

Bevor die Grundabtretungsbehörden über den Antrag entscheiden, müssen die Parteien gehört und die Verhältnisse durch Kommissare[2] der beiden Grundabtretungsbehörden an Ort und Stelle untersucht werden (§ 143). In diesem Termin muß der Grundeigentümer erklären, ob er die Abtretung zu Eigentum verlangen will; diese Erklärung ist unwiderruflich[3]. Ebenso muß der Bergwerksbesitzer eine solche Erklärung in diesem Termin abgeben, wenn er selber das Recht auf Eigentumserwerb hat (§ 136 Abs. 2). Die Kommissare sollen in diesem Termin nicht nur die Möglichkeit der Abtretung nachprüfen, sondern zugleich auch die Höhe der Entschädigung und der evtl. beantragten Sicherheitsleistung feststellen. Deshalb ziehen sie einen (amtlichen) Sachverständigen hinzu. Daneben ist jede Partei befugt, ihrerseits einen Sachverständigen zu bezeichnen. Geschieht dies nicht, bestellen die Kommissare auch diese Sachverständigen. Über den Ortstermin ist ein Protokoll aufzunehmen[4]. Erfolgt während des Verfahrens ein Wechsel in den Personen der Parteien, so tritt der jeweilige Rechtsnachfolger an die Stelle seines Vorgängers.

Nach Durchführung des Ortstermins durch die Kommissare entscheiden die Grundabtretungsbehörden (nicht etwa die Kommissare) durch Beschluß darüber, ob dem Antrag auf Grundabtretung stattgegeben werden soll oder nicht. Bei Nichteinigung der Behörden gilt der Antrag als abgelehnt. Soll die Grundabtretung ausgesprochen werden, so muß der Beschluß (§ 144) die genaue Bezeichnung des Grundstücks, die Angabe, ob das Grundstück zur Benutzung oder zu Eigentum abgetreten werden soll, den Zeitpunkt der Abtretung, den Umfang der Benutzung, die Höhe der Entschädigung und evtl. die Sicherheitsleistung und sonstige Bedingungen enthalten. Erfolgt eine Verpflichtung zur Übertragung des Eigentums, so ersetzt der rechtskräftige Beschluß die Auflassung, so daß es nur noch der Eintragung im Grundbuch bedarf[5]. Der Grundeigentümer kann also nicht mehr über das Grundstück verfügen[6].

Zur Durchführung dieses Beschlusses stehen dem Grundbesitzer die Klage auf Zahlung und dem Bergwerksbesitzer die Klage auf Besitzeinräumung[7] zu[8]. Die Eintragung des Eigentumsübergangs im Grundbuch

---

[2] Vgl. VG Aachen v. 14. 5. 1963, ZfB 105, 103.

[3] RekB v. 26. 4. 1906, ZfB 47, 465.

[4] Erl. v. 31. 3. 1923, ZfB 64, 191.

[5] KG v. 30. 4. 1914, ZfB 55, 517.

[6] RG v. 30. 12. 1905, ZfB 47, 265.

[7] Zur Anordnung der sofortigen Vollziehung eines noch nicht rechtskräftigen Grundabtretungsbeschlusses, s. OVG Münster v. 26. 11. 1958, ZfB 99, 466; v. 17. 4. 1962, ZfB 104, 98; v. 19. 10. 1962, ZfB 104, 103; VG Hamburg v. 11. 7. 1963, ZfB 105, 111.

[8] Die erste vor den ordentlichen, die zweite vor den Verwaltungsgerichten.

erfolgt gegen Vorlage des mit Rechtskraftattest versehenen Beschlusses der Grundabtretungsbehörden und Nachweis der Zahlung oder Hinterlegung der im Beschluß festgestellten Summen[5].

Gegen den Beschluß der Grundabtretungsbehörden stehen den Beteiligten, soweit es sich um die Grundabtretung selbst handelt, der Verwaltungsrechtsweg, und wegen der Höhe der Entschädigung der ordentliche Rechtsweg offen[9]. Letzteres gilt auch für alle Klagen, die sich aus dem Rechtsverhältnis zwischen dem Grundeigentümer und dem Bergbautreibenden (Rückgabe, Minderwert) später ergeben[10].

Die Kosten des Grundabtretungsverfahrens trägt der Bergwerksbesitzer, die weiteren Kosten derjenige, der unterliegt (§ 147).

## 2. Vereinfachtes Verfahren

Da bis zur Rechtskraft eines Grundabtretungsbeschlusses oft erhebliche Zeit vergeht und der Betrieb des Bergwerks hierdurch Nachteile erleiden könnte, sieht das Gesetz über ein vereinfachtes Enteignungsverfahren vom 26. Juli 1922[11] vor, daß das Staatsministerium durch einen im Amtsblatt bekanntzumachenden Erlaß anordnen kann, daß die Vorschriften dieses Gesetzes auf das Grundabtretungsverfahren dann Anwendung finden, wenn die Beschleunigung der Grundabtretung aus Gründen des öffentlichen Wohles, insbesondere zur Beseitigung oder Abwendung größerer Arbeitslosigkeit oder eines sonstigen Notstandes, erforderlich ist. Erfolgt diese Anordnung des Staatsministeriums, so sind die Kommissare (des Oberbergamts und des Regierungspräsidenten) berechtigt, in dem Lokaltermin bereits auf Antrag den Bergwerksbesitzer vorläufig in den Besitz des von ihm geforderten Grundstücks einzuweisen[12] (§§ 6, 7 a.a.O.). Dagegen ist Beschwerde an den Wirtschafts- und Landwirtschaftsminister zulässig. Da die Einweisung nur eine vorläufige ist, bedarf sie der Bestätigung in dem Grundabtretungsbeschluß der Behörden.

Das Gesetz über ein vereinfachtes Enteignungsverfahren ist durch § 80 VwGO (sofortige Vollziehung) nicht überholt, sondern nur ergänzt worden[13].

---

[9] LVerwG Minden v. 26. 6. 1959, ZfB 100, 316.

[10] VG Gelsenkirchen v. 2. 10. 1962, ZfB 104, 222.

[11] GS 211, ZfB 63, 451, Ausführungsbest. v. 24. 8. 1923, ZfB 65, 62. — Vgl. auch Bay. BG Art. 200a, Braunschw. NotVO v. 9. 7. 1923, GVS 263, ZfB 65, 339.

[12] Vollziehung ist erfolgt, wenn der Eingewiesene von der in der Verfügung bezeichneten Sache tatsächlich Besitz ergriffen hat, OVG Münster v. 28. 1. 1959, ZfB 100, 227.

[13] Vgl. *Miesbach-Engelhardt*, Art. 200a, Anm. 1; *Bähr*, Art. 200a, Anm. 1.

# VII. Bergschaden

Schrifttum (das Spezialschrifttum zum Problem der Staatshaftung für Bergschäden ist bei § 55 Anm. 5 aufgeführt): *Austermann*, Der Begriff Grundeigentum oder dessen Zubehörungen im Preußischen Bergschadensrecht, 1954; *Boldt*, Bergschadensersatz und Vorteilsausgleichung, ZfB 79, 315; ders., Grundbesitz und Bergschaden, ZfB 79, 339; *Daubenspeck*, Die Haftpflicht des Bergwerksbesitzers aus der Beschädigung des Grundeigentums nach Preußischem Recht, 1882; ders., Beiträge zur Lehre vom Bergschaden, 1885; *Drews*, Die Person des Ersatzpflichtigen nach § 148 ABG, Diss. Münster 1960; *Epping*, Der Ersatz von Bergschäden in der Rechtssprechung des Reichsgerichts, Dt. Wohnungs-Archiv 1942, 122; *Fritz*, Das Bergschadensrecht in den Mitgliedländern der Montanunion, ZfB 98, 413; *Giesecke*, Der Rechtscharakter der Verpflichtung zum Ersatz von Bergschäden, Festschrift f. Isay, S. 37; *Heinemann, P.*, und *Schädlich*, Gilt die Adäquanztheorie im Bergschadensrecht?, NJW 1968, 1660; *Heinemann, G.*, Der Bergschaden, 3. Aufl., 1961; *Holländer*, Die Entschädigung für Bergschäden, 1913; *Kremer*, Grundeigentum und Bergschaden, NJW 1958, 1765; *Lindner*, Bergschadensanspruch, Bergschadensverzicht und Gesamthaftung mehrerer Bergwerksbesitzer nach § 149 ABG, Diss. Münster 1964; *Schürmeyer*, Das Bergschadensrecht in den Mitgliedstaaten der Montanunion und in Großbritannien, Diss. Bonn 1966; *Schomers*, Die rechtliche Natur und die Grenzen der Haftung des Bergwerksbesitzers nach § 148 ABG, Diss. Münster 1951; *Scholten*, Die Entstehung von Grundstücksschäden durch Zusammenwirken von Bergwerksbetrieb und anderen Ursachen, Diss. Münster 1959; *Schulte, H.*, Rechtsnatur und Umfang des Anspruchs auf Ersatz von Bergschäden, ZfB 107, 188; *Schulte, H.-W.*, Eigentumsordnung und Grundbesitz nach dem Gesetzesvorschlag von Rudolf Isay, Festschrift für Isay, S. 23; *Schumacher*, Der Ersatz von Immissionsschäden im Rahmen des § 148 ABG, Glückauf 1962, 1156; *Steins*, Die Adäquanztheorie im Bergschadensrecht, NJW 1969, 1376; *Wecks*, Vorteilsausgleichung bei Bergschäden, ZfB 90, 351; *Westhoff*, Bergbau und Grundbesitz nach preußischem Recht, Bd. 1, Der Bergschaden, 1904.

## § 52. Allgemeines

Durch den Bergbau entsteht mitunter Schaden an dem benachbarten Grundeigentum. Das frühere Recht gab dem Grundeigentümer durch Freikuxe (Grundkuxe), Tradden und Mitbaurechte Möglichkeiten, an der Ausbeute des Bergbaues teilzunehmen, ohne zu den Aufwendungen beizutragen; dies war der Ausgleich für den Schaden, der ihm unter Umständen durch den Bergbau entstand. Das Allgemeine Berggesetz hat solche pauschalen Abfindungen der Grundeigentümer nicht übernommen, sondern stellt die Haftung auf den einzelnen Schadensfall ab.

Während nach den Regeln des Bürgerlichen Gesetzbuches eine Haftung grundsätzlich Verschulden voraussetzt, macht das Allgemeine Berggesetz den Bergbautreibenden gegenüber dem Grundeigentümer ohne Rücksicht auf ein Verschulden schadensersatzpflichtig, wenn sein Bergwerksbetrieb den Schaden verursacht hat (Verursachungshaftung)[1]. Dies gilt aber nur bei Schäden, die der Bergbautreibende an dem Grundeigentum eines anderen verursacht. Fügt dagegen sein Betrieb einem anderen Bergwerk Schaden zu, so gilt der Verschuldungsgrundsatz des Bürgerlichen Gesetzbuches[1a]; hier liegt kein Bergschaden im gesetzlichen Sinne vor[2]. Das gleiche gilt u. U. bei Schäden, die einem Grundeigentümer an dessen Bergbaubetrieb zugefügt werden[3].

Der Bergschadensanspruch des Grundeigentümers gegen den Bergbautreibenden ist ein privatrechtlicher Anspruch und daher im ordentlichen Rechtswege zu verfolgen. Gerichtsstand ist der Wohnsitz des Beklagten[4] oder der Ort des beschädigten Grundstücks[5]. Gelten verschiedene Gesetze für den Ort des Bergwerksbetriebes und des geschädigten Grundstücks, so gilt das Recht des ersteren[6], denn die Schadensersatzpflicht folgt kraft Gesetzes aus dem Bergwerksbetrieb und ist keine Delikthaftung.

## § 53. Begriff

Ein Bergschaden ist gegeben, wenn die Vermögensminderung durch Beeinträchtigung des Grundeigentums oder dessen Zubehörungen entstanden ist (§ 148).

1. Der Schaden muß dem Grundeigentum oder der Zubehörung eines Grundstücks zugefügt sein.

Zum Grundeigentum rechnen das Grundstück und dessen (unbewegliche) Bestandteile i. S. §§ 93ff. BGB, zu den Zubehörungen neben dem (beweglichen) Zubehör i. S. §§ 97, 98 BGB alles, was dem Grundstück wirtschaftlich zuzuordnen ist[1]. Als Gegenstand

---

[1] Einen Fall der Gefährdungshaftung stellt der Anspruch auf Ersatz für Bergschäden nicht dar, s. *Schulte*, ZfB 107, 188.

[1a] Da die Schädigung eines Nachbarbergwerks regelmäßig nicht als rechtswidrig angesehen wird, scheidet eine Haftung aus; s. aber *Turner*, ZfB 106, 321.

[2] RG v. 14. 9. 1939, ZfB 80, 145. Zum Problem des Ersatzes von Bergschäden im Verhältnis von Bergnachbarn untereinander, s. *Turner*, ZfB 106, 321; zum Bergnachbarrecht allgemein: *Lantzke*, Probleme des Nachbarrechts im Bergbau, ZfB 101, 78; *Schröder*, Die Gefährdung der Steinkohlenbergwerke durch Wasserzuflüsse aus stillgelegten Nachbarbergwerken als Rechtsproblem, Diss. Münster 1965; *Tschäpe*, Das Bergnachbarrecht im engeren Sinn — seine privatrechtlichen Schutzrechte und sein Geltungsbereich, Diss. Münster 1965.

[3] Vgl. *Turner*, ZfB 106, 321 (325ff.).

[4] §§ 12ff. ZPO.

[5] RG v. 6. 2. 1895, ZfB 36, 360.

[6] RG v. 10. 2. 1938, ZfB 79, 361.

[1] Vgl. BGH v. 29. 11. 1968, NJW 1969, 467.

der Schadenszufügung kommen demnach in Frage: Gebäude, industrielle Anlagen[2], Rohr- und Kabelleitungen[3], Bäume und Früchte, Ackerpferde und schlepper[4], nicht jedoch zum Verkauf bestimmte Waren[5]. Das Zubehörungsverhältnis der beschädigten Sache braucht nicht zu dem Grundstück zu bestehen, auf dem sich der Schaden ereignet hat[6]. Doch muß die körperliche und wirtschaftliche Verbindung zwischen Zubehörung und Hauptgrundstück eng und dauernd sein[7].

Andererseits ist eine körperliche Beeinträchtigung des Grundeigentums oder seiner Zubehörungen nicht notwendig. Ausreichend ist vielmehr, daß sich am Grundeigentum oder dessen Zubehörungen eine Vermögensminderung vollzogen hat[8].

2. Personenschäden und Schäden an beweglichen Sachen, die keine Zubehörungen sind, fallen nicht unter den Bergschadensbegriff, sondern sind nach § 823 BGB (Verschulden Voraussetzung) oder nach § 2 des Reichshaftpflichtgesetzes[9] (Gefährdungshaftung bei Personenschäden) zu behandeln.

3. Der Schaden muß ziffernmäßig bestimmbar sein. Geringfügige Senkungen und Risse reichen nicht aus. Es muß eine objektive Gefahr für die Bebauungsunfähigkeit oder Beleihbarkeit des Grundstücks vorliegen[10]. Der Schaden ist entstanden, wenn er erkennbar ist[11] [12].

## § 54. Schadensursache

Der Betrieb des Bergwerkes muß die Ursache des Schadens bilden[1]. Hierher gehören alle Anlagen über und unter Tage, die der Aufsuchung, Gewinnung und Aufbereitung, Weiterverarbeitung und Nebengewinnung

---

[2] RG v. 15. 3. 1902, ZfB 44, 141.

[3] RG v. 24. 6. 1885, ZfB 27, 100; v. 26. 5. 1937, ZfB 78, 419.

[4] OLG Köln v. 28. 10. 1960, ZfB 102, 236; LG Aachen v. 8. 6. 1962, ZfB 104, 94.

[5] LG Dortmund v. 16. 11. 1951, ZfB 93, 152.

[6] BGH v. 27. 10. 1969, NJW 1970, 197; OLG Köln v. 28. 10. 1960, a.a.O.

[7] Vgl. BGH v. 29. 11. 1968, a.a.O; LG Aachen v. 8. 6. 1962, a.a.O.

[8] Z. B. Grundwasserentzug BGH v. 29. 11. 1968, a.a.O.

[9] Vom 7. 6. 1871, RGBl. I, 207, § 2 lautet: Wer ein Bergwerk, einen Steinbruch, eine Gräberei (Grube) oder eine Fabrik betreibt, haftet, wenn ein Bevollmächtigter oder ein Repräsentant oder eine zur Leitung der Beaufsichtigung des Betriebes oder der Arbeiter angenommene Person durch ein Verschulden in Ausführung der Dienstverrichtungen den Tod oder die Körperverletzung eines Menschen herbeigeführt hat, für den dadurch entstandenen Schaden.

[10] RG v. 22. 12. 1937, ZfB 78, 460; BGH v. 2. 10. 1963, ZfB 105, 95.

[11] RG v. 5. 2. 1936, ZfB 77, 162.

[12] Auch mittelbare Verursachung eines Bergschadens macht ersatzpflichtig, OLG Saarbrücken v. 23. 4. 1954, ZfB 95, 452.

[1] Auch Aufwendungen für vorprozessuale sachverständige Beratung können darunter fallen, OLG Köln v. 25. 11. 1964, ZfB 106, 354; AG Gelsenkirchen v. 14. 10. 1965, ZfB 107, 223; anders bei sofortiger Anerkennung des Schadens, LG Essen v. 22. 10. 1962, ZfB 104, 209.

sowie dem Transport[2] von Bergwerkserzeugnissen dienen. Es muß ein ursächlicher Zusammenhang zwischen dem Betrieb und den eingetretenen Schäden bestehen. Die Beweislast trifft den Grundeigentümer, der einen Anspruch geltend macht[3]. Auch ein mittelbarer Schaden (erschwerte Beleihbarkeit des Grundstücks, Mängel als Bauland[4], entgangener Gewinn) genügt[5]. Es besteht aber kein Zusammenhang mit einem Bergschaden, wenn eine früher von dem Bergwerksbesitzer geleistete Entschädigung seitens des Grundeigentümers nicht zur Beseitigung des bereits entstandenen Schadens benutzt worden war[6]. Ist der Schaden durch mehrere Betriebe entstanden und läßt sich nicht feststellen, welcher einzelne Betrieb den Schaden verursacht hat, so haften die Bergwerksbesitzer als Gesamtschuldner[7] und können unter sich dann den Schaden, je nach ihrem Beteiligungsverhältnis an demselben, ausgleichen (§ 149). Der gegenüber einem Bergwerkseigentümer abgegebene Verzicht wirkt sich auch zugunsten der anderen Bergwerkseigentümer aus, weil diese sich auf eine anteilige Verminderung des Schadensersatzanspruchs berufen können[8].

## § 55. Anspruchsberechtigte und -verpflichtete

### 1. Anspruchsberechtigte

Berechtigt, einen Bergschadensersatzanspruch geltend zu machen, ist der Grundeigentümer, sowie der dinglich und persönlich Nutzungsberechtigte eines Grundstücks. Mieter und Pächter sind nur insoweit anspruchsberechtigt, als ihnen auf Grund ihres Miet- und Pachtvertrages kein Anspruch auf Minderung des Miet- und Pachtzinses gegen den Vermieter oder Verpächter zusteht[1]. Beim Eigentumswechsel gilt derjenige als Anspruchsberechtigter, zu dessen Besitzzeit der Schaden eingetreten ist. Hypotheken- und andere dingliche Gläubiger haben nur ein beschränktes Recht an der Entschädigung nach den Vorschriften des Bürgerlichen Gesetzbuches (§ 148 Abs. 2)[2] [3].

---

[2] a. A. RG v. 23. 1. 1911, ZfB 52, 526; inzwischen ist jedoch durch VO. v. 22. 1. 1938, GS. S. 19, ZfB 79, 208, der Betriebsbegriff ausgedehnt worden.

[3] OLG Düsseldorf v. 18. 7. 1935, ZfB 77, 273; BGH v. 18. 3. 1964, ZfB 105, 460.

[4] RG v. 20. 4. 1944, ZfB 84/86, 244.

[5] LG Essen v. 17. 1. 1963, ZfB 104, 475.

[6] RG v. 21. 1. 1905, ZfB 46, 273.

[7] Zu gleichen Teilen dagegen: Braunschweig. BG § 153.

[8] OLG Hamm v. 8. 10. 1963, ZfB 105, 383.

[1] RG v. 9. 4. 1921, ZfB 62, 420.

[2] Art. 52, 67 EGBGB.

[3] *Willecke*, Rechte des Hypothekengläubigers beim Bergschaden, VersR 1954, 452.

## 2. Anspruchsverpflichtete

*a) Bergwerkseigentümer und -besitzer*

Anspruchsverpflichtet ist der Bergwerksbesitzer (also neben dem Bergwerkseigentümer auch der Nießbraucher und Pächter)[4]. Ob der Schaden schon früher verursacht war, spielt keine Rolle. Haftbar für den Schaden ist derjenige, in dessen Besitzzeit der Schaden erkennbar eintritt, auch wenn der neue Bergwerksbesitzer in dem den Schaden verursachenden Betriebsteil noch gar nicht gearbeitet hat. Beim Grundeigentümerbergbau ist derjenige zum Schadenersatz verpflichtet, auf dessen Rechnung der Betrieb geführt wird (§ 211 b Abs. 1 Ziff. 6).

*b) Staat*

In den letzten Jahren ist verschiedentlich die Frage aufgetreten, ob der Staat an Stelle eines Bergbauberechtigten haftet[5], wenn dieser entweder nicht mehr Inhaber der Berechtigung[6] oder zahlungsunfähig ist. In drei

---

[4] OLG Hamm v. 12. 8. 1953, ZfB 94, 459 in Ablehnung der Rspr. des RG (zuletzt Urt. v. 5. 2. 1936, ZfB 77, 162). Der BGH hat zu der Frage zunächst nicht Stellung genommen, s. Beschl. v. 24. 11. 1953, ZfB 95, 211 und Urt. v. 23. 4. 1958, ZfB 99, 216. Mit der Entscheidung v. 14. 7. 1969, BB 1969, 1198, hat das Gericht sich aber ausdrücklich zu der Auffassung bekannt, daß der Bergwerksbesitzer neben dem Bergwerkseigentümer haftet. Weil diese Frage vom BGH bisher noch nicht entschieden war, ist in NW und Hessen § 148 u. a. dahin geändert worden (vgl. o. § 13, 3.f und h (4), daß Bergwerkseigentümer und Betreiber als Gesamtschuldner haften. Die Vertreter der unterschiedlichen Meinungen zu der Frage, wer Anspruchsverpflichteter nach § 148 ABG ist, sind aufgeführt bei *Turner*, NJW 1968, 85 (Anm. 13).

[5] Schrifttum: *Heinemann, P.*, Subsidiäre Staatshaftung für Bergschäden, NJW 1967, 1306; ders., Ersatzhaftung des Staates für Bergschäden, ZfB 108, 459; *Nordalm*, Zum Anspruch auf Bergschadensersatz nach Stillegung von Bergwerken und Aufhebung des Bergwerkseigentums, DVBl. 1965, 70; *Stossberg*, Schadloshaltung des durch Bergbau geschädigten Grundeigentümers. Aufhebung des Bergwerkseigentums und Vermögenslosigkeit des Bergwerkseigentümers, DWW 1965, 185; ders., Haftet der Staat als Schuldner von Bergschadensersatzleistungen bei Vermögenslosigkeit des Bergwerksbesitzers oder Fehlens von Ersatzverpflichteten, DWW 1965, 286; ders., Noch nicht befriedigte und noch zu erwartende Bergschadensersatzansprüche als Hindernis bei der Aufhebung von Bergwerkseigentum, DWW 1967, 161; ders., Entschädigungslosigkeit oder Fehlen eines ersatzverpflichteten Bergwerksbesitzers, DWW 1968, 272; ders., Bergschadensersatz durch Bergschadenskassen, wenn ein zahlungsfähiger Bergwerksbesitzer i. S. von § 148 ABG nicht vorhanden ist, ZfB 109, 79; *Turner*, Die Haftung des Staates für Bergschäden nach der Aufhebung von Bergbaurechten oder bei Zahlungsunfähigkeit von Berechtigten, NJW 1968, 85; ders., Stellt es eine Enteignung dar, daß Grundeigentümer sich gegen bergbauliche Einwirkungen nicht wehren können, ZfB 109, 183.

[6] Vgl. auch o. § 29 Anm. 4.

Musterprozessen sind in erster Instanz unterschiedliche Entscheidungen ergangen[7]. In der Berufungsinstanz hat das OLG Hamm die Ersatzhaftung abgelehnt[8].

Der Bundesgerichtshof[9] hat die §§ 54, 148 ABG, soweit sich daraus ergibt, daß ein Grundeigentümer Bergschäden hinnehmen muß, ohne zuvor Sicherheit verlangen zu können, als verfassungswidrig erklärt und die Ersatzhaftung des Staates bejaht. Dabei ist vom BGH nicht geprüft worden, ob nicht eine verfassungskonforme Auslegung der in Rede stehenden Bestimmungen möglich war[10].

## § 56. Entschädigung

### 1. Grundsatz

Der Grundstücksbesitzer kann „volle Entschädigung" nach den Vorschriften des Bürgerlichen Gesetzbuches (§§ 249 bis 252 BGB) verlangen. Grundsätzlich ist damit die Wiederherstellung des früheren Zustandes gemeint[1]. Der Geschädigte kann die Herstellung durch den Bergwerksbesitzer selbst oder Bezahlung der Kosten der Wiederherstellung beanspruchen. Er ist jedoch auf eine Geldforderung als Ersatz beschränkt, wenn der Bergwerksbesitzer die Beseitigung des Schadens ablehnt oder nicht durchführt, oder wenn die Beseitigung nicht oder nur mit unverhältnismäßig hohen Kosten möglich ist.

Die Entschädigung geht auf Zahlung eines Kapitals (niemals einer Rente), weil die Einbuße des Kapitalwertes, den das Grundstück durch den Bergschaden erlitten hat, ersetzt werden soll. Zahlung kann aber erst

---

[7] LG Bochum v. 19. 12. 1966, ZfB 108, 463 (: das Land haftet nicht); LG Essen v. 21. 6. 1967, ZfB 109, 452, und v. 15. 9. 1967, ZfB 110, 239 (: das Land haftet).

[8] Urteile v. 23. 4. 1968, ZfB 110, 97; v. 14. 5. 1968, ZfB 110, 102; v. 18. 6. 1968, ZfB 110, 359.

[9] Urt. v. 16. 2. 1970, NJW 1970, 747.

[10] Unseres Erachtens zu bejahen, vgl. *Turner*, NJW 1968, 85 (87); ferner ders., in Anm. zu BGH v. 16. 2. 1970, NJW 1970, 1134. — An dem Urteil ist ferner zu kritisieren, daß ohne ersichtlichen Grund eine Differenzierung zwischen dem Rechtszustand während der Geltung der Weimarer Reichsverfassung und der des Grundgesetzes gemacht wird. Da das Urteil in der Begründung erhebliche Zweifel offen läßt, ist nicht auszuschließen, daß in weiteren Verfahren, u. U. sogar mittels einer Verfassungsbeschwerde, eine endgültige Klärung angestrebt werden wird.

[1] OLG Koblenz v. 31. 10. 1958, ZfB 100, 200; OLG Düsseldorf v. 15. 1. 1964, ZfB 105, 483.

erfolgen, wenn ein dauernder Schaden feststeht. Hierfür ist im Zweifel die letzte gerichtliche Verhandlung maßgebend, was für die Frage der Wertminderung wichtig sein kann. Ein Bergschadensanspruch ist auch für Beschädigungen (nicht für die Benutzung, vgl. §§ 6ff.) fremder Grundstücke bei Schürfarbeiten[1a] gegeben (§ 152).

## 2. Mitwirkendes Verschulden

Der Anspruchsverpflichtete kann dem Grundbesitzer mitwirkendes Verschulden (§ 254 BGB) entgegenhalten. Dies kann in der Fehlkonstruktion eines Hauses, sonstigen Baumängeln[2], Ablehnung der von dem Bergwerksbesitzer angebotenen Beseitigung der ersten Anzeichen von Bergschäden, unzulänglich selbst durchgeführten Reparaturen an einem Hause u. ä. liegen.

Ein Sonderfall des mitwirkenden Verschuldens ist die Errichtung eines Baues trotz einer durch den Bergbau drohenden Gefahr (§ 150)[3]. Hierbei muß es sich um die Neuerrichtung, Erweiterung oder den Wiederaufbau eines Gebäudes oder einer Anlage handeln. Der Geschädigte muß die Gefahr voraussehen können. Eine allgemeine Wahrscheinlichkeit dafür genügt nicht; vielmehr muß eine konkrete Gefahr, die mindestens in einem schon zu Beginn der Errichtung des Gebäudes zu übersehenden Zeitraum eintreten wird, vorliegen. Die Rechtsprechung stellt hieran scharfe Anforderungen[4]. Wenn aber eine solche Gefahr vorliegt und nicht beachtet wird, obwohl der Grundbesitzer sie kennt oder als wahrscheinlich ansieht oder sie schuldhaft nicht erkennt (z. B. Bergschäden am Grundstück selbst oder an unmittelbaren Nachbargrundstücken)[5], so steht ihm kein Bergschadensersatzanspruch zu. Allerdings hat der Grundbesitzer keine Verpflichtung, dem Bergwerksbesitzer sein Bauvorhaben anzuzeigen[6]. Wenn er aber wegen einer Berggefahr die Errichtung von Gebäuden oder Anlagen unterlassen muß, so hat er einen Anspruch auf Vergütung der Wertminderung (z. B. Unterschiedsbetrag zwischen Ackerland und Bauland). Voraussetzung dafür ist, daß er die ernste Absicht haben muß, solche Anlagen auch errichten zu wollen (§ 150 Abs. 2).

---

[1a] Zur Abgrenzung vgl. BGH v. 25. 11. 1969, VersR 1970, 138.
[2] Vgl. BGH v. 15. 7. 1965, ZfB 107, 321.
[3] Vgl. u. § 57.
[4] Vgl. u. a. RG v. 29. 11. 1943, ZfB 84/86, 99; OLG Köln v. 3. 12. 1962, ZfB 105, 376.
[5] RG v. 24. 10. 1888, ZfB 30, 101.
[6] RG v. 7. 11. 1891, ZfB 33, 383.

### 3. Immissionsschäden

Für Einwirkungen durch Gase, Dämpfe, Gerüche, Rauch, Ruß, Wärme, Geräusche, Erschütterungen u. ä. (sog. Immissionen)[7] besteht ein Bergschadensanspruch nur insoweit, als die Schädigung des Grundeigentums über den Rahmen des § 906 BGB hinausgeht[8]. Nach dieser Bestimmung kann der Grundeigentümer Immissionen insoweit nicht verbieten, als sie die Benutzung seines Grundstücks nicht oder nur unwesentlich beeinträchtigen. Die auf dem Verursachungsgrundsatz beruhende Bergschadensersatzpflicht tritt also nur dann ein, wenn der durch die Immissionen verursachte Schaden über die Zumutbarkeitsgrenze des § 906 BGB hinausgeht[9]. Ein Ausgleichsanspruch ist danach gegeben, wenn eine schwere Beeinträchtigung des wirtschaftlichen Fortkommens vorliegt[10]. Hier besteht mithin eine Pflicht zur gegenseitigen Rücksichtnahme auf das nachbarschaftliche Verhältnis zwischen dem Bergbau und dem Grundbesitz.

### 4. Verjährung

Ansprüche aus Bergschäden verjähren binnen drei Jahren, nachdem der Geschädigte von dem Schaden und dessen Urheber[11] Kenntnis erlangt hat (§ 151). Ohne Rücksicht auf diese Kenntnisse gilt die 30jährige Verjährungsfrist des Bürgerlichen Gesetzbuches[12] (§ 195 BGB). Die Verjährungsfrist kann vertraglich abgekürzt, darf aber nicht ausgeschlossen oder verlängert werden (§ 225 BGB).

## § 57. Bergschadenswarnung und -verzicht

Schrifttum: *Barbrock*, Der Verzicht auf den Bergschadensanspruch, Diss. Münster 1954; *Bartsch*, Die Rechtsstellung der Grundpfandgläubiger beim Bergschadensanspruch und Bergschadensverzicht, Diss. Köln 1960; *Harnisch*, Die Bedeutung des Bergschadensverzichts für die Realgläubiger, insbesondere im Enteignungs- und Umlegungsverfahren nach dem Bundesbaugesetz, Diss. Münster 1967; ders., ZfB 109, 446; *Heertz*, Die dingliche Sicherung des Bergschadensverzichtsvertrages durch Eintragung einer Grunddienstbarkeit, Diss. Frankfurt 1930.

---

[7] Vgl. nw. G. zum Schutze vor Luftverunreinigungen, Geräuschen und Erschütterungen v. 30. 4. 1962, GV. 223, ZfB 103, 259; *v. Wick*, Die Bedeutung des neuen Luftreinhaltungsrechts für den Bergbau, Glückauf 1962, 1244.

[8] Vgl. *Schumacher*, Der Ersatz von Immissionsschäden im Rahmen des § 148 ABG, Glückauf 1962, 1156.

[9] RG v. 10. 3. 1937, ZfB 78, 412; OLG Hamm v. 2. 5. 1953, ZfB 95, 131.

[10] BGH v. 15. 4. 1959, ZfB 100, 308.

[11] RG v. 30. 1. 1904, ZfB 45, 482; BGH v. 11. 6. 1954, ZfB 95, 450.

[12] a. M. *Baumann*, ZfB 98, 126.

## 1. Warnung

Der Bergwerksbesitzer kann sich von vornherein dadurch vor Ersatzansprüchen wegen Bergschadens schützen, daß er den Grundbesitzer vor Durchführung eines Baues unter Angabe bestimmter nachprüfbarer Betriebsmaßnahmen vor einem möglicherweise eintretenden Bergschaden warnt (Bergschadenswarnung). Die Betriebsmaßnahmen müssen sich später auch auf dieses Grundstück entsprechend der Warnung tatsächlich auswirken[1]. Daneben besteht aber ein Ersatzanspruch für solche Schäden, die bei der Errichtung des Baues noch nicht voraussehbar waren[2] und daher nicht von der Warnung erfaßt werden konnten oder die trotz der Beachtung der Warnung nicht zu vermeiden waren[3].

## 2. Verzicht

Noch wichtiger für den Bergbau und im Streitfall leichter beweisbar ist der Bergschadensverzicht des Grundbesitzers. Nach bürgerlichem Recht kann sowohl auf fällige wie auch auf künftige Forderungen verzichtet werden. Ein Verzicht auf fällige Forderungen stellt einen Erlaß (durch Vertrag) dar und bewirkt ein Erlöschen des Schuldverhältnisses (§ 397 BGB). Ein Verzicht auf künftige Bergschadensersatzforderungen bedarf einer Vereinbarung zwischen dem Grundbesitzer und dem Bergwerksbesitzer. Ein solcher Verzicht bewirkt aber nur die schuldrechtliche Regelung zwischen den Beteiligten[4]. Der Erwerber des Grundstückes kann daher beim Eintreten des Bergschadens einwenden, ihm sei der Verzicht nicht bekannt. In diesem Falle muß der Bergwerksbesitzer, auch wenn er an den früheren Grundstücksbesitzer eine Entschädigung bereits gezahlt hat, dem neuen Grundbesitzer Schadensersatz leisten. Um auf jeden Fall den Rechtsnachfolger am Grundstück an den Verzicht zu binden, ist eine dingliche Sicherung des Verzichts erforderlich. Diese erfolgt durch Eintragung einer Grunddienstbarkeit oder einer beschränkt persönlichen Dienstbarkeit[5] im Grundbuch[6]. Der öffentliche Glaube des Grundbuches bewirkt, daß der Bergwerksbesitzer dem Rechtsnachfolger im Grundbesitz den Verzicht auch dann vorhalten kann, wenn dieser ihn tatsächlich nicht gekannt hat[7].

---

[1] RG v. 6. 7. 1929, ZfB 71, 254.

[2] RG v. 11. 6. 1887, ZfB 29, 226.

[3] RG v. 10. 12. 1904, ZfB 46, 94; OLG Hamm v. 24. 11. 1964, ZfB 106, 345.

[4] Trotz eines Bergschadensverzichts kann ein Anspruch wegen der Verletzung der allgemeinen Verkehrssicherheitspflicht gegeben sein, OLG Köln v. 3. 12. 1962, ZfB 105, 376.

[5] §§ 1018, 1090 BGB.

[6] RG v. 17. 8. 1944, ZfB 84/86, 244; OLG Köln v. 3. 12. 1962, ZfB 105, 376.

[7] RG v. 26. 5. 1937, ZfB 78, 419.

# VIII. Bergbau und öffentliche Verkehrsanstalten

Schrifttum: *Arndt*, Verhältnis zwischen öffentlichen Verkehrsanstalten und Bergbau, Gruchot 52, 63; *Bergholter* und *Kaufmann*, Die Rechtsbeziehungen zwischen Bundesbahn und Bergbau, Archiv für Eisenbahnwesen, 1965, 129; *Fabricius*, Das Verhältnis zwischen Bergbau und öffentlichen Verkehrsanstalten als Gegenstand richterlicher und gesetzgeberischer Bewertung — Betrachtungen zur gleichnamigen Monographie von Westermann, ZfB 108, 214; *Feuth*, Das Vorrangverhältnis zwischen Bergbau und Verkehrsanlagen nach § 154 ABG und seine praktische Bedeutung, Glückauf 1954, 368; ders., NJW 1955, 773, 1956, 53; *Haustein*, Bergbau und öffentliche Verkehrsanstalten, DÖV 1956, 102; *Isay*, Bergbau und öffentliche Verkehrsanstalten, Glückauf 1954, 1519; *Krautschneider*, Bergbau und öffentliche Verkehrsanstalten, ZfB 106, 206; *Kühne*, Die Interessenkollission zwischen dem Bergbau und den öffentlichen Verkehrsanstalten, BB 1968, 1359; ders., Der Umfang des Ersatzanspruchs des Bergbautreibenden gegen die öffentliche Verkehrsanstalten nach § 154 ABG, ZfB 107, 276; *Mogk*, Das Verhältnis zwischen dem Bergbau und den öffentlichen Verkehrsanstalten nach dem ABG, Diss. Köln 1961; *Müller-Erzbach*, Die Bergschadenshaftung des Bergbautreibenden gegenüber öffentlichen Verkehrsanstalten, ZfB 69, 514; *Siewert*, Bergbau und öffentliche Verkehrsanstalten, Diss. Köln 1960; *Vowinckel*, Die Rechtsbeziehungen zwischen dem Bergwerkseigentum und dem Grundeigentum, insbesondere zwischen dem Bergwerkseigentum und den öffentlichen Verkehrsanstalten — eine Stellungnahme zum Verlangen nach neuer richterlicher und gesetzgeberischer Bewertung dieser Rechtsbeziehungen, ZfB 108, 261; *Wecks*, Bergschäden an öffentlichen Verkehrsanstalten, insbesondere an nicht genehmigten Bauten, ZfB 99, 470; *Westermann*, Das Verhältnis zwischen Bergbau und öffentlichen Verkehrsanstalten als Gegenstand richterlicher und gesetzgeberischer Bewertung, 1966.

## § 58. Rangverhältnis

Das Verhältnis des Bergbaues zu den öffentlichen Verkehrsanstalten, soweit deren Grundbesitz dem öffentlichen Interesses dient, wird in einer von dem allgemeinen Bergschadensrecht abweichenden Weise geregelt. Im Verhältnis des Bergbaues zum Grundbesitz hat der Bergbau den Vorrang, im Verhältnis des Bergbaues zu den öffentlichen Verkehrsanstalten dagegen die letzteren.

Als öffentliche Verkehrsanstalten gelten alle dem Transport von Personen, Gütern und Nachrichten dienenden ortsfesten Einrichtungen, denen ein Enteignungsrecht zusteht (§ 153) und an deren Aufrechterhaltung ein öffentliches Interesse besteht[1]. Hierher gehören Autobahnen, Eisenbahnen, Landstraßen, Kanäle, Post- und Fernsprecheinrichtungen, auch Kleinbahnen, nicht jedoch Privatbahnen, Grubenanschlußbahnen, Seilbahnen, und zwar selbst dann nicht, wenn sie zur Beförderung von Personen oder Gütern ermächtigt worden sind[2].

---

[1] RG v. 22. 12. 1937, ZfB 78, 474.

[2] Vgl. RekB v. 13. 8. 1892, ZfB 34, 538.

Das Bergwerkseigentum ist zugunsten solcher Verkehrsanstalten mit der gesetzlichen Beschränkung belastet, daß es deren Dasein nicht gefährden oder behindern darf[3]. Darum hat die öffentliche Verkehrsanstalt gegenüber dem Bergbautreibenden Anspruch auf Unterlassung, der sogar bis zur Einstellung des Bergbaues führen kann. Der Anspruch besteht allerdings nicht, wenn die Störungen nur geringfügig sind. Der Schutz des Bergbaues gegenüber der Verkehrsanstalt wird dadurch sichergestellt, daß der Bergbautreibende vor Feststellung öffentlicher Verkehrsanlagen gehört werden muß. Es ist Pflicht der Verkehrsanstalt, die Anlage so einzurichten, daß der Bergbautreibende möglichst wenig benachteiligt wird (§ 153).

## § 59. Ersatzansprüche

Die Verkehrsanstalt hat einen Anspruch auf Ersatz eines Bergschadens (§ 148), ohne daß ihr nach dem Planfeststellungstermin[1] der Einwand des mitwirkenden Verschuldens (§ 150 Abs. 1) entgegengehalten werden kann. Sie hat nur Rücksicht zu nehmen auf bereits bestehenden Bergbau (§ 153).

War der Bergbautreibende zu dem Bergwerksbetriebe schon vor der Erteilung der Genehmigung der öffentlichen Verkehrsanlage berechtigt, so hat er seinerseits einen Ersatzanspruch (§ 154 Abs. 1). Der Schaden muß durch Maßnahmen, die der Bergwerksbesitzer zum Schutze der Anlagen treffen muß, verursacht sein. Ein Schadensersatzanspruch besteht allerdings nur insoweit, als entweder die Herstellung sonst nicht erforderlicher Anlagen in dem Bergwerk oder die sonst nicht erforderliche Beseitigung der Veränderung bereits vorhandener Anlagen in dem Bergwerk notwendig werden[2]. Der Bergwerksbesitzer hat aber keinen Ersatzanspruch auf entgangenen Gewinn (z. B. Stehenlassen eines Sicherheitspfeilers). Entscheidend für den Anspruch ist, daß der Bergwerksbetrieb bereits bestanden hat, bevor die Anlage genehmigt wurde.

Die Festsetzung der Entschädigung erfolgt, wenn eine gütliche Einigung nicht eintritt, durch das Oberbergamt. Die Entscheidung ist ohne Rücksicht auf ein nachfolgendes ordentliches Verfahren vorläufig vollstreckbar (§ 154 Abs. 2).

---

[3] RG v. 17. 5. 1904, ZfB 46, 270.

[1] RG v. 22. 12. 1937, ZfB 78, 474.

[2] Zur Auslegung vgl. als jüngste Äußerung mit Stellungnahmen zu den unterschiedlichen Auffassungen in Rechtsprechung und Literatur, *Kühne*, BB 1968, 1359. Der BGH (Urt. v. 17. 5. 1968, ZfB 110, 226 — NJW 1968, 1425) hat ausgesprochen, daß für vorsorgliche Maßnahmen des Bergbautreibenden, die lediglich der Verhinderung oder Geringhaltung von Bergschäden dienen, nicht aber für die Sicherheit einer über dem Grubenfeld betriebenen öffentlichen Verkehrsanstalt erforderlich sind, Schadensersatz nicht verlangt werden kann. Kritisch dazu *Kühne*, a.a.O. (S. 1362).

# IX. Bergbehörden

Schrifttum: *Classen* und *Weller*, Die Entwicklung der Zuständigkeit der Bergbehörde von Brassert bis zur Gegenwart, ZfB 100, 252; *Franke*, Die Bergaufsichtsbehörde in ihrer Funktion als Erlaubnisbehörde, Diss. Münster 1966; *Horneffer*, Bergrecht und allgemeines Polizeirecht, Diss. Göttingen 1969; *Krautschneider*, Die Neuorganisation der Bergverwaltung im Lande Nordrhein-Westfalen, Glückauf 1965, 334; *Nebel*, Die Entwicklung der Bergverwaltung und der Bergbehörden, ZfB 106, 234; *Schlüter*, Preußisches Bergrecht. Der Aufbau und die Aufgaben der preußischen Bergbehörden, 1928; ders., Die geschichtliche Entwicklung des preußischen Bergpolizeirechts, ZfB 76, 293; ders., Die preußische Bergverwaltung einst und jetzt, 1940; *Philipp, R.*, Die Entwicklung der Bergbehörden in Baden-Württemberg, ZfB 99, 394; *Voelkel*, Polizeirecht und Bergpolizei, ZfB 56, 315; *Willecke*, Die Entwicklung der Zuständigkeit der Bergbehörde im Lande Niedersachsen seit dem Jahre 1866, ZfB 101, 342; ders., Die Entwicklung der Zuständigkeit der Bergbehörde in den Ländern Schleswig-Holstein, Hamburg und Bremen seit dem Jahre 1865, ZfB 102, 201; *Wittekopf*, Das Bergrecht und die Bergbehörden im Lande Hessen, ZfB 103, 31.

## § 60. Geschichtlicher Überblick

Die Bergbehörden sind Sonderverwaltungsbehörden. Schon im frühen Mittelalter waren Bergbehörden bekannt, deren Beamte außer dem Berghauptmann die Bergmeister, Bergrichter, Berggeschworenen, Zehntner, Gegenschreiber u. a. waren[1]. Die Bergbehörden übten damals die Berggerichtsbarkeit aus und erhoben die Abgabe (Zehnten); im übrigen hatten sie die Betriebsführung in technischer und wirtschaftlicher Hinsicht zu überwachen. Diese Einrichtungen kennen wir heute nicht mehr, nachdem das Direktionsprinzip[2] aufgehoben ist. Das Berggrundbuch wird jetzt bei dem Amtsgericht, in dessen Bezirk das Bergwerk liegt, geführt; die früheren Berg-Hypotheken-Kommissionen sind aufgelöst (§ 246). Die Bergbehörden haben nur noch hoheitsrechtliche Befugnisse. Ihre Zuständigkeit ist eine ausschließliche. Sie sind Landesbehörden[3].

Durch das — heute nicht mehr gültige — Gesetz zur Überleitung des Bergwesens auf das Reich vom 28. 2. 1935[4] war das Bergwesen (Berghoheit und Bergwirtschaft) zur Reichsangelegenheit erklärt worden; die Landesbergbehörden waren den Weisungen des Reichswirtschaftsministers unter-

---

[1] Vgl. *Westhoff-Schlüter*, ZfB 50, 238.

[2] Vgl. *Krautschneider*, Direktionsprinzip und Inspektionsprinzip im Bergbau, ZfB 103, 26; s. o. § 8, § 9, 2. (2).

[3] Artt. 30, 83 GG.

[4] RGBl. I 315, ZfB 76, 34 (mit Begr.).

worfen. Durch das Gesetz über den Aufbau der Reichsbergbehörden vom 30. 9. 1942[5] wurde mit Wirkung vom 1. April 1943 an die Reichsbergverwaltung begründet; sie bestand bis zum Zusammenbruch des Deutschen Reiches im Jahre 1945.

## § 61. Aufbau und Gliederung

Für den Aufbau der Bergbehörden der Länder gilt teilweise noch das obengenannte Gesetz vom 30. 9. 1942[1], das jetzt als Organisationsgesetz der Länder anzusehen ist[2]. Soweit die Länder jedoch inzwischen selbst Gesetze über den Aufbau ihrer Behörden erlassen haben (z. B. Nordrhein-Westfalen[3]), ist das Gesetz vom 30. 9. 1942 gegenstandslos geworden.

### 1. Landesbehörden

Die unterste Instanz der Bergbehörden bilden die Bergämter (früher Revierbeamte), die mittlere die Oberbergämter und die oberste Landesbergbehörde der Wirtschaftsminister (oder Senator für Wirtschaft und die sonst dazu bestimmte Behörde) des jeweiligen Landes. Dieser setzt auch durch Verordnung die Sitze und Verwaltungsbezirke der Bergämter und der Oberbergämter fest[4].

*a) Bergämter*

Die Bergämter[5] werden von Ersten Bergräten (teilweise auch von Oberbergräten und Bergdirektoren) geleitet. Als Mitarbeiter sind den Leitern der Bergämter Bergräte und Bergassessoren zugeteilt. Daneben sind an den Bergämtern Beamte des gehobenen technischen Dienstes (Bergamtmänner, Bergoberinspektoren und -Inspektoren, die früher Einfahrer[6] genannt wurden) tätig. Dazu kommen in einigen Oberbergamtsbezirken Grubenkontrolleure[7]; dies sind Angestellte, die auf Vorschlag der Gewerkschaft zur Aufrechterhaltung der Verbindung zwischen dem Bergamt und den Belegschaften der Betriebe den Bergämtern zugeteilt sind.

---

[5] RGBl. I 603, ZfB 82/83, 187 (mit Begr.).

[1] RGBl. I 603, ZfB 82/83, 187 (mit Begr.).

[2] Vgl. *Heller-Lehmann*, BD 18, Anm. 1.

[3] Vgl. § 30 des nw. G. v. 10. 7. 1962 über die Organisation der Landesverwaltung, GVBl. 421, ZfB 103, 386.

[4] Die Bestimmungen für die einzelnen Länder sind zusammengestellt bei *Heller-Lehmann*, BD 18, Anm. 2.

[5] Über die Sitze und Bezirke der Bergämter innerhalb der OBA-Bezirke geben spezielle landesrechtliche VOen Auskunft, vgl. Anm. 4.

[6] Erl. v. 8. 7. 1899, ZfB 40, 407.

[7] Vgl. *Ebel-Weller*, § 189 Anm. 1.

*b) Oberbergämter*

Oberbergämter bestehen zur Zeit in Dortmund, Clausthal[8], Wiesbaden, München und Saarbrücken (früher auch in Bonn[9], Bad Ems[10], Freiburg[11])[12].

Die Oberbergämter stehen unter Leitung des Berghauptmann[13] und sind mit juristischen und technischen Oberbergamtsdirektoren[14] und Obergräten besetzt. Die Oberbergämter hatten früher eine kollegiale Verfassung; soweit die Berggesetze also einen „Beschluß des Oberbergamtes" vorschreiben, mußten diese Beschlüsse durch das Kollegium des Oberbergamtes, dem die Mitglieder des Oberamtes angehören, gefaßt werden[15]. Heute gilt allgemein, daß eine gegenseitige Beteiligung der Dezernenten zu erfolgen hat, wenn Angelegenheiten den Aufgabenbereich mehrerer Dezernate berühren[16]. Zu den Mitgliedern des Oberbergamts gehören ferner die Oberbergamtsmarkscheider (Ober- oder Berg- und Vermessungsräte)[17], Mitarbeiter (Bergräte, Bergassessoren, Regierungsassessoren) und teilweise ein auf Vorschlag der Gewerkschaft bestellter sozialpolitischer Beirat, der im Angestelltenverhältnis steht[18].

*c) Wirtschaftsminister*

Bei den Wirtschaftsministerien der Länder sind, je nach Bedarf, entsprechende Abteilungen für Angelegenheiten des Bergbaus eingerichtet.

---

[8] Auch zuständig für Schleswig-Holstein, Hamburg und Bremen; vgl. Schl.holst. VO v. 18. 12. 1954, GVBl. 172, ZfB 96, 25; Hamb. G. v. 1. 10. 1957, GVBl. 442, ZfB 99, 14 i. d. F. d. G. v. 29. 3. 1968, GVBl. 67, ZfB 109, 235; Abkommen zwischen der Freien Hansestadt Bremen und dem Land Niedersachsen v. 16. 12. 1955/14. 8. 1956.

[9] Durch G. v. 6. 2. 1969, GVBl. 900, wurden die OBA Bonn und Dortmund zu einem Landesoberbergamt mit dem Sitz in Dortmund vereinigt.

[10] Für Rheinland-Pfalz ist das OBA Saarbrücken zuständig, vgl. rhl. pf. G. v. 18. 12. 1967, GVBl. 319, ZfB 109, 142; Saarl. G. v. 12. 12. 1967, ABl. 1022, ZfB 109, 143 und Staatsvertrag über die Bergbehörden beider Länder, ZfB 109, 144.

[11] Die Aufgaben werden vom Wirtschaftsministerium wahrgenommen, vgl. bad. württg. G. v. 30. 1. 1968 üb. die Aufhebung des OBA, GBl. 51, ZfB 109, 232.

[12] Ferner in Halle, Breslau, Freiberg/Sachsen.

[13] Bayern: Präsident.

[14] In Nds.: Bergdirektoren, vgl. 3. G. zur Änderung des Landesbesoldungsgesetzes v. 22. 3. 1965, GVBl. 15 (59).

[15] Vgl. *Willecke*, Die kollegiale Gliederung der Oberbergämter, ZfB 98, 387.

[16] Vgl. GeschO f. d. OBA d. Landes NW v. 11. 3. 1960, MBl. 1277, ZfB 101, 215, i. d. F. v. 6. 5. 1966, MBl. 998, ZfB 107, 467; *Ebel-Weller*, § 190 Anm. 1.

[17] Auch Oberbergamtsdirektoren oder Bergdirektoren.

[18] Vgl. *Miesbach-Engelhardt*, Art. 247 — §§ 187, 188 Anm. 5c.

## 2. Bundeswirtschaftsministerium

Beim Bundesminister für Wirtschaft besteht eine Unterabteilung Bergbau; diese bereitet Bundesgesetze und -verordnungen auf dem Gebiete des Bergwesens vor und sammelt Material für wirtschaftliche Maßnahmen (Montanunion, Aufschlußdarlehen, Statistik). Sie ist aber keine Aufsichts- oder Beschwerdeinstanz über die Bergbehörden der Länder. Vielmehr sind Aufsichts- und — soweit landesrechtlich überhaupt noch möglich — Beschwerdeinstanzen für die Oberbergämter der Wirtschaftsminister des betreffenden Landes und für die Bergämter die Oberbergämter. Soweit die Länderbergbehörden Bundesgesetze ausführen, hat der Bundesminister für Wirtschaft gewisse Aufsichtsmöglichkeiten[19].

# § 62. Zuständigkeit

## 1. Bergämter

Die wichtigste Aufgabe der Bergämter ist die Ausübung der Bergaufsicht. Soweit gewerbe- und arbeitsrechtliche Bestimmungen auf die der bergbehördlichen Aufsicht unterworfenen Anlagen und Betriebe Anwendung finden, haben die Bergämter die Befugnisse und Obliegenheiten der im § 139b Gewerbeordnung[1] bezeichneten Aufsichtsbeamten (§ 189 Abs. 2 ABG; § 27 Abs. 2 und 3 AZO). Weiterhin bilden die Bergämter die erste Instanz für alle Geschäfte, welche nach dem Allgemeinen Berggesetz der Bergbehörde übertragen und nicht den Oberbergämtern ausdrücklich vorbehalten sind (§ 189 Abs. 1). Ihnen ist außerdem fast überall von den Oberbergämtern die Annahme von Mutungen übertragen worden[2]. Innerhalb ihres Geschäftskreises haben sie die Befugnisse als „untere Verwaltungsbehörde". Bei der Untersuchung von Unfällen, die mit strafbaren Handlungen im Zusammenhang stehen, sind gewisse Beamte der Bergämter als Hilfsbeamte der Staatsanwaltschaft tätig; hierzu sind sie durch Verordnungen der einzelnen Länder verpflichtet[3] [3a]. Daneben untersuchen die Bergämter aber Unfälle ohne Rücksicht auf das Vorliegen strafbarer Handlungen für die Bergbauberufsgenossenschaften[4].

## 2. Oberbergämter

Die Oberbergämter (§ 190) sind Aufsichts- und Beschwerdeinstanz über die Bergämter. Sie üben die Berghoheit in den gesetzlich ausdrücklich

---

[19] Art. 84 GG.

[1] Vgl. Erl. in ZfB 33, 514.

[2] Siehe aber Art. 14 BayBG.

[3] Vgl. nw. VO v. 4. 12. 1962 über die Hilfsbeamten der Staatsanwaltschaft, GVBl. 603, ZfB 104, 127; nds. VO v. 30. 12. 1969, GVBl. 260.

[3a] Zu den Befugnissen in dieser Eigenschaft s. *Bähr*, Art. 248 Anm. 4.

[4] RVO §§ 1552ff.

ihnen übertragenen Fällen aus (z. B. Verleihung von Bergwerkseigentum, Bestätigung der Feldesvereinigung u. dgl., Mitwirkung bei der Grundabtretung, sowie insbesondere Erlaß von Bergverordnungen und Anordnungen). Unter ihrer Aufsicht werden die Bergreferendare[5] und die Beflissenen[6] ausgebildet. Die Prüfung und Konzessionierung der Markscheider sowie die Aufsicht über sämtliche Markscheider ihres Verwaltungsbezirkes obliegt ebenfalls den Oberbergämtern[7]. Ferner sind sie mittlere Aufsichtsbehörde[8] unter dem Kultusminister des jeweiligen Landes über die Bergschulen und Bergberufsschulen. Bei der Verleihung von Rechten nach den Landeswassergesetzen werden sie kraft Gesetzes eingeschaltet. Im Sinne der allgemeinen Vorschriften sind sie „höhere Verwaltungsbehörden" oder „Landesmittelbehörden". Innerhalb ihres Geschäftskreises haben sie die gesetzlichen Befugnisse und Verpflichtungen der Regierungen.

### 3. Wirtschaftsminister

Der Wirtschaftsminister des jeweiligen Landes ist oberste Landesbergbehörde und übt damit die Aufsicht über die Oberbergämter aus. Beschwerde- (früher Rekurs-)Instanz ist er ebenfalls, wobei allerdings an Stelle der Beschwerde das Widerspruchsverfahren getreten ist[9].

In einigen Ländern sind bei dem Wirtschaftsministerium oder bei den Oberbergämtern Grubensicherheitskommissionen[10] gebildet, die aus Vertretern der Bergbehörden und des Bergbaues selbst (Arbeitgeber und Arbeitnehmer) bestehen. Ebenso gibt es Parlamentarische Ausschüsse für Grubensicherheit[11].

---

[5] Vgl. Ausbildungs- u. PrüfungsO. f. d. höheren Staatsdienst im Bergfach in NW v. 21. 6. 1966, MBl. 1368.

[6] Vgl. Vorschriften für die Ausbildung als Bergbaubeflissener v. 20. 5. 1964 (für NW), MBl. 793.

[7] § 34 Abs. 5 GewO und Markscheideordnungen des betreffenden Landes, z. B. für NW G. ü. die Zulassung als Markscheider v. 27. 7. 1961, GV 240, i. d. F. d. G. v. 11. 6. 1968, GV. 201, sowie Markscheiderordnung v. 27. 6. 1968, GV 207, ber. 245; ferner VO üb. die Ausbildung u. Prüfung f. d. höheren Staatsdienst im Markscheidefach i. d. F. d. G. v. 21. 6. 1966, GV, 394, und Vorschriften über die Ausbildung als Beflissener des Markscheidefaches v. 20. 5. 1964, MBl. 796; s. auch §§ 190 Abs. 2, 191 ABG NW.

[8] Erl. d. Reichserziehungsministers v. 27. 3. 1944, ZfB 84/86, 131.

[9] Näher dazu *Ebel-Weller*, § 191, Anm. 2.

[10] In NW: Richtlinien über die Heranziehung der Betriebsräte in den der Aufsicht der Bergbehörden unterstehenden Betrieben auf dem Gebiet der Grubensicherheit v. 23. 2. 1956, SMBl. 750; im Saarland: G. üb. das Verfahren für den nach Art. 81a der Verf. d. Saarlandes gebildeten Ausschuß für Grubensicherheit v. 28. 2. 1962, ABl. 223 und Erlaß üb. die Bildung einer Grubensicherheitskommission i. d. F. v. 22. 1. 1968, ABl. 60.

[11] Vgl. Beschluß des nw. Landtags v. 8. 11. 1966 (s. *Heller-Lehmann*, NW 310).

# X. Bergaufsicht

Schrifttum: *Harnisch*, Zur Problematik der Gefahrenabwehr durch Ordnungsverfügungen der Bergbehörden, ZfB 110, 209; *Krautschneider*, Die Maßnahmen der Bergaufsicht im Lande Nordrhein-Westfalen als Ordnungsbehörde, ZfB 98, 391; *Nebel*, Grenzen der bergpolizeilichen Aufsicht, ZfB 102, 411; *v. Schlütter*, Die Aufsichtsführung in Bergwerksbetrieben und die Änderung der strafrechtlichen Vorschriften nach dem 3. Bergrechtsänd. G. Nordrhein-Westfalens, Glückauf 1965, 49; *Wilke*, Gefahrenabwehr, Ermittlung und Strafverfolgung als polizeiliche Funktion der Bergbehörde, ZfB 109, 192.

## § 63. Allgemeines

Der Bergbau steht unter der Aufsicht[1] der Bergbehörden (§ 196 Abs. 1). Ihre Zuständigkeit besteht nicht nur bei verliehenem und bei Staatsvorbehaltsbergbau, sondern auch in gesetzlich bestimmten Fällen beim Grundeigentümerbergbau.

### 1. Zweck

Aufgabe der Bergaufsicht ist die Gefahrenabwehr nach den Grundsätzen des allgemeinen Polizeirechts, soweit sich nicht aus den Berggesetzen oder der Natur der Sache etwas anderes (z. B. Schutz der Lagerstätte) ergibt. Polizeipflichtig sind der Bergwerksbesitzer, die von ihm bestellten Personen, die Aufsichtspersonen[2], die Bergarbeiter, unter Umständen auch Dritte (z. B. beim Verbot des Betretens von Bergwerksanlagen).

### 2. Geltungsbereich

Der Bergaufsicht (§ 196 Abs. 3) unterliegen nicht nur Betriebe, die der Aufsuchung und Gewinnung von Bodenschätzen dienen, sondern auch die dazugehörigen Aufbereitungsanstalten, die Salinen, die durch Verordnung des preußischen Wirtschaftsministers vom 22. 1. 1938[3] der Bergaufsicht unterstellten bergbaulichen Nebengewinnungs- und Weiterverarbeitungsanlagen (Brikettfabriken, Kokereien, Schwelanlagen, Kalifabriken, Röstöfen, Brechwerke u. a.), soweit diese Anlagen am Gewinnungsort des

---

[1] Statt von polizeilicher Aufsicht sollte besser nur von Aufsicht gesprochen werden, vgl. § 196 Abs. 1 ABG NW, § 196 ABG Hess., Art. 253 Bay. BG; dazu *Bähr*, Art. 253, Anm. 1.

[2] Siehe aber die Änderungen des Rechts der Aufsichtspersonen in einigen Ländern, vgl. o. § 38.

[3] GS. 19, ZfB 79, 208; dazu Ausf. Anw. v. 6. 4. 1938, ZfB 79, 626 (zum Rechtszustand davor, vgl. *Arndt*, ZfB 35, 495).

Minerals betrieben werden oder mit der Mineralgewinnung in unmittelbarem betrieblichem Zusammenhang stehen[4] (z. B. durch Grubenbahnen, Grubenanschlußbahnen, Seilbahnen, Rohrleitungen). Ferner unterstehen der bergbehördlichen Aufsicht alle örtlich und betrieblich mit dem Bergwerksbetrieb und seinen Anstalten verbundenen Nebenanlagen (z. B. Sandgewinnung für Versatzzwecke), außerdem Dampfkessel- und Triebwerke (§ 59)[5] sowie — außer in Oldenburg und Schaumburg-Lippe — jede unterirdische Aufsuchung und Gewinnung von Bodenschätzen, die dem Verfügungsrecht des Grundeigentümers unterstellt sind[6]. Schließlich werden auch Schürfarbeiten bergbehördlich beaufsichtigt (§ 3a) sowie die bergbaulichen Versuchsstrecken und unter Umständen auch die Versuchsanstalten (§ 196a)[7].

## § 64. Aufgabenbereich

Der sachliche Aufgabenbereich der Bergaufsicht entspricht der Stellung der Bergbehörde als Sonderverwaltungsbehörde. Hieraus ergibt sich, daß alle in das Gebiet der Gefahrenabwehr fallenden Handlungen und Unterlassungen der Aufsicht der Bergbehörden unterstehen.

### 1. Bergbauliche Arbeiten

Die Aufsicht erstreckt sich insbesondere auf folgende im § 196 Abs. 2 des Allgemeinen Berggesetzes — nicht erschöpfend[1] — aufgeführte Gebiete:

1. Sicherheit der Baue.

Darunter fallen sowohl Grubenbaue als auch Baue über Tage (z. B. Schachtgebäude, Gerüste, Vorrichtungen jeder Art zur Aufsuchung und Gewinnung von Bodenschätzen[1a]).

---

[4] Vgl. § 16 GewO.

[5] Zur Fortgeltung des § 59 ABG, s. *Willecke*, ZfB 101, 238. Über das Erlaubnisverfahren für Dampfkesselanlagen vgl. VO üb. die Errichtung und den Betrieb von Dampfkesselanlagen v. 8. 9. 1965, BGBl. I 1300, geändert durch VO v. 30. 7. 1968, BGBl. I 881.

[6] Preuß. Ges. v. 18. 12. 1933/24. 9. 1937, GS. 1933, 493, 1937, 93 = ZfB 74, 317; 78, 140.

[7] Vgl. nds. VO v. 25. 8. 1960 üb. die Anwendung von Vorschriften des ABG auf die bergbauliche Versuchsanlage der Studiengesellschaft für Doggererze in Othfresen, Landkreis Goslar, GVBl. 227, ZfB 102, 35.

[1] Siehe aber Art. 253 Bay. BG, wo das Wort „insbesondere" seit dem Bergrechtsänderungsgesetz von 1966 fehlt; dazu *Bähr*, Art. 253 Anm. 4 (S. 148).

[1a] KG v. 27. 10. 1910, ZfB 52, 146.

2. Sicherheit des Lebens und der Gesundheit der Arbeiter[2].

Zu den Arbeitern gehören auch die Angestellten, also alle Arbeitnehmer; ferner bezieht sich diese Bestimmung auch auf den Schutz aller das Bergwerk befahrenden Personen[3].

3. Aufrechterhaltung der guten Sitten und des Anstandes durch die Einrichtungen des Betriebes.

4. Schutz aller Lagerstätten, soweit er im allgemeinwirtschaftlichen Interesse liegt.

Diese Bestimmung ist nur im Allgemeinen Berggesetz und im Bayerischen Berggesetz[4] — nicht dagegen in den Berggesetzen der übrigen Länder — enthalten. Sie soll den Raubbau verhindern, darf aber nicht zugunsten privatwirtschaftlicher Interessen des Unternehmers angewendet werden.

5. Schutz der Oberfläche im Interesse der persönlichen Sicherheit und des öffentlichen Verkehrs.

Das Vorliegen einer dieser beiden Voraussetzungen genügt, um die Bergbehörde tätig werden zu lassen. Auch wenn das Bergwerk nicht in Betrieb ist (z. B. bei Pingen oder offengebliebenen Bohrlöchern), kann die Bergbehörde dem Bergwerksbesitzer unter dem Gesichtspunkt des Schutzes der Oberfläche polizeiliche Auflagen machen[5] [6].

6. Sicherung und Ordnung der Oberflächennutzung und Gestaltung der Landschaft während des Bergwerksbetriebes und nach dem Abbau[7].

---

[2] Hierher gehört auch die Beachtung der arbeitsrechtlichen Bestimmungen (z. B. § 93). Die §§ 80—93e ABG gelten aber nur insoweit, als sie nicht durch die allgemeinen arbeitsrechtlichen Vorschriften (z. B. durch das BetriebsverfassungsG.) überholt sind; s. 1. Arbeitsrechtsbereinigungsgesetz v. 14. 8. 1969, BGBl. I 1106.

[3] *Voelkel*, ZfB 56, 315 (326).

[4] Art. 253.

[5] RekB v. 10. 4. 1872, ZfB 13, 293.

[6] § 196 Abs. 2 ABG NW enthält deshalb den ausdrücklichen Zusatz „während des Bergwerksbetriebes und nach dem Abbau"; vgl. auch Art. 253 Bay. BG.

[7] § 196 Abs. 2 ABG NW; § 196 Abs. 2 ABG Hess.; Art. 253 Bay. BG. Das ABG in der für Hessen gültigen Fassung sieht in diesem Katalog ferner vor „die Wahrung der Erfordernisse der Raumordnung und der Landesplanung". Vgl. in diesem Zusammenhang das Raumordnungsgesetz v. 8. 4. 1965, BGBl. I 306. Für die regionale Planung gelten die Landesplanungsgesetze. Sie sind auch für den Bergbau von Bedeutung. So wurden z. B. durch § 1 des Gesetzes über die Gesamtplanung im Rheinischen Braunkohlengebiet v. 25. 4. 1950, GVBl. 71, ZfB 91, 167, u. a. die Räume festgelegt, in denen Bergbau betrieben werden sollte. Hierzu ferner: *Drüke*, Regionale Strukturpolitik im Bundesgebiet aus der Sicht des Ruhrreviers, Glückauf 1969, 1366; *Heinemann, P.*, Raumordnung und bergrechtliche Grundabtretung, Diss. Köln 1961; *Oberste-Brink*, Raumordnung und Bergbau, Glückauf 1939, 701.

7. Schutz gegen gemeinschädliche Einwirkungen des Bergbaus (sog. Gemeinschäden).

Diese liegen nicht vor, wenn nur ein einzelner geschädigt ist. Es gehört mithin nicht zu den Amtspflichten, Sorge dafür zu tragen, daß geschädigte Grundeigentümer ihre Ersatzansprüche durchzusetzen vermögen[8]. Es muß ein Schaden in einem solchen Umfange drohen, daß er sich auf die Allgemeinheit auswirkt (z. B. Beeinträchtigung der Wasserversorgung eines Dorfes durch Gefährdung mehrerer Brunnen). Bevor die Bergbehörde einschreitet, muß sie prüfen, ob die von ihr anzuordnende Unterlassung des Abbaues für die Volkswirtschaft nachteiliger ist als der Schaden, der bei der Durchführung des Abbaues entstehen würde[9]. Dieser Schaden muß stets bedeutsam sein (z. B. Grundwasserentzug zum Nachteil mehrerer Anlieger, Bodensenkungen mit größeren Wasseransammlungen[10]). Es handelt sich hier lediglich um die Verpflichtung und Befugnis der Bergbehörde, gegen den Bergbau zum Schutz der betroffenen Allgemeinheit einzuschreiten; neben diesem öffentlich-rechtlichen Einschreiten bleiben aber die privatrechtlichen Bergschadensersatzansprüche der einzelnen Geschädigten gegen den Bergwerksunternehmer unberührt.

## 2. Tiefspeicherung[11]

Das in neuerer Zeit immer größer werdende Bedürfnis zur Speicherung von gasförmigen[12], flüssigen[12a] oder festen Stoffen[13] führt zu einer wachsenden Ausnutzung der kostensparenden Möglichkeit einer untertägigen Speicherung. Für das Gebiet der behälterlosen unterirdischen Speicherung von Gas haben einige Bundesländer, zumeist aus Anlaß solcher Untertagespeicher in ihrem Gebiet, gesetzliche Zuständigkeitsregelungen getroffen, da hier nicht Bergbau im Sinne von § 196 Abs. 1 ABG vorliegt.

---

[8] LG Bochum v. 19. 12. 1966, ZfB 108, 463; einschränkend *Turner*, NJW 1968, 85 (88).

[9] *Ebel-Weller*, § 196 Anm. 3g (S. 359).

[10] RekB v. 5. 3. 1895, ZfB 37, 116.

[11] Schrifttum: *Bähr*, Das bayerische Gesetz über die behälterlose unterirdische Speicherung von Gas, ZfB 109, 75; *Gummert*, Die Einordnung der Untertagespeicherung von Gas in das geltende Recht, Diss.iur. Münster 1960; *Schelberger*, Rechtsfragen der Untertagespeicherung von Gas, Das Gas- und Wasserfach 1958, 762; *Turner*, Das Recht zur Anlage unterirdischer Hohlräume, BB 1969, 156; *Willecke*, Rechtsfragen des Erdölbergbaues, Erdöl-Zeitschrift 1958, 46; ders., Behördliche Zuständigkeit zur Aufsicht über die Anlage und den Betrieb von Untertagespeichern, vorgesehen in: DVBl. 1970, *Wilke*, Rechtsgrundlagen der Untertagespeicherung, Erdoel-Erdgas-Zeitschrift 1967, 246.

[12] Das sog. Spitzenproblem und die kostenbegünstigtere Ausnutzung von Fernleitungen bilden den wirtschaftlichen Hintergrund.

[12a] Siehe Gesetz über Mindestvorräte an Erdölerzeugnissen v. 9. 9. 1965, BGBl. I 1217.

[13] Insbesondere von Kernabfall.

Die Länder Hamburg[14], Schleswig-Holstein[15], Hessen[16] und Bremen[17] haben die behälterlose unterirdische Gasspeicherung[18] den Vorschriften des (ehemals preußischen) Gesetzes über die Beaufsichtigung von unterirdischen Mineralgewinnungsbetrieben und Tiefbohrungen[19] unterstellt und auf sie die Bestimmungen des ABG über das Betriebsplanverfahren, die Aufsichtspersonen und die Bergaufsicht für anwendbar erklärt[20].

Bayern hat ein besonderes Gesetz über die behälterlose unterirdische Speicherung von Gas[21] geschaffen, weil dort das Tiefbohrgesetz nicht galt und mithin die vorhandene Lücke nicht durch Änderung jenes Gesetzes geschlossen werden konnte, Niedersachsen ist durch sein Tiefspeichergesetz[22] noch einen Schritt weiter gegangen. Im einzelnen aufgeführte bergrechtliche Vorschriften sind anzuwenden für die Errichtung und den Betrieb von Anlagen zur behälterlosen unterirdischen Speicherung von Gasen, einschließlich Preßluft, und Flüssigkeiten, mit Ausnahme von Wasser, sowie von festen Stoffen.

## § 65. Mitwirkung anderer Behörden

Wenn auch die Bergaufsicht eine ausschließliche ist, so läßt es sich doch oft nicht vermeiden, daß neben ihren Belangen auch die Interessen anderer Behörden berührt werden[1]. In solchen Fällen hat die Bergbehörde nicht das Recht, zugleich Belange der anderen Behörden wahrzunehmen, sondern muß diesen Gelegenheit zur Mitwirkung geben. Diese Mitwirkung wird dadurch sichergestellt, daß die Bergbehörde entweder bei Einreichung des Betriebsplanes die Vorlage etwa erforderlicher Genehmigungen anderer Behörden verlangt oder daß sie vorsorglich gegen den Betriebsplan Einspruch einlegt, um seine Durchführung zunächst zurückzustellen, damit in der Zwischenzeit den von ihr mitzubeteiligenden anderen Behörden Gelegenheit zur Mitwirkung verschafft wird.

---

[14] G. v. 11. 9. 1964, GVBl. 193, ZfB 106, 298.

[15] G. v. 31. 10. 1967, GVBl. 244, ZfB 109, 252.

[16] G. v. 8. 7. 1968, GVBl. 183, ZfB 109, 369.

[17] G. v. 14. 10. 1969, GBl. 131, ZfB 111, 28.

[18] Bremen: von Gasen und Flüssigkeiten mit Ausnahme von Wasser.

[19] G. v. 18. 12. 1933, GS. 493, ZfB 74, 317.

[20] Ebenso war zunächst in Niedersachsen verfahren worden, G. v. 7. 1. 1966, GVBl. 7, ZfB 108, 25.

[21] Vom 25. 10. 1966, GVBl. 335, ZfB 108, 370.

[22] G. über die Beaufsichtigung von behälterlosen unterirdischen Tiefspeichern v. 20. 5. 1969, GVBl. 118, ZfB 110, 426 (mit Begr.).

[1] Vgl. o. § 37.

Insbesondere wirken neben den Bergbehörden folgende Behörden mit:

a) die Baubehörden für die Genehmigung und Errichtung von Bauten [2],

b) die Wasserbehörden bei Anträgen auf Ein- und Ableitung von Wässern,

c) die Wegebehörden, wenn der Bergbau öffentliche Wege in Anspruch nehmen will (z. B. Einbeziehung eines öffentlichen Weges in das Zechengelände),

d) die Straßenverkehrsbehörden, wenn Anlagen des Bergwerksbetriebes öffentliche Wege berühren (z. B. Grubenanschlußbahn kreuzt eine Landstraße).

Bei Starkstromanlagen und Starkstromleitungen in Bergwerksbetrieben ist die Bergbehörde allein zuständig, wenn die Erzeugung und der Verbrauch des Stromes nur auf dem Bergwerk und seinen Nebenbetrieben erfolgt. Geht dagegen der Strom von einer unter Bergaufsicht liegenden Anlage nach auswärts oder wird er nach einer solchen von auswärts hingeleitet, so ist für den außerhalb der Bergwerksanlage liegenden Teil der Leitung die allgemeine Verwaltung zuständig [3].

Die Bergbehörde ist weiter zuständig insbesondere für den Umgang mit Sprengstoffen in allen der Bergaufsicht unterstehenden Betrieben, d.h. für das Herstellen, Bearbeiten, Verarbeiten, Wiedergewinnen, Aufbewahren, Verwenden und Vernichten sowie die Beförderung, das Überlassen und die Empfangnahme innerhalb der Betriebsstätte [4 5].

Auf den Landschaftsschutz haben die Bergbehörden besonders zu achten. In Nordrhein-Westfalen ist diese Pflicht der Bergbehörden ausdrücklich in den § 196 Abs. 2 aufgenommen [6]. Im übrigen ist den Bergbehörden die Urbarmachung der Tagebaue [7] ausdrücklich im Verwaltungswege als Aufgabe der Bergaufsicht zugewiesen [8].

Für den Feuerschutz ist in einigen Ländern (so Niedersachsen [9]) das Bergamt allein zuständig, in manchen Bundesländern allerdings nur in

[2] Vgl. *Wecks*, Der Bergbau und die Bebauung, ZfB 96, 37; *v. Wick*, Die Bedeutung des neuen Baurechts für den Bergbau, Glückauf 1963, 248.

[3] Erl. v. 11. 1. 1912, ZfB 53, 329.

[4] Vgl. §§ 1 Abs. 1 Nr. 3, 2 Abs. 3 SprengstoffG v. 25. 8. 1969, BGBl. I, 1358, ZfB 111, 137.

[5] Wieweit die Landesregierungen darüber hinaus gem. § 35 SprengstoffG weitere Zuständigkeiten auf die Bergbehörden übertragen bzw. ihnen belassen, bleibt bis zum Erlaß der entspr. VOen abzuwarten.

[6] ÄndG v. 25. 4. 1950, Art. VI, GVBl. 73, ZfB 91, 187 (mit Begr.).

[7] Richtl. v. 19. 6. 1940, ZfB 80/81, 406.

[8] Zum Schutz des Mutterbodens, s. § 39 BBauG v. 23. 6. 1960, BGBl. I 341; zuvor Erl. v. 14. 12. 1939, RWMBl. 617, ZfB 80/81, 220.

[9] Ges. v. 21. 3. 1949, GVBl. 66, i. d. F. d. G. v. 21. 12. 1954, GVBl. 179 (§ 28).

beschränktem Umfange neben den örtlichen Feuerwehren. Bei Ansiedlungen außerhalb einer im Zusammenhang gebauten Ortschaft hat die Bergbehörde mitzuwirken und ein Gutachten zu erstatten, wenn der Bergwerksbesitzer bei Gründung neuer Ansiedlungen in einem Gebiet, in dem Bergbau umgeht, Einspruch gegen die beabsichtigte Anmeldung erhebt[10].

## § 66. Durchführung der Bergaufsicht

Der Durchführung der Bergaufsicht dient zunächst das dem Bergbau eigentümliche Betriebsplanverfahren. Daneben haben die Bergbehörden aber noch die Möglichkeit, gegen einen Bergwerksbesitzer bergbehördliche[1] Anordnungen zu treffen. Außerdem hat das Oberbergamt das Recht, im Wege der Bergaufsicht Bergverordnungen zu erlassen.

### 1. Bergverordnungen

Die Verordnungen der Oberbergämter[1a] (§ 197) sind Gebote und Verbote allgemeiner Art für künftige Fälle. Sie werden an eine unbestimmte Anzahl von Personen gerichtet. Ihr Inhalt ist durch § 196 sachlich und räumlich festgelegt. Er muß bestimmt sein und darf nicht im Widerspruch zu Gesetzen und Verordnungen stehen. Der Geltungsbereich einer Verordnung kann sich auf den gesamten Oberbergamtsbezirk oder auf Teile davon erstrecken, unter Umständen auch nur auf ein einzelnes Bergwerk, nämlich dann, wenn nur das eine Bergwerk dieser Art in dem Oberbergamtsbezirk vorhanden ist. Die Formvorschriften der Polizeiverwaltungsgesetze der betreffenden Länder sind zu berücksichtigen[2]. Diese verlangen allgemein eine Überschrift mit dem Hinweis auf den Inhalt, die Bezeichnung „Verordnung", Bezugnahme auf die gesetzliche Grundlage, Angabe des örtlichen Geltungsbereiches, Daten und Bezeichnung der die Verordnung erlassenen Behörde. Ist die Anhörung anderer Stellen (z. B. der Berufs-

---

[10] Siehe das (pr.) G. betr. die Gründung neuer Ansiedlungen v. 10. 8. 1904, GS 227, ausgedehnt auf die Rheinprovinz am 18. 12. 1923, GS 555; in einigen Ländern ist das Gesetz aufgehoben worden, so z. B. in NW durch § 108 Abs. 1 Nr. 15, 16 BauO v. 25. 6. 1962, GV 373.

[1] In Nds. „bergaufsichtlich"; vgl. Gesetz v. 24. 6. 1970, GVBl. 237 (Art. 48).

[1a] Vgl. die Zusammenstellung der in den einzelnen Ländern bzw. Oberbergamtsbezirken geltenden Bergverordnungen bei *Heller-Lehmann*.

[2] Zum Beispiel NW: § 32 OrdnungsbehördenG, i. d. F. v. 28. 10. 1969, GV 732; Nds.: § 21 Gesetz über die öffentliche Sicherheit und Ordnung (SOG) v. 21. 3. 1951, GVBl. 79.

genossenschaft nach § 197 Abs. 4)[3] vorgeschrieben, so muß auch in der Verordnung angegeben sein, daß dies geschehen ist. Ihre Geltungsdauer soll die Verordnung ausdrücklich bestimmen; sie erlischt nach 30[4] bzw. 20[5] Jahren. Die Bergbehörde, die die Verordnung erlassen hat, kann diese jederzeit ändern oder aufheben.

Musterdienstanweisungen (z. B. für Lokomotivführer, Maschinisten, Anschläger) sind keine Bergverordnungen, sondern Dienstanweisungen der Arbeitgeber, die von den Bergbehörden gebilligt werden.

## 2. Bergbehördliche Anordnungen

Sie regeln Einzelfälle zur Beseitigung einer Gefahr und erschöpfen damit ihre Wirksamkeit[6].

Ihr Inhalt ist die Anordnung eines bestimmten Verhaltens für einen Einzelfall oder eine Gruppe von gleichgelagerten Fällen (Aufstellung von Regeln zur Bekämpfung der einzelnen Gefahr) in einem bestimmten Betrieb. Der Adressat muß genau bezeichnet werden, sonst ist die Anordnung nicht rechtswirksam[7]. Bei bergbehördlichen Anordnungen ist zu unterscheiden:

1. Liegt noch keine dringende Gefahr vor, so erfolgt die Anordnung durch das Oberbergamt nach vorheriger protokollarischer Vernehmung[8] des Bergwerksbesitzers (§ 198)[9].

---

[3] Die Oberbergämter sind verpflichtet, dem Vorstand der Berufsgenossenschaft Gelegenheit zu einer gutachtlichen Äußerung vor Erlaß solcher Verordnungen zu geben, welche sich auf die Sicherheit des Lebens und die Gesundheit der Arbeiter sowie auf die Aufrechterhaltung der guten Sitten und des Anstandes im Betrieb beziehen. Die Bergbauberufsgenossenschaften selbst können keine Unfallverhütungsvorschriften erlassen (§ 708 Abs. 3 des Gesetzes zur Neuregelung des Rechts der gesetzlichen Unfallversicherung v. 30. 4. 1963, BGBl. I 241), weil die Unfallverhütung bereits Aufgabe der Bergaufsicht ist (§ 196 Abs. 2); darum werden die Berufsgenossenschaften vor Erlaß solcher Bergverordnungen beratend eingeschaltet. Das OBA braucht die Beanstandungen der Berufsgenossenschaft nicht zu befolgen, hat sich aber mit ihnen auseinanderzusetzen. Es ist in einem solchen Falle empfehlenswert, die Gründe für die Nichtbefolgung schriftlich niederzulegen.

[4] So in Niedersachsen (§ 23 SOG, s. o. Anm. 2).

[5] So in Nordrh.-Westfalen (§ 34 OrdnungsbehördenG, s. o. Anm. 2).

[6] Mot. ZfB 6, 199.

[7] LVerwG Arnsberg v. 27. 10. 1955, ZfB 97, 89.

[8] OVG Münster v. 23. 11. 1954, ZfB 96, 81.

[9] § 198 ABG NW lautet: „Tritt auf einem Bergwerk hinsichtlich der in § 196 bezeichneten Gegenstände eine Gefahr ein, so hat die Bergbehörde die erforderlichen Anordnungen durch Ordnungsverfügung zu treffen". Das bedeutet, daß eine Unterscheidung, wie sie im Text für den früheren Rechtszustand geschildert wird und wie sie in anderen Ländern noch gilt, in NW nicht zu machen ist. Ebenso § 198 ABG. Hess. Wie im Text aber Art. 257 Bay. BG.

2. Liegt bereits eine dringende Gefahr vor, so trifft das Bergamt von sich aus ohne vorherige Vernehmung des Bergwerksbesitzers die erforderlichen Anordnungen und macht zugleich hiervon dem Oberbergamt Anzeige (§ 199). Letzteres führt die (protokollarische) Vernehmung des Bergwerksbesitzers herbei und erläßt dann einen Beschluß, durch welchen die Anordnung des Bergamtes bestätigt oder wieder aufgehoben wird. Der Bergwerksbesitzer ist aber verpflichtet, die Entscheidung des Oberbergamts nicht erst abzuwarten, sondern sofort entsprechend der Anordnung des Bergamts zu handeln (§ 201).

Die Bekanntmachung der Anordnungen (§ 198, 199) erfolgt an den Bergwerksbesitzer durch Zustellung, an den Betriebsführer und die Aufsichtspersonen durch Eintragung in das Zechenbuch, an die Arbeiter, wenn dies erforderlich ist, auf Anweisung des Bergamtes durch Verlesen und durch Aushang auf dem Werk (§ 200)[10]. Erfolgt die Bekanntmachung nicht in der vorgeschriebenen Form, so hat die Anordnung keine rechtliche Wirkung[11].

Sobald auf einem Bergwerk eine Gefahr in bergaufsichtlicher Hinsicht eintritt, ist dem Bergamt hiervon Anzeige zu machen. Der Bergwerksbesitzer hat Vorsorge zu treffen, daß die Anzeige unverzüglich erstattet wird (§ 203)[12]. Der Gesetzgeber hatte diese Anzeigepflicht früher bewußt nicht dem Bergwerksbesitzer, sondern dem Betriebsführer übertragen, weil bei drohender Gefahr nur der Betriebsführer und nicht der unter Umständen abwesende Bergwerksbesitzer sofort handeln kann. Daneben hat jede Aufsichtsperson innerhalb ihres Geschäftskreises eine Anzeigepflicht an den Betriebsführer bei dringender Gefahr.

Abgesehen von den Meldungen des Betriebsführers über eine drohende Gefahr sind durch Bergverordnungen der einzelnen Oberbergämter noch Meldungen über Dampfkesselexplosionen, Gebirgsschläge, Gasausbrüche, Brände und sonstige Vorkommnisse vorgeschrieben.

Werden die bergbehördlichen Anordnungen vom Bergwerksbesitzer nicht innerhalb der angegebenen Frist ausgeführt, stehen dem Bergamt/Oberbergamt folgende Zwangsmittel[13] zur Verfügung:

---

[10] In NW und in Hessen sind die §§ 199—202 ABG aufgehoben worden. Da die Anordnungen gem. § 198 Ordnungsverfügungen sind, gelten auch im Hinblick auf die Formerfordernisse die Bestimmungen des Ordnungsbehördengesetzes bzw. des Gesetzes über die öffentliche Sicherheit und Ordnung (SOG).

[11] RG v. 28. 1. 1887, ZfB 28, 522.

[12] Die Regelung in Nds., NW, im Saarland und in Hessen ging früher (heute im sonstigen Geltungsbereich des ABG) dahin, daß der Betriebsführer zu einer sofortigen Anzeige verpflichtet war. Art. 260 Bay. BG wie § 203 ABG NW.

[13] Nds.: §§ 35ff., 50 SOG (vgl. Anm. 2). — NW: §§ 55ff. Verwaltungsvollstreckungsgesetz v. 23. 7. 1957, GV 216, Änd. v. 26. 3. 1960, GV 47, und v. 1. 6. 1962, GV 263; vgl. auch *Wilke*, Polizeiliche Funktionen der Bergbehörde, ZfB 109, 192.

1. Ersatzvornahme durch einen Dritten auf Kosten des Bergwerksbesitzers (§ 202).

2. Zwangsgeld. Dieses darf DM 300,— bzw. DM 500,—[14] nicht übersteigen. Ist es uneinbringlich, kann Ersatzzwangshaft angeordnet werden.

3. Unmittelbarer Zwang (z. B. Entfernung einer nicht zugelassenen Aufsichtsperson mit Amtshilfe der allgemeinen Polizei).

Dem mildesten Zwangsmittel ist der Vorzug zu geben. Außerdem ist das jeweils beabsichtigte Zwangsmittel — die Zwangsmittel können gewechselt und wiederholt werden — vorher anzudrohen. Die Androhung hat bei der Ersatzvornahme einen Kostenvoranschlag und beim Zwangsgeld dessen Höhe zu enthalten.

## § 67. Verfahren bei Unglücksfällen

Wenn in einem der Bergaufsicht unterstehenden Betrieb (Bergwerk und Nebenanlagen) ein Unglücksfall eintritt, wodurch der Tod oder eine schwere Verletzung von Personen herbeigeführt wird, so ist dies dem Bergamt oder der nächsten Polizeidienststelle sofort zu melden (§ 204 ABG). Als schwere Verletzung gilt eine Arbeitsunfähigkeit von voraussichtlich über acht Wochen[1]. Das Bergamt ordnet sodann die zur Rettung der verunglückten Personen erforderlichen Maßnahmen an. Der Bergwerksbesitzer muß Hilfskräfte zur Verfügung stellen. Nachbarbergwerke müssen Hilfe leisten (§ 205). Die Kosten für die Ausführung dieser Maßnahmen trägt der Bergwerksbesitzer, der jedoch gegebenenfalls Dritte (z. B. Brandstifter) regreßpflichtig machen kann.

Das Bergamt untersucht den Unfallvorgang. Mitunter ergeben sich Fälle, die ihren Ursprung nicht in dem technischen Betriebsablauf haben (z. B. Brandstiftung bei Übertageanlagen). Dabei kann es sich ergeben, Spezialisten der Kriminalpolizei die Untersuchung zu übertragen (z. B. bei Sprengstoffsachen mit politischem Einschlag). Um hier eine Überschneidung der Zuständigkeit der Bergbehörde mit der allgemeinen Polizei zu vermeiden, ist in den meisten Ländern diese Zuständigkeit im Verwaltungswege abgegrenzt[2].

---

[14] Nds.: ZwangsgeldVO i. d. F. v. 14. 9. 1961 (GVBl. 306). — NW: § 25 OrdnungsbehördenG (vgl. Anm. 2).

[1] Erl. d. RWiMin. v. 6. 5. 1942, ZfB 82/83, 437.

[2] Z. B. NW: Gem. RdErl. d. Innenministers u. des Min. f. Wirtschaft- u. Verkehr betr. polizeiliche Zuständigkeit für die Untersuchung von Unfällen und strafbaren Handlungen in Betrieben, die der Aufsicht der Bergbehörden unterstehen, MBl. 479 und RdErl. d. Ministers für Mittelstand und Verkehr betr. die Richtlinien für die Untersuchung von Unfällen, Schadensfällen und besonderen Ereignissen sowie für die Erforschung strafbarer Handlungen durch die Bergämter, v. 1. 3. 1968, 28. 3. 1969, MBl. 656, ber. 1100; 1969, 722.

Das Bergamt untersucht die Unfälle aber nicht nur hinsichtlich der strafrechtlichen Seite. Darum muß der Arbeitgeber jeden Unfall, der eine mehr als dreitägige Arbeitsunfähigkeit zur Folge haben kann, neben der Berufsgenossenschaft auch dem Bergamt anzeigen[3]. Das Bergamt zieht bei der Untersuchung den Betriebsrat hinzu (§ 58 Abs. 2 BetriebsverfassG.)[4]. Sodann übersendet das Bergamt die Vernehmungsprotokolle der Berufsgenossenschaft. Soweit ein Verdacht strafbarer Handlungen vorliegt, übersendet das Bergamt zugleich die Protokolle der Staatsanwaltschaft (u. § 68). Für die weitere Untersuchung ist es wichtig, daß die Unfallstellen bis zur amtlichen Untersuchung möglichst nicht berührt werden. Darum ist es Aufgabe des Betriebsführers, für eine Absperrung zu sorgen, damit keine Beweismittel verwischt werden.

Unter bestimmten Voraussetzungen werden Grubenunglücke auch von Parlamentarischen Ausschüssen für Grubensicherheit untersucht[5].

## § 68. Ordnungswidrigkeiten und Straftaten

Während das Allgemeine Berggesetz in seiner ursprünglichen Fassung in den §§ 207ff. nur Strafbestimmungen enthielt, sind diese Vorschriften seit 1964[1] durch die Gesetzgebung der Bundesländer neugefaßt und sämtliche Verstöße zu Ordnungswidrigkeiten erklärt worden[2]. Entsprechend bestimmt nunmehr § 207[3], daß ordnungswidrig handelt, wer vorsätzlich oder fahrlässig gegen ein Gebot (z. B. §§ 66, 67, 69, 73, 74 Abs. 1, 203, 204) oder Verbot (§§ 4, 10 Abs. 1) des Berggesetzes verstößt bzw. den Bergverordnungen oder bergbehördlichen Anordnungen zuwiderhandelt. Als Geldbuße kann ein Betrag bis zu DM 50000,— festgesetzt werden. Zuständig für den Erlaß des Bußgeldbescheides ist das Bergamt[4]. Gegen den Bescheid kann der Betroffene innerhalb einer Woche beim Bergamt Einspruch einlegen (§ 67 OWiG[5]). Die Verfolgung der Ordnungswidrigkeiten verjährt in drei Jahren (§ 27 Abs. 1 OWiG).

Neu eingefügt ist auch die Vorschrift des § 208[6], wonach der, der (an sich nur) eine Ordnungswidrigkeit begeht, dadurch aber das Leben oder

---

[3] § 1553 RVO.

[4] Vgl. Rd. Erl. d. nw. Min. f. Wirtsch. u. Verkehr v. 23. 2. 1956, SMBl. 750.

[5] Vgl. Beschluß des nw. Landtags v. 8. 11. 1966, *Heller-Lehmann*, NW 310.

[1] NW, 3. BergrechtsänderungsG v. 2. 12. 1964, GVBl. 412, ZfB 106, 304.

[2] Neuestens Nds., Gesetz v. 24. 6. 1970, GVBl. 237 (Art. 48); vgl. auch Bayern Art. 263ff.

[3] Nds. §§ 207—207d.

[4] Nds. § 208 Abs. 2; NW VO v. 7. 1. 1965, GVBl. 4.

[5] Ordnungswidrigkeitengesetz v. 24. 5. 1968, BGBl. I 481.

[6] Nds. § 209.

die Gesundheit anderer gefährdet bzw. aus Gewinnsucht handelt, eine den Strafgerichten zugewiesene Straftat begeht. Gem. § 209a[7] liegt die Verfolgung auch dieser Handlungen bei den Bergämtern. Sie haben insoweit die gleichen Rechte und Pflichten wie die Beamten und Behörden des Polizeidienstes nach § 163 der Strafprozeßordnung[8]. Das Urteil (des Strafgerichts) kann auf Freiheits- oder Geldstrafe lauten.

Ist durch eine Zuwiderhandlung nicht nur eine Gefährdung, sondern eine Verletzung an Leben oder Gesundheit eingetreten, finden die Vorschriften des Strafgesetzbuches (z. B. §§ 222, 230 StGB) Anwendung. Auf Anordnung der Staatsanwaltschaft sind (auch hier) die dazu bestellten Beamten der Bergbehörden als Hilfsbeamte der Staatsanwaltschaft[9] am Ermittlungsverfahren beteiligt[8].

## XI. Verschiedenes

### § 69. Übergangsrecht

Das Allgemeine Berggesetz enthält eine Reihe provinzialrechtlicher Vorschriften für einzelne Landesteile (§ 211a bis 214d), insbesondere für die linksrheinischen Dachschiefer-, Traß- und Basaltlavabrüche[1]. Diese Vorschriften werden noch durch die provinzialrechtlichen Besonderheiten, die in den Einführungsverordnungen und Gesetzen[2] des Allgemeinen Berggesetzes in den nach dem Jahre 1866 zu Preußen hinzugekommenen Ländern enthalten sind, ergänzt. Es handelt sich hier durchweg um Ausnahmen von den Vorschriften des Allgemeinen Berggesetzes, die mit Rücksicht auf die geschichtliche Entwicklung der einzelnen Landesteile weiter bestehen sollen.

In den Übergangsbestimmungen (§§ 215 bis 241) werden die Längenfelder, die bis zum Inkrafttreten des Allgemeinen Berggesetzes bestanden haben, sowie die Gewerkschaften alten Rechts aufrechterhalten. Längenfelder können auf Antrag in Geviertfelder umgewandelt werden (§§ 215ff.). Die Gewerkschaften alten Rechts können sich mit einer Mehrheit von mindestens $3/4$ aller Kuxe in Gewerkschaften neuen Rechts umwandeln[3]. Die Erbstollengerechtigkeiten bleiben bestehen (§ 223); eine Erbstollen-

[7] Bayern Art. 248.

[8] Vgl. hierzu *Wilke*, Polizeiliche Funktionen der Bergbehörde, ZfB 109, 192ff., 198ff.

[9] Nds. VO über die Hilfsbeamten der Staatsanwaltschaft v. 30. 12. 1969, GVBl. 260; nw VO v. 29. 7. 1969, GVBl. 579.

[1] Vgl. *Herbig*, Rechtliche Verhältnisse im linksrheinischen Dachschieferbergbau und ihre wirtschaftliche Bedeutung, Glückauf 1906, 769.

[2] Vgl. oben § 9 Anm. 8.

[3] Vgl. oben § 47.

gerechtigkeit[4] ist eine selbständige Berechtigung eines nicht abbauberechtigten Dritten, der einen Stollen aus einem möglichst tiefer gelegenen Ort in das Gebirge getrieben hat, um den Grubenbauen Wasser- oder Wetterlösung zu beschaffen. Das ABG kennt auch einen Anspruch auf Freikuxe nicht mehr; die bereits bestehenden wurden in eine Realberechtigung auf den bisher bestimmten Ausbeuteanteil umgewandelt (§ 224). In Nordrhein-Westfalen ist durch das Längenfeldergesetz vom 1. 6. 1954[5] eine Bereinigung der Längenfelder zugunsten von Geviertfeldern eingetreten[6].

## § 70. Aufgehobenes Recht

Für die Berechnung der in den Berggesetzen vorgesehenen Fristen gelten die Bestimmungen des Bürgerlichen Gesetzbuches[1]. Die Berggesetze stellen eine Kodifikation der bis dahin aufgesplitterten Einzelregelungen dar. Alle bisher geltenden Bestimmungen wurden dadurch insoweit aufgehoben, als ihre Gegenstände durch das Berggesetz erfaßt wurden. Ausdrücklich außer Kraft gesetzt sind u. a. der bergrechtliche Teil des Allgemeinen Preußischen Landrechts, das gemeine Deutsche Bergrecht, das Gesetz über die Kompetenz der Oberbergämter vom 10. 6. 1861[2] und „alle übrigen allgemeinen und besonderen Gesetze, Verordnungen und Gewohnheiten über Gegenstände, auf welche das gegenwärtige Gesetz sich bezieht" (§ 244).

Abgesehen von dem Recht auf Bergwerksabgaben, die jedoch später abgeschafft sind, ist das Gesetz über die Verwaltung der Bergbauhilfskassen vom 5. Juni 1863[3], das heute noch für die Westfälische Berggewerkschaftskasse und für die Bergschulvereine[4] Bedeutung hat, ausdrücklich aufrechterhalten (§ 245). Daneben gilt noch, weil das Allgemeine Berggesetz diese Materie nicht regelt, das Gesetz über die Bestrafung unbefugter Gewinnung oder Aneignung von Mineralien vom 26. März 1856[5]. Die zunächst im Allgemeinen Berggesetz aufrechterhaltenen standesherrlichen und die privaten Bergregale (§ 250) sind inzwischen[6] aufgehoben.

---

[4] *Krautschneider*, Das Ende der Erbstollengerechtigkeiten im OBA Bezirk Dortmund, Glückauf 1961, 1306.

[5] GVBl. 199, ZfB 95, 283 (mit Begr.).

[6] *Dapprich*, Die Bereinigung des Längenfelderwesens, Glückauf 1954, 790; *Kessler*, Die Rechtsgrundlage der Längenfelder, Glückauf 1955, 757.

[1] § 242 ABG, §§ 187ff. BGB.

[2] Vgl. oben § 1.

[3] GS. 365, ZfB 4, 273 (mit Begr.); vgl. auch BAG v. 2. 12. 1964, ZfB 106, 469; *Roggemann*, ZfB 104, 28, 153, 312.

[4] Ges. v. 12. 1. 1921, GS. 228, ZfB 62, 165 (mit Begr.).

[5] GS 203, vgl. aber o. § 4 Anm. 17.

[6] Vgl. o. § 9.

## § 71. Ausblick

Das zur Zeit in der Bundesrepublik geltende unterschiedliche Bergrecht, das nicht nur in den Berggesetzen selbst, sondern auch in zahlreichen Nebengesetzen seinen Niederschlag gefunden hat, drängt erneut zu einer Vereinheitlichung. Schon der Schöpfer des Allgemeinen Berggesetzes, Berghauptmann Brassert, hat auf dem Deutschen Bergmannstage in Kassel im Jahre 1880 diese Vereinheitlichung dringend gefordert[1]. Er hat mit dem von ihm vorbereiteten Gesetz zunächst ein einheitliches Recht für Preußen schaffen wollen und auch im wesentlichen geschaffen, aber hierin nur eine Vorstufe zu einem Reichsberggesetz gesehen.

Trotz mehrfacher Versuche ist aber ein Reichsberggesetz nie zustande gekommen[2]. Nachdem das Deutsche Reich und damit die im Jahre 1943 eingeführte Reichsbergverwaltung zerfiel, hat die Zersplitterung auf dem Gebiete des Bergrechts noch an Umfang zugenommen, denn das früher preußische Bergrechtsgebiet ist infolge der Nachkriegsgesetzgebung der Länder nicht mehr einheitlich. Hinzu kommt, daß zahlreiche reichs- und landesrechtliche Nebengesetze (z. B. über den Grundeigentümerbergbau) auf dem Gebiete des Bergrechts erlassen wurden und den Überblick noch mehr erschweren. Es besteht daher heute außer der räumlichen auch eine sachliche Zersplitterung.

Dieser Zustand ist vor allem für die bergbautreibenden Gesellschaften außerordentlich erschwerend, weil diese ständig prüfen müssen, in welchem Bergrechtsgebiet sie ihre Arbeiten durchführen. Mit Rücksicht auf die sich anbahnende europäische Wirtschaft dürfte daher der Zeitpunkt gekommen sein, nunmehr endlich — zunächst wenigstens für das Gebiet der Bundesrepublik — ein einheitliches Bergrecht, ein Bundesberggesetz, in das zugleich möglichst viele der Nebengesetze einzuarbeiten sind, zu schaffen.

Die vorstehenden Ausführungen im Rahmen des Ausblicks mußten — leider — ohne inhaltlichen Zusatz aus der 1958 erschienenen 1. Auflage übernommen werden. Die Vorarbeiten sind offenbar immer noch nicht soweit gediehen, daß einer interessierten Öffentlichkeit der Entwurf eines Bundesberggesetzes zugeleitet werden konnte. Bedenkt man, daß es bereits von privater interessierter Seite erstellte Entwürfe gibt[3], so muß es mit Bedauern zur Kenntnis genommen werden, wenn noch kein sichtbares Ergebnis der Vorarbeiten vorliegt. Dies umso mehr, als bereits im Jahre 1963 durch den Bundesminister für Wirtschaft erklärt wurde, daß eine Vereinheitlichung des Berechtsamswesens, die Neuregelung des Grundabtretungsverfahrens, Bergschadensrechts und des bergbehördlichen Aufsichtswesens notwendig erscheine[4].

---

[1] ZfB 22, 82.

[2] Vgl. die Stimmen, die sich für ein Reichsberggesetz ausgesprochen haben, bei *Turner*, Berechtsamswesen, S. 87 Anm. 1.

[3] Siehe die Quellen und Literaturhinweise bei *Turner*, Berechtsamswesen, S. 87 Anm. 1.

[4] Vgl. *Boldt*, Glückauf 1965, 1128; o. § 2 Anm. 9.

# Anhang: Maßnahmen zur Rationalisierung und Sanierung des Ruhrkohlenbergbaus

Schrifttum: *Gamme*, Die Hohe Behörde und der Rationalisierungsverband, Glückauf 1964, 167; *Heinze*, Gesetz zur Sicherung des Steinkohleneinsatzes in der Elektrizitätswirtschaft, Berlin 1967; *Hentrich-Zydek*, Das Gesetz zur Förderung der Rationalisierung im Steinkohlenbergbau, Glückauf 64, 51; *Krautschneider*, Das Bundesgesetz zur Förderung der Rationalisierung im Steinkohlenbergbau, Bergfreiheit, 1964, 77ff.; *Kuhnke*, Die Ruhrkohle AG, Essen 1969.

Zum Schluß soll kurz auf die wirtschaftspolitisch wichtigen Versuche zur Gesundung des Ruhrkohlenbergbaus eingegangen werden.

## 1. Rationalisierungsgesetz

Als eine der ersten gezielten und langfristigen Maßnahmen zur Sanierung des Ruhrkohlenbergbaus wurde das Gesetz zur Förderung der Rationalisierung im Steinkohlenbergbau erlassen[1]. In Abschnitt 1 § 1 wird die Errichtung eines Rationalisierungsverbandes festgelegt. Bei diesem Verband handelt es sich um eine bundesunmittelbare Körperschaft des öffentlichen Rechts. Aufgabe des Verbandes war es, Maßnahmen zu treffen, um die Betriebsaufwendungen zu senken, wirtschaftlicher arbeitende Fördereinheiten zu schaffen und bei Stillegung von Bergwerken nachteilige bergbauliche Auswirkungen auf andere Bergwerke abzuwenden.

Mitglieder des Verbandes können Personen und Handelsgesellschaften sein, die eine Förderleistung von mindestens 100000 Tonnen jährlich erreichen (§ 3).

## 2. Gesetze zur Förderung der Verwendung von Steinkohle

Als weitere Maßnahmen stellen sich das Gesetz zur Förderung der Verwendung von Steinkohle in Kraftwerken v. 12. 8. 1965[2] und das Gesetz zur Sicherung des Steinkohleneinsatzes in der Elektrizitätswirtschaft[3] dar[4]. Durch diese Gesetze wurden Steuererleichterungen gewährt und weitere Vergünstigungen geboten, um den Steinkohlenanteil bei den Kraftwerken auf 50% zu halten.

---

[1] Vom 29. 7. 63, BGBl. I, 549, ZfB 104, 404, i. d. F. v. 10. 1. 1968, BGBl. I 55, ZfB 109, 114; dazu *Zydek*, ZfB 105, 34, 289.

[2] BGBl. I 777, ZfB 107, 1.

[3] Vom 5. 9. 1966, BGBl. I, 545, ZfB 108, 7.

[4] Beide geändert durch G. v. 8. 8. 1969, BGBl. I 1083, ZfB 111, 10.

### 3. Kohleanpassungsgesetz

Am 15. 5. 1968[5] folgte dann das Kohlenanpassungsgesetz. Inhalt dieses Gesetzes ist es, Steinkohlenabsatz und -förderung zu koordinieren, durch Koordination optimale Unternehmensgrößen zu schaffen und eine Strukturverbesserung in der Steinkohlenwirtschaft herbeizuführen. Zu diesem Zweck wurde eine Bundesbehörde eingerichtet, der der Bundesbeauftragte für den Steinkohlenbergbau und die Steinkohlenbergbaugebiete vorsteht. Weiterhin ist es seine Aufgabe, festzustellen, welche Unternehmen Begünstigungen durch den Staat erhalten können.

Zum Zeitpunkt dieser Initiative durch den Gesetzgeber war auf Seiten der Unternehmer und der Gewerkschaften noch keine Einigung über die Modalitäten einer Unternehmenskonzentration erzielt worden. Erst nach einem Spitzengespräch erzielten die Vertreter aus Politik, Wirtschaft und Gewerkschaften Einigung auf der Grundlage des sog. modifizierten Rheinstahlplanes: die Unternehmer wollten ihr Bergbauvermögen in eine Einheitsgesellschaft einbringen.

### 4. Ruhrkohle AG

Am 27. 11. 68 erfolgte die Neugründung der Ruhrkohle AG, am 18. 7. 69 wurde das Vertragswerk[6] unterzeichnet. 26 Firmen (d. h. alle bis auf zwei), die 93,5% der Fördermenge des Steinkohlenbergbaus repräsentieren, haben ihren Bergbau auf die Ruhrhohle AG übertragen.

Nach dem Vertragstext verpflichteten sich die Unternehmen, ihr Bergbauvermögen (inklusive Schulden) auf die Ruhrkohle AG zu übertragen. Als Gegenleistung erhalten sie eine Forderung in Höhe des Differenzbetrages zwischen eingebrachtem Vermögen und Schulden. Für die Forderung (1,8 Mrd.) bürgt der Bund, sie wird in 20 Jahressätzen getilgt und mit 6% verzinst. Das Grundkapital von 535 Mill. DM (ursprünglich geplant: 600 Mill.) wird von den Muttergesellschaften aufgebracht — und ist inzwischen voll eingezahlt. Ein Gewinn wird in den nächsten 20 Jahren nicht ausgeschüttet.

Zwischen der Gesellschaft und den Muttergesellschaften werden Verträge geschlossen, die über einen Zeitraum von 20 Jahren die Versorgung der Kraftwerke mit Kohle sicherstellen.

Durch diese Einheitsgesellschaft scheint ein Instrument geschaffen zu sein, der Kohlenkrise Herr zu werden und den Ruhrkohlenbergbau endgültig zu sanieren — wenngleich sie Schwierigkeiten für die Gemeinden mit sich bringt, denen jetzt die Gewerbesteuer entgeht.

Am 27. 11. 69 wurde die Gründung der Ruhrkohle AG gem. Art. 66, 1 EGKS-Vertrag von der Kommission der Europäischen Gemeinschaften genehmigt.

---

[5] BGBl. I 365, ZfB 109, 321.

[6] Grundvertrag v. 18. 7. 1969, ZfB 111, 128.

# Sachverzeichnis

Die Zahlen bedeuten §§ des Buches, Zahlen nach dem Komma beziehen sich auf Unterabschnitte innerhalb der §§; fettgedruckte Zahlen weisen auf eine nähere Erörterung des betreffenden Begriffs hin.

Herstellung: Konrad Triltsch, Graphischer Betrieb, 87 Würzburg

GPSR Compliance

*The European Union's (EU) General Product Safety Regulation (GPSR) is a set of rules that requires consumer products to be safe and our obligations to ensure this.*

*If you have any concerns about our products, you can contact us on ProductSafety@springernature.com*

In case Publisher is established outside the EU, the EU authorized representative is:

Springer Nature Customer Service Center GmbH
Europaplatz 3
69115 Heidelberg, Germany

**Batch number: 10844639**

Printed by Printforce, the Netherlands